REVOLUÇÃO FRANCESA

Volume 2

Às armas, cidadãos! (1793-1799)

Livros do autor publicados na Coleção **L&PM** POCKET:

Revolução Francesa: O povo e o rei (1774-1793) – volume 1
Revolução Francesa: Às armas, cidadãos! (1793-1799) – volume 2

Max Gallo

REVOLUÇÃO FRANCESA

Volume 2

Às armas, cidadãos! (1793-1799)

Tradução de Julia da Rosa Simões

www.lpm.com.br

L&PM POCKET

Coleção L&PM POCKET, vol. 1068

Texto de acordo com a nova ortografia.
Título original: *Révolution Française: Aux armes, citoyens! (1793-1799)*
Os excertos das cartas de Nicolas Ruault foram tirados da obra *Gazettes d'un Parisien sous la Révolution, lettres à son frère*, 1783-1796, Paris, Perrin 1976.

Este livro foi publicado pela L&PM Editores, em formato 16x23cm, em 2009
Primeira edição na Coleção **L&PM** POCKET: setembro de 2012
Esta reimpressão: novembro de 2017

Tradução: Julia da Rosa Simões
Capa: Ivan Pinheiro Machado. *Ilustração*: *A liberdade guiando o povo* (1830), óleo sobre tela de Delacroix (1798-1863), Museu do Louvre, Paris.
Preparação: Joseane Rücker
Revisão: Jó Saldanha

CIP-Brasil. Catalogação na Fonte
Sindicato Nacional dos Editores de Livros, RJ.

G162r
v.2

Gallo, Max, 1932-
  Revolução Francesa, volume II: às armas, cidadãos! (1793-1799) / Max Gallo; tradução de Julia da Rosa Simões. – Porto Alegre, RS: L&PM, 2017.
  400p. : 18 cm (Coleção L&PM POCKET; v. 1068)

  Tradução de: *Révolution Française: Aux armes, citoyens! (1793-1799)*
  ISBN 978-85-254-2723-6

  1. França - História - Revolução, 1789-1799. 2. França - História - Luís XVI, 1744-1793. 3. Luís XVI, Rei da França, 1754-1793. 4. França - Condições sociais - Século XVIII. 5. França - Civilização - 1789-1799. I. Título. II. Série.

12-5588.   CDD: 944.04
                            CDU: 94(44)"1789/1799"

© XO Éditions, France, 2009. All rights reserved.

Todos os direitos desta edição reservados a L&PM Editores
Rua Comendador Coruja, 314, loja 9 – Floresta – 90.220-180
Porto Alegre – RS – Brasil / Fone: 51.3225.5777 – Fax: 51.3221.5380

Pedidos & Depto. Comercial: vendas@lpm.com.br
Fale conosco: info@lpm.com.br
www.lpm.com.br

Impresso no Brasil
Primavera de 2017

Sumário

Primeira parte: 21 de janeiro de 1793-2 de abril de 1793
"A febre revolucionária é uma doença terrível" 7
Capítulos 1 a 3 .... 9 a 50

Segunda parte: junho de 1793-novembro de 1793
"Um povo imenso, sem pão, sem roupas" 51
Capítulos 4 a 8 .... 53 a 110

Terceira parte: 1º de dezembro de 1793-30 de março de 1794
"Será possível controlar uma tempestade?" 111
Capítulos 9 a 11 .... 113 a 144

Quarta parte: 1º de abril de 1794-27 de julho de 1794
"O cadafalso te chama" 145
Capítulos 12 a 15 .... 147 a 196

Quinta parte: 28 de julho de 1794-23 de maio de 1795
"A Revolução foi feita" 197
Capítulos 16 a 19 .... 199 a 240

Sexta parte: 23 de maio de 1795-5 de outubro de 1795
"Esta Vendeia se espalha por toda parte e a cada dia se torna mais assustadora" 241
Capítulos 20 a 22 .... 243 a 272

SÉTIMA PARTE: OUTUBRO DE 1795-FEVEREIRO DE 1797
"A audácia é o mais belo cálculo do gênio" 273
Capítulos 23 a 26 .... 275 a 304

OITAVA PARTE: FEVEREIRO DE 1797-SETEMBRO DE 1797
"Assinai a paz" 305
Capítulos 27 a 30 .... 307 a 334

NONA PARTE: SETEMBRO DE 1797-MAIO DE 1798
"Eis uma paz à la Bonaparte" 335
Capítulos 31 a 33 .... 337 a 354

DÉCIMA PARTE: 19 DE MAIO DE 1798-9 DE NOVEMBRO DE 1799
"A Revolução acabou!" 355
Capítulos 34 a 37 .... 357 a 386

EPÍLOGO
"Eu tinha vinte anos em 1789" 387

PRIMEIRA PARTE

21 de janeiro de 1793-2 de abril de 1793
"A febre revolucionária é uma doença terrível"

"Existem, agora, dois tipos de jacobinos e de patriotas, que se odeiam com tanta virulência quanto os monarquistas e jacobinos originais. O último tipo de jacobinos são os chamados girondinos, ou brissotinos, ou rolandistas [...] O ódio continua crescendo entre os dois partidos [...] A febre revolucionária é uma doença terrível."

Nicolas RUAULT, livreiro
6 de fevereiro de 1793

1.

Luís Capeto, ex-Luís XVI, rei da França, subira ao cadafalso numa segunda-feira, 21 de janeiro de 1793, pouco antes das dez e vinte da manhã.

Ele fizera menção de falar ao povo, mas na mesma hora Santerre, antigo e rico cervejeiro do Faubourg Saint-Antoine que se tornara comandante-geral da Guarda Nacional, segundo uma testemunha, "erguera sua espada e ordenara o rufar de todos os tambores e o soar de todas as trombetas, para abafar a voz do infeliz monarca. Os carrascos imediatamente o seguraram, amarraram-no na prancha fatal e cortaram sua cabeça, que um deles ergueu três vezes ao povo".

Eram dez e vinte.

"Não tenho forças para contar mais, por hoje... Quanto mais um acontecimento trágico é doloroso, mais queremos conhecer suas causas e seus detalhes", continua a testemunha, o livreiro Ruault, espírito "esclarecido", membro da Guarda Nacional, jacobino de primeira hora.

> Ouvi isto ontem à noite, de um homem que estava a dois passos do fatal local e que contava o acontecido com lágrimas nos olhos. Ele dizia que mais da metade das tropas que enchiam a praça estava comovida, que estremecera de horror ao ver o rei subir os degraus do cadafalso com as mãos atadas e os cabelos cortados. Se lhe tivessem dado a liberdade de falar, de se fazer ouvir por aquela multidão, quem sabe o que poderia ter acontecido? Um movimento de generosidade poderia ter tomado a multidão, que poderia ter-se apoderado do príncipe, tê-lo arrancado das mãos de seus carrascos e tê-lo carregado do cadafalso ao trono. Talvez houvesse uma batalha na praça... Mas nada disso aconteceu: seu destino era morrer a morte dos culpados, em presença de uma imensa massa de homens que, há pouco tempo, ainda eram seus súditos.

De fato, nem um único incidente perturbara a execução do rei. A dispersão das dezenas de milhares de homens armados mobilizados por toda Paris se efetuara em meio à ordem.

"Apesar das previsões sinistras", dizem os *Anais patrióticos*, "Paris nunca esteve tão tranquila. A indiferença talvez fosse o sentimento dominante..."

Lucile, a "loura adorável", esposa de 22 anos de Camille Desmoulins, o jornalista, deputado da Convenção e amigo de Danton, escrevera: "Hoje mataram Capeto. Tudo transcorreu na mais perfeita tranquilidade".

A partir da noite dessa segunda-feira, 21 de janeiro, a vida começara a voltar ao normal. Os teatros abriram; os cafés se encheram.

Falou-se mais do assassinato do regicida Le Peletier de Saint-Fargeau, por um membro da guarda pessoal do ex-rei, do que da execução do monarca, o "tirano". A Convenção decidira conceder a Le Peletier as honras do Panthéon.

Seu corpo nu, "untado e envernizado", fora exposto ao público, depois transportado em grande pompa até o Panthéon, seguido pelos deputados, soldados e guardas nacionais armados. Quando o cortejo passara pela Pont-Neuf, foram ouvidos trinta tiros de canhão.

"O barulho levou pânico ao Templo."

Ali, naquela prisão, Maria Antonieta, agora chamada apenas de "viúva Capeto", que se tornara uma velha irreconhecível, passava da prostração a convulsões, "Madame Elizabeth, a irmã do rei, se apavorava, a pequena princesa – Madame Real – rolava pelo chão, o pequeno delfim se enroscava nas cortinas da cama da mãe para se esconder. Decidiu-se tirá-los de seu terror."

Mas o enterro de Le Peletier perturbara os patriotas.
Lucile Desmoulins confessara:

> Vi o infeliz Saint-Fargeau. Rompemos em lágrimas quando o corpo passou, jogamos-lhe uma coroa... Não consegui

ficar sozinha e suportar os terríveis pensamentos que me invadiam. Corri até a casa de Danton, que ficou comovido em ver-me ainda emocionada.

Os jacobinos temem que os "aristocratas", e os corrompidos ou convencidos por eles, os assassinem e preparem um assalto contra os *sans-culottes* e a Convenção.

Robespierre acusa o ministro do Interior, o girondino Roland, de estar ligado aos aristocratas.

Roland apresenta sua demissão, mas o ataque aos girondinos continua.

Não tinham eles, durante o processo do rei, apelado a um julgamento pelo povo e depois pedido sua suspensão?

Enquanto cem por cento dos montanheses tinham votado pela morte, e 38 por cento dos deputados da Planície votaram a favor deles, apenas quatorze por cento dos girondinos optaram pelo regicídio.

Aos olhos dos jacobinos mais determinados, a "prudência" dos girondinos não passa de um cálculo condenável e arriscado num momento de perigo.

Em 28 de janeiro, o conde de Provença, irmão do rei e exilado em Hamm, na Westfália, foi proclamado o delfim, numa declaração aos emigrados, rei da França e Navarra, sob o nome de Luís XVII. Provença se autointitula regente, e seu irmão mais novo, o conde de Artois, se torna tenente-geral do reino.

O conde de Provença, em seu programa, deseja apagar a Revolução.

Ele quer restabelecer a monarquia sobre as bases imutáveis de sua antiga constituição e sobre a "religião de nossos pais", na pureza de seu culto e de sua disciplina. Quer redistribuir os "bens nacionais" a seus legítimos donos, punir os crimes cometidos desde 1789 e vingar o sangue de Luís XVI.

Palavras que não parecem vazias.

No dia da morte de Luís XVI, a Corte da Inglaterra declarara luto. Em torno dela, constituíra-se uma *primeira coalizão*, formada por Espanha, Portugal, Sardenha, reino de Nápoles, Holanda, Estados Alemães, Áustria, Prússia e Rússia.

Ao contrário do deputado montanhês Barère, antigo advogado do parlamento de Toulouse, que do alto da tribuna da Convenção declarara que "Um inimigo a mais para a França é apenas um triunfo a mais para a liberdade", Marat e Brissot – o "exagerado" e o girondino por uma vez de acordo – colocam todos de sobreaviso contra possíveis ilusões.

– Como conheço a Inglaterra – diz Marat –, não posso deixar de observar que é um erro acreditar, aqui, que o povo inglês está a nosso favor.

Brissot acrescenta que o gabinete inglês, com suas calúnias, conseguiu "despopularizar nossa revolução no espírito dos ingleses e popularizar a guerra".

– Cidadãos – continua Brissot –, não devemos dissimular os perigos desta nova guerra; é a Europa inteira, ou melhor, todos os tiranos da Europa que teremos que combater, em terra e mar.

Portanto:

– É preciso que a grande família dos franceses seja um único exército, que a França seja um único campo de batalha onde só se fale em guerra, onde tudo leve à guerra, onde todos os trabalhos tenham por objetivo unicamente a guerra.

Mas a guerra exige a caça aos inimigos e a seus cúmplices, instala o reino da desconfiança, o temor – e a realidade – das conspirações e traições. E portanto é a morte que é glorificada:

> Morrer pela pátria
> É o destino mais belo
> O mais digno de se querer.*

---

* *Mourir pour la patrie / Est le sort le plus beau / Le plus digne d'envie.* (N.T.)

Danton exclama:

– Ó, Le Peletier, tua morte servirá a República! Tenho inveja de tua morte!

Num discurso aos jacobinos, em 13 de março de 1793, quando a situação militar se tornara difícil, os contra-ataques austríacos obrigam os exércitos de Dumouriez que tinham entrado na Holanda a recuar para a Bélgica, e Robespierre exclama:

– Saberemos morrer, morreremos todos!

Marat responde-lhe imediatamente:

– Não, não morreremos, mataremos nossos inimigos e os esmagaremos.

Danton também exalta a unidade:

– Agora que o tirano não existe mais, coloquemos toda nossa energia e nossa efervescência na guerra... Cidadãos, tomai as rédeas de uma grande nação, elevai-vos à sua altura...

Tem início um "duelo à morte".

O marquês de La Rouërie, que no mês de agosto de 1792 falhara em sublevar os departamentos da Bretanha e de Poitou para salvar o rei, morre de uma "febre cerebral" ao ficar sabendo da execução de Luís XVI. Papéis são apreendidos no castelo de La Guyomarais – Côtes-du-Nord –, onde o marquês se refugiara, e seus próximos são presos.

Com a morte de La Rouërie, não existe mais organização monarquista no Oeste ou no restante da França.

Mas o perigo está nas fronteiras.

Mercy-Argenteau, antigo embaixador austríaco, escreve:

> Não será uma ou diversas batalhas vencidas que reduzirão uma nação, que só poderá ser derrotada quando for exterminada uma grande parcela da parte ativa e a quase totalidade da parte dirigente. Pilhar os clubes, desarmar o povo, destruir esta magnífica capital, lar de todos os crimes, de todos os horrores, provocar a fome e a miséria, eis as deploráveis premissas da tarefa a cumprir.

E o diretor-geral dos Negócios Estrangeiros de Viena, o barão Von Thugut, acrescenta que é "essencial que existam partidos na França que se combatam e se enfraqueçam mutuamente".

Eles de fato existem e dão livre curso a seu ódio recíproco.
Maximilien Robespierre, em 5 de fevereiro, clama por moderação:
– Não percamos nunca de vista que somos o centro das atenções de todos os povos, que deliberamos perante o universo. Devemos nos precaver inclusive das divergências do zelo mais sincero.

Mas ele mesmo, depois desse elogio à moderação, ataca com violência os girondinos. Estes, no jornal de Brissot, *Le Patriote français*, respondem, zombando do "Incorruptível", que descrevem, em versos, chegando ao Paraíso:

> Seguido de seus devotos
> Cercado por sua corte
> O Deus dos *sans-culottes*,
> Robespierre, entrou.
> Denuncio todos vocês, gritou o pálido orador
> Jesus! São conspiradores:
> Devotam-se um incenso
> Devido apenas a mim mesmo.*

Maximilien não esquecerá essas feridas de amor-próprio, que se tornam mais vivas por agravarem as profundas divergências políticas que separam montanheses, girondinos e *enragés*.

Robespierre se opõe a Brissot, a Roland e a Buzot, advogado de Évreux eleito pelo Terceiro Estado que fora seu amigo nos tempos dos Estados-Gerais. Como 1789 parecia distante! Buzot caíra nos charmes de Manon Roland.

---

* *Suivi de ses dévots / De sa cour entouré / Le Dieu des sans-culottes / Robespierre est entré. / Je vous dénonce tous, cria l'orateur blême / Jésus! Ce sont des intrigants: / Ils se prodiguent un encens / Qui n'est dû qu'à moi-même.* (N.T.)

Durante o processo de Luís XVI, ele votara pela consulta ao povo e pelo adiamento da pena. Era inimigo declarado de Marat, exigindo sua expulsão da Convenção:

– Marat, homem impuro. Em nossos departamentos, abençoarão o dia em que livrarmos a espécie humana de um homem que a desonra...

Os cidadãos que não se filiam a uma ou outra facção encaram com preocupação, e inclusive temor, aquela guerra que divide homens outrora unidos.

"Existem, agora, dois tipos de jacobinos e de patriotas, que se odeiam com tanta virulência quantos os monarquistas e jacobinos originais", constata, amargo e desalentado, o livreiro Ruault, que é jacobino desde os primórdios do clube. "O último tipo de jacobinos são os chamados girondinos, ou brissotinos, ou rolandistas. Mas o ódio continua crescendo entre os dois partidos."

Em Paris, explica Ruault, "a facção dos antigos jacobinos parece a mais forte. Ela carrega consigo todo o povo miúdo, para não dizer o populacho, hoje palavra proscrita e impronunciável publicamente".

Em cada seção, uma "reserva a soldo" – paga pela comuna – de uma centena de homens, sempre os mesmos, faz a lei. São os "durões", quatro ou cinco mil na capital. Mais de mil deles vão para as tribunas da Convenção e interpõem-se aos discursos com ameaças, orientando os debates, influenciando os votos dos deputados.

Uma testemunha, o inglês Moore, espantado e assustado com a situação, conclui que a igualdade entre os departamentos não existe.

Pela pressão da revolta, Paris faz a lei na Convenção e em toda a França.

O "povo soberano" com frequência se reduz aos "milhares de durões", suspeitos de serem "dirigidos secretamente por um pequeno número de demagogos".

Danton denuncia "um bando de ignorantes sem senso comum, patriotas apenas quando embriagados. Marat não passa de um reclamão, Legendre só é bom retalhando suas carnes".

Estes *sans-culottes* formam os comitês de vigilância, criados pelas seções, que fazem visitas domiciliares e interrogam os "suspeitos". Quem não o é?

"É difícil, é perigoso, para um patriota, para um republicano de boa-fé com princípios sensatos e moderados, mostrar-se e inclusive falar em grupo", escreve o livreiro Ruault.

Segundo ele, a morte do rei dividira os parisienses:

> Se a condenamos na frente de pessoas que a aprovam, há gritos de fúria, raivas que levam a ódios entre amigos e parentes, e vice-versa.
> A mesma desordem ocorre entre os patriotas: quem for um antigo jacobino não pode falar na frente de um girondino sem que a animosidade se manifeste de repente.

Ruault está convencido de que "semelhante estado social não pode durar muito tempo; um partido esmagará o outro e colocará os restantes em uníssono".

Ele fica fascinado com a transformação daqueles homens que conhecera antes de serem arrebatados pela paixão política e pelo ódio.

O barão alemão Jean-Baptiste Cloots, por exemplo, que, outrora doce, honesto, generoso, se fazia agora chamar de Anacharsis Cloots, inventara a palavra "setembrizar".

Ele chamara os massacres de "escrutínio depurativo nas prisões".

Deputado na Convenção, ele se apresentava como o "Orador da espécie humana". Era seguido por uma verdadeira corte de parasitas que vivem de sua imensa fortuna. "É preciso ouvi-lo e não contradizê-lo. Seria perder tempo tentar curá-lo de seu furor. Na Convenção, são centenas com a mesma força."

Sobre estes deputados, Danton diz que "só sabem votar na base do senta-levanta, mas eles têm força e energia".

Ruault acrescenta: "É preciso marchar em silêncio ao lado deles, se quisermos acordar e dormir tranquilos".

"A febre revolucionária é uma doença terrível."

Bastava uma representação teatral para que ela se manifestasse.

Em janeiro de 1793, no Théâtre du Vaudeville, *La Chaste Suzanne* era encenada.

O jornal *La Feuille du matin* de 26 de janeiro de 1793 relatara:

> Uma dúzia de pessoas armadas ditaram imperiosamente as leis para setecentos ou oitocentos espectadores, ameaçando queimar seus miolos se ousassem aplaudir algumas alusões aos acontecimentos. O triunfo dos assassinos foi completo. Os dóceis espectadores, apesar de serem uma maioria reconhecida de cem para um, prontamente abandonaram o campo de batalha a seus senhores.

Mesmo assim, três dias depois, o povo reunido se encontrava livremente na Place du Carrousel para a cerimônia do plantio de uma Árvore da Liberdade, em lembrança aos patriotas que, em 10 de agosto, tinham morrido no local ao se lançarem ao assalto do palácio das Tulherias.

O *Bulletin national* registrara:

> Um feixe de lanças representando os 84 departamentos cobertos por um único barrete precedia o jovem carvalho, que foi plantado ao som das árias do *Ça ira*, da *Carmanhola* e demais cantos patrióticos.

Os *sans-culottes* brandem suas lanças, a "arma santa". Eles dizem estar "dispostos a derramar até a última gota de seu sangue pela pátria".

Quando o *sans-culotte* comparece às assembleias de cidadãos, diz um opúsculo publicado na primavera de 1793 – *O que é um sans-culotte?* –, ele não está "empoado, almiscarado, de botas, na esperança de ser notado por todos os cidadãos das tribunas, mas sim para apoiar com toda a sua força as boas moções e pulverizar as que vêm da abominável facção dos homens de Estado, da serpente Brissot, do vil Barbaroux, do afetado Pétion ou do cão e hipócrita Roland".

Este *sans-culotte* que "trabalha com as próprias mãos sabe lavrar um campo, forjar, serrar, polir, fazer um teto, sapatos", que mora nos andares altos dos edifícios, é bom amigo, bom pai, bom filho, irmão de todos os *sans-culottes*. Ele é um homem de convicção, de paixão e, portanto, de ódio por seus adversários.

Ele é *montanhês*. Eles são *girondinos* e *aristocratas*.

A miséria também exacerba as paixões.

Alguns *enragés* – Jacques Roux, Varlet –, diante da alta dos preços, da queda dos *assignats*, exigem a cotação forçada da moeda, a fixação dos preços dos mantimentos, a requisição de grãos, o julgamento dos atravessadores.

Em Lyon, quatro mil operários das fábricas de seda pedem à municipalidade a imposição de uma tarifa de feitio aos fabricantes.

– As forças e os bens de cada um estão à disposição da sociedade – declara o deputado Rabaut Saint-Étienne, pastor, filho de pastor e girondino, que se recusara a votar a morte do rei mas se erguia contra os "atravessadores".

Em 23 de fevereiro de 1793, a multidão reunida no mercado central desde o amanhecer se precipita sobre os veículos carregados de pão, pilhando-os. No dia 24, é a vez das padarias serem tomadas de assalto, e no dia seguinte as mercearias são esvaziadas.

Ainda no dia 24, as lavadeiras das margens do Sena pilham os barcos carregados de sabão ali atracados.

Marat, em seu *Journal de la République*, escreve no dia 25 de fevereiro: "Em todo lugar onde os direitos do povo não são títulos vazios consignados faustosamente numa simples declaração, a pilhagem de algumas lojas à porta das quais seriam enforcados os atravessadores colocaria um fim às malversações".

Assim, as divisões rancorosas se agravam entre, de um lado, os girondinos, que querem proteger as propriedades, e, de outro, os montanheses, que suspeitam e temem que "conspiradores" estejam criando perturbações para provocar a intervenção do exército, com a vinda do general Dumouriez para restabelecer a ordem em Paris e talvez colocar no trono um Orléans, Filipe Égalité.

É este risco que incita Robespierre a condenar os saqueadores que invadem as mercearias:

– O povo deve se erguer não para recolher açúcar, mas para derrubar os malfeitores... Mercadorias medíocres devem atarefá-lo?... Nossos adversários querem assustar todo aquele que tem alguma propriedade... O povo de Paris sabe fustigar os tiranos, mas não visita os merceeiros...

Do outro lado, no entanto, os *enragés* invadem a Convenção, exigem a punição dos "inimigos", dos "conspiradores", dos "atravessadores" que esfomeiam o povo.

O abade Roux, *enragé*, declara:

– Creio que os merceeiros apenas devolveram ao povo aquilo que cobravam caro demais há muito tempo.

Depois das horas de pilhagens, ele acrescenta:

– O dia teria sido melhor ainda se algumas cabeças tivessem sido cortadas.

A situação, nesses dias de fim de fevereiro de 1793 e dez primeiros dias de março, é preocupante.

No interior do país, as pilhagens, o temor de um complô.

Nas fronteiras, os assaltos austríacos, os sucessos da primeira coalizão contra a França.

A República anexara Nice e Mônaco. Danton, num arroubo, exigira a união da Bélgica, entusiasmando a Convenção:

– Digo que é em vão que tentam fazer com que temamos estender demais a República. Seus limites foram demarcados pela natureza. Nós os alcançaremos todos, nos quatro cantos do horizonte, do lado do Reno, do lado do Oceano, do lado dos Alpes. Ali devem ser colocados os limites de nossa República, e nenhuma força humana poderá nos impedir de atingi-los.

Brandindo os punhos, Danton acrescentara:
– Ameaçaram-vos com reis, declarastes a guerra aos reis. Atirastes a luva, e esta luva foi a cabeça do tirano.

Mas as reformas do exército, amálgama entre "brancos" – batalhões do antigo exército real – e "azuis" – batalhões de voluntários –, a criação de regimentos de 3.300 homens, móveis, não são suficientes para forjar o instrumento capaz de se opor às tropas da coalizão numa guerra longa e devoradora de homens.

Sobretudo se quiserem que a República, como declarara Danton, chegue às suas "fronteiras naturais".

É preciso decretar-se, portanto, em 24 de fevereiro de 1793, um *recrutamento de trezentos mil homens*. A Convenção estabelece o número de voluntários que cada departamento precisa fornecer, segundo a importância de sua população e o número de homens "mobilizados" durante os recrutamentos anteriores.

É preciso agir com rapidez, pois, nas fronteiras, o exército de Dumouriez recua. O general começa a ser alvo de suspeitas, tendo sido visto, em Paris, próximo aos girondinos e Manon Roland, e parece ser apoiado por Danton.

O medo do golpe de força, do complô, revolta os *sans--culottes* e os *enragés*, que cercam a Convenção, invadem as tribunas.

É nesse clima que, na noite de 10 para 11 de março de 1793, os deputados votam a criação de um tribunal criminal extraordinário, logo chamado de Tribunal Revolucionário.

Os massacres de setembro são lembrados, e Danton exclama:

– A salvação do povo exige grandes meios, medidas terríveis... Tiremos proveito dos erros de nossos predecessores. Façamos o que não foi feito pela Assembleia Legislativa. Sejamos terríveis, para poupar o povo de sê-lo.

As "delegações" nomeadas pelas 48 seções de Paris se sucedem na tribuna da Convenção.

Todas passam instruções aos deputados, se preocupam com a situação nas fronteiras, com as vitórias dos austríacos, com o recuo das tropas de Dumouriez, e, mais uma vez, esses "seccionários" temem a traição do general, retomando as acusações de Marat.

– Viemos, sem medo de desagradar-vos, lançar luz sobre vossos erros e mostrar-vos a verdade – lança um *sans-culotte* aos deputados.

Depois, inspirado pelo abade Jacques Roux, por Varlet, pelos *enragés*, o orador das seções repete:

– Cidadãos legisladores, não basta ter declarado que somos republicanos franceses, ainda é preciso que o povo seja feliz, que ele tenha pão, pois onde não há pão, não há mais lei, liberdade e república.

Danton intervém, querendo evitar o enfrentamento entre os possuidores e os desprovidos, todos patriotas, todos republicanos!

– Que os proprietários não se alarmem – diz ele. – A nação sempre justa respeitará as propriedades. Respeitai a miséria, e a miséria respeitará a opulência! Não sejamos jamais culpados para com o infeliz, e o infeliz que tiver mais alma que o rico jamais será culpado!

A Convenção o aclama. Os deputados votam a abolição da prisão por dívidas.

À noite, à frente das filas dos manifestantes, as mulheres invadem as tribunas dos jacobinos, condenam aquela "sociedade cheia de atravessadores", ovacionam os nomes dos *enragés* Jacques Roux e Varlet.

A alta do preço dos víveres, o medo do estrangeiro, das tropas austríacas que reocuparam Aix-la-Chapelle e Liège, o temor de um complô aristocrático se unem para aumentar a tensão.

Há pilhagens. As tipografias dos jornais girondinos são saqueadas, na noite de 9 para 10 de março. Os *enragés* tentam formar um comitê de insurreição.

Os cidadãos patriotas e moderados ficam indignados. O livreiro Ruault afirma:

> A falta de ordem provocou todo o mal. Como é que quatro ou cinco mil mulheres dos subúrbios, alguns homens, meninas e meninos poderiam forçar 1.600 ou 1.800 lojas a vender velas a doze soldos, açúcar a 25, café a quinze, sabão a dezoito, se a força pública tivesse se adiantado a eles em uma hora ou duas? [...] A municipalidade diz, para se desculpar, que a desordem foi fomentada pelo estrangeiro. Não acredito nem um pouco nisso. Não é preciso o estrangeiro para devastar Paris...

A voz deste patriota, homem erudito e culto, se torna raivosa, ameaçadora, tanto a necessidade de ordem como o medo da anarquia são grandes.

> Existem, em Paris, esta grande cidade, canalhas e mulheres perversas, infelizes que a miséria persegue seja por sua própria culpa, seja por culpa do governo. Se não forem reprimidos, se a municipalidade os deixar agir, seremos obrigados a matá-los como ladrões de estradas, não haverá outro meio de proteger as propriedades.

Enquanto isso, em todo o oeste da França, mais de cem paróquias, do Maine-et-Loire e da Vendeia até a Loire-Inférieure, se insurgem ao saber que a Convenção exige homens para o recrutamento de trezentos mil homens que devem ir às fronteiras.

Os camponeses se armam, se erguem contra os "burgueses" das cidades, os "republicanos" atravessadores, os "sem-Deus" que perseguiram os "verdadeiros" sacerdotes e apoiaram os abades constitucionais.

A violência se espalha. Há brigas, mortes, inclusive crucificações, massacres.

Em Machecoul, no domingo, 10 de março, há uma carnificina, cerca de seiscentos mortos. Os patriotas de toda a região são exterminados. Os prisioneiros são amarrados a uma longa corda e, formando um "rosário", são posicionados ao longo do fosso do castelo, fuzilados e mortos a golpes de lança.

Surge um Comitê Real, que numa proclamação de 12 de março de 1793 reconhece Luís XVII como soberano e recusa obediência à Convenção.

Um "exército católico e real" se forma, se atribui chefes, como Cathelineau, vendedor ambulante, pai de cinco filhos, que exclama ao ficar sabendo que, nas paróquias, os "patriotas" e os sacerdotes jurados foram atacados e que há recusa em "entregar" os jovens:

– Agora é preciso ir até o fim. Se pararmos aqui, nosso país será esmagado pela República.

Todos repetem:

– Viva Deus! Viva o rei!

"Intimamos os habitantes de Cholet a entregar suas armas aos comandantes do exército cristão formado por trinta mil homens, prometendo poupar apenas as pessoas e as propriedades", escrevem e assinam Stofflet, comandante, e Barbotin, capelão.

Os revoltosos, no nevoeiro espesso desses primeiros dias de março, formam massas negras e compactas, que encontram a resistência de poucas centenas de guardas nacionais, logo massacrados ou dispersados.

Os camponeses revoltosos atiram nos burgueses republicanos fora de suas casas e os massacram.

Cantam uma *Marselhesa* diferente:

Às armas, Poitevins, formai vossos batalhões!
Marchemos! Nossa terra do sangue dos Azuis se colorirá.*

Há guerra nos departamentos, guerra nas fronteiras. Os jornais "patriotas" chamam às armas.

---

* *Aux armes, Poitevins, formez vos bataillons! / Marchons! Le sang des Bleus rougira nos sillons.* (N.T.)

"De pé! Sempre de pé, republicanos! Sempre armados, é a única maneira de vivermos livres! Sejai firmes, vossos inimigos serão vencidos", lê-se no *Le Républicain*.

É preciso brandir "o punhal vingador que purga a pátria dos monstros que preparam sua escravidão".

Na tribuna da Convenção, Maximilien Robespierre, apesar das interrupções dos deputados girondinos, propõe "mudar o sistema atual de nosso governo".

Mas ele é obrigado a se calar sob a avalanche de protestos, gritos, injúrias, gozações. É à noite, no Clube dos Jacobinos, que ele se expressa melhor:

– Fui reduzido à impotência de elevar minha voz na Convenção devido à fraqueza de meu órgão – confessa ele. – Não pude fazer ressoar meus últimos pareceres em relação aos perigos que ameaçam os patriotas.

Os jacobinos o aclamam:

– Fale! Fale!

– É preciso – diz Maximilien – que a execução das leis seja entregue a uma comissão tão confiável que não seja mais possível esconder o nome dos traidores ou a trama da traição.

2.

Traição. Nesse mês de março de 1793, Robespierre não é o único a temê-la, a denunciá-la.

Há muito tempo Marat vem desvelando as "maquinações infernais" que ameaçam a Revolução.

Ele não poupa ninguém, vê conspirações nascendo a todo instante. Basta-lhe ficar sabendo que Camille Desmoulins e outro montanhês, Chabot, foram convidados para jantar por generais, para adverti-los de que "irá à frente de todos os nossos bravos *sans-culottes* perseguir esses sibaritas, sem contemplações", e que dará uma lição nesses cidadãos "bem conhecidos por terem um estômago aristocrático".

Ele acusa o general Dumouriez, seu círculo de oficiais monarquistas. Dumouriez não tinha em seu estado-maior Luís Filipe Égalité, ex-duque de Orléans?

E não fora Dumouriez quem, numa carta à Convenção, acabara de acusar os deputados de quererem fazer na Bélgica "uma guerra criminosa"? Ele repreendera os representantes do povo: "Não sofrereis", escrevera o general, "se vossos exércitos forem maculados pelo crime e se tornarem vítimas".

Os deputados reagem, e Marat, antes tratado de "monstro incendiário", é de repente ouvido, levado à presidência dos jacobinos, de onde lança seus apelos à ação:

– Irmãos e amigos, os males da República chegaram ao auge. É chegado o momento em que a coragem dos republicanos deve eclodir. Que a nação se erga, que os deputados se expliquem e punam Brissot, Vergniaud, o general Dumouriez e todos os demais generais conspiradores e funcionários públicos traidores da nação...

Ele se dirige a Danton:

– Eu o intimo a subir aqui na tribuna e rasgar o véu das traições que nos cercam...

De repente, ele tira bruscamente de baixo de seu capote um longo punhal e o agita diante dos olhos dos cidadãos reunidos no Clube dos Jacobinos:

— Esta é a arma com a qual juro exterminar os traidores – brada Marat. – Esta é a arma que os convido a fabricar para os cidadãos que não estão familiarizados com evoluções militares. Proponho que seja aberta uma subscrição, eu mesmo darei o exemplo.

A assistência fica fascinada com seu discurso, seus gestos, sua energia:

— Formai, assim, um exército central que marchará contra os monarquistas e moderados – recomeça Marat. – Nomeai o chefe e obtereis a vitória – grita ele, brandindo seu punhal.

— Sim, sim, Marat, serás nosso chefe – gritam os jacobinos, lançando para o alto chapéu e barretes frígios.

— Contai com minha vigilância – conclui Marat. – Precisamos atacar com força, avisarei assim que for o momento.

No dia 15 de março, Danton e o deputado Delacroix vão para a Bélgica encontrar-se com Dumouriez.

Os montanheses suspeitam que Danton conspira com o general. Ele sempre o defendera, não?

Danton, defensor da ocupação, ou seja, da anexação da Bélgica, impele Dumouriez à ofensiva.

— Teremos homens, armas, tesouros a mais – repete ele.

Delacroix diz, cinicamente, aos soldados:

— Estais num país inimigo, compensai-vos de vossas perdas... Pilhai, dividiremos depois. Apoiar-vos-ei na Convenção.

Delacroix é inclusive acusado de ter favorecido, em Liège, uma fábrica de falsos *assignats*.

E são esses os montanheses enviados para tentar convencer ou "amordaçar" o general Dumouriez! Bastam algumas horas para que eles entendam que o general já fizera sua escolha.

Ele acabara de ser derrotado – em 18 de março – pelas tropas de Saxe-Coburgo, em Neerwinden, depois em Louvain.

Ele abandona a Bélgica, trata com os austríacos, convida seus oficiais e seus regimentos a marchar sobre Paris, para acabar com a anarquia. Ele quer se opor às violências dos *enragés*:

– É meu exército que utilizarei... Mais da metade da França quer um rei.

Resta a Danton e Delacroix voltar rapidamente para Paris, contar que Dumouriez passara para o inimigo com seu estado-maior, depois de em vão tentar convencer suas tropas a segui-lo para Paris ou para o campo austríaco.

Um jovem coronel, Davout, comandante dos batalhões de voluntários do Yonne, abrira fogo contra Dumouriez e este, cercado por dragões austríacos, levando consigo bom número de oficiais, e Luís Filipe, ex-duque de Chartres, só encontrara salvação ao galopar desordenadamente pelos campos!

Em Paris, antes de sua traição ser conhecida, já se vive num tempo de suspeição.

Os *sans-culottes* dos comitês de vigilância exigem dos cidadãos que estes apresentem

> certificados de civismo, de guarda, recibos de trabalho, passaportes com visto... A entrada e a saída de Paris são vigiadas com grande rigor devido a inúmeros malfeitores que penetraram na cidade e atrás dos quais se corre por todos os lados. Se você não estiver com tudo em regra, é considerado um deles, e é preso como se fosse um malfeitor, ou no mínimo como *suspeito*.

As pessoas são processadas pelo Tribunal Revolucionário, e na maioria das vezes condenadas. Os juízes não pronunciam sistematicamente a pena de morte, mas a guilhotina está a postos. No mês de março de 1793, uma dezena de condenados à morte são decapitados, e os apelos dos *enragés* de Marat para punir os traidores se multiplicam. O medo se insinua pelas consciências, pois se sabe que a violência e o Terror parecem soluções diante de uma situação cada vez mais difícil de controlar. A morte ronda. É preciso vencer e, para isso, matar ou morrer.

Nesses dias de fim de março de 1793, espalha-se a notícia de que todo o Oeste se sublevara, em confrontos contra o alistamento dos jovens, "a favor do rei, de Luís XVII" e "a favor da verdadeira religião atacada pelos vagabundos de Paris".

Aos primeiros chefes, Cathelineau e Stofflet, saídos do mundo da "gente miúda", camponeses e artesãos, somam-se agora aos "aristocratas", na verdade fidalgos de província, como Bonchamps, Lescure, D'Elbée, Charette, La Rochejaquelein.

As paróquias se unem, pequenas cidades são tomadas – Châtillon, Bressuire –, a Bretanha e a Normandia fermentam.

D'Elbée e Sapinaud, que comandam o "grande exército católico e real", fazem apelo à Inglaterra e à Espanha, coalizadas contra a República.

> Faz um mês [escrevem eles] que estamos em estado de contrarrevolução; nossos exércitos, conduzidos pela Divindade e apoiados por nossos valorosos habitantes dos campos, já conquistaram o baixo Anjou e Poitou, onde reinaria a tranquilidade se nossas cidades capitais não se apegassem a um maldito espírito de revolução, que estaríamos em condição de sufocar se conseguíssemos pólvora prontamente.

A situação, quando conhecida em Paris, angustia os deputados e os patriotas, que têm a sensação de ser acuados, coagidos, traídos.

Eles ficam sabendo, com atraso, que o general Dumouriez, ao passar para o inimigo, e como prova de sua traição, entregara aos austríacos os quatro comissários da Convenção que, acompanhados pelo general Beurnonville, que fora ministro da Guerra e seu amigo, tinham ido transmitir-lhe a convocação da Convenção para apresentar-se ao tribunal, perante ela. Dumouriez sabia que perderia seus direitos, isto é, que seria condenado imediatamente à morte e executado.

A Convenção fica indignada com a rebelião do Oeste, com a traição de Dumouriez:

– A contrarrevolução marcha – exclama Barère –, e nós marchamos atrás dela; deliberamos sempre depois dos acontecimentos. Cabe-nos prevê-los, e preveni-los. Não devemos discutir, devemos agir... Deixemos de lado as meias-medidas, declaremo-nos corpo revolucionário.

Os deputados o ouvem, reagem tomando a ofensiva.

Em alguns dias, no fim de março, a Convenção vota uma série de decretos de morte para aqueles que propuserem a "lei agrária" – a partilha dos bens. Trata-se de tranquilizar os proprietários ameaçados pelos *enragés*.

Com a divisão e venda dos bens dos emigrados.

Com a suspensão dos direitos e pena de morte para todos aqueles que participarem das revoltas ou motins contrarrevolucionários. E a criação de um *Comitê de salvação pública*, vigiando os ministros, órgão composto por nove membros ativos por um mês e renováveis mensalmente.

Este Comitê de Salvação Pública é que dirigiria de fato a República.

Decide-se inclusive suprimir a imunidade que protegia os deputados. A partir de então, portanto, eles poderiam ser processados.

Comitê de Salvação Pública, Tribunal Revolucionário, Comitê Revolucionário de Vigilância nas seções e nos departamentos, envio de "representantes em missão": a República fecha o cerco.

Sua arma é a vigilância aos cidadãos, e sua força, o terror.

Mas sua fraqueza são as divisões entre os "patriotas": o ódio é ainda mais vivo entre montanheses e girondinos, sendo os últimos acusados de ligação com o general Dumouriez, o traidor.

Seriam, portanto, cúmplices. Marat propõe novamente que eles sejam levados a julgamento.

Danton, que gostaria de uma pacificação, é obrigado a usar a mesma linguagem dos montanheses. Ele também fora próximo de Dumouriez e sem dúvida desejara, como o general, uma monarquia constitucional cujo soberano fosse um Orléans. Mas Filipe Égalité, ex-duque de Orléans, fora preso depois da deserção de seu filho Luís Filipe, que passara para o lado austríaco ao lado de Dumouriez.

Então Danton rivaliza com os demais em eloquência para afastar as suspeitas que pesam sobre si.
– A guerra civil foi desencadeada em toda parte – diz ele. – Paixões miseráveis agitam nossos representantes enquanto os contrarrevolucionários matam livremente! A estátua da liberdade ainda não foi fundida. Seu metal ferve; se não vigiardes o forno, sereis todos queimados! Mostrai-vos, revolucionários! Mostrai-vos, povo, assim a liberdade não estará mais a perigo. As nações que querem ser grandes precisam, como os heróis, ser educadas na escola da desgraça.

Em Paris, a preocupação e a revolta dos mais pobres se potencializam.
Estes se reúnem no Palais Royal. Murmuram:
– Quando tínhamos um rei, éramos menos infelizes do que agora, quando temos 745.
Os deputados da Convenção, postos em questão, se sentem ameaçados.
Os *sans-culottes* "exagerados" os aguardam à saída da Sala do Manège, intimam-nos das tribunas da Assembleia ou do Clube dos Jacobinos.
Um dos *enragés* que seguem esses *sans-culottes*, Varlet, funda, ao ser anunciada a traição de Dumouriez, um Comitê Central Revolucionário que se reunirá na sede do Bispado. Trata-se de uma Comuna ilegal, mas composta por delegados das seções.
Outro chefe dos *enragés*, o abade Jacques Roux, convoca uma assembleia geral de todos os comitês de vigilância. E consegue a adesão da Comuna.
A Convenção, portanto, corre o risco de ser expropriada de seus poderes.

Maximilien Robespierre, de quem os girondinos zombam, mas que já é chamado pelo povo de Incorruptível, intervém com frequência nesse período tenso, incerto, perigoso, na tribuna do Clube dos Jacobinos, ou da Convenção.

– É preciso que o povo salve a Convenção – diz ele –, e a Convenção salvará o povo... Direi tudo o que é importante saber, não dissimularei nenhuma verdade.

E, implacável, acrescenta:

– Declaro que a primeira medida de salvação pública a ser tomada é estabelecer o processo de todos os acusados de cumplicidade com Dumouriez, em especial Brissot... Quero apenas dizer a verdade, e quando os homens que indiquei tiverem assassinado a liberdade e seus defensores, todos verão que, no momento em que executavam seu complô liberticida, eu dizia a verdade e desmascarava os traidores.

Robespierre é aclamado. Num gesto, faz parar a ovação. Sua voz se torna mais aguda, cortante:

– É chegado o momento – diz ele – de os patriotas colherem de toda sua energia o ódio vigoroso e imortal com o qual se mostraram animados em nome dos reis...

Ele se interrompe, evoca "a punição de um tirano", o ex-rei da França, decapitado.

– Esta punição será, então, a única homenagem que fizemos à liberdade e à igualdade?

Todos os ouvintes se imobilizam, adivinhando a gravidade das palavras que se seguirão:

– Permitiremos que um ser não menos culpado, não menos acusado pela nação, que até o momento foi zelado por um resto de superstição pela realeza, permitiremos que ele colha tranquilamente o fruto de seus crimes?

Maximilien Robespierre quer a cabeça da ex-rainha, Maria Antonieta da Áustria.

Ele quer que ela compareça perante o Tribunal Revolucionário, acusada de participar "dos atentados contra a liberdade e a segurança do Estado".

O auditório estremece, aplaude, entendendo que naquele momento em que as tropas da coalizão, de Brunswick e de Saxe-Coburgo, retomam Aix-la-Chapelle, Liège, e cercam vinte mil soldados franceses em Mayence, é preciso que haja novo sangue real derramado entre as monarquias e a República para impedir qualquer tipo de negociação.

Ao mesmo tempo, de fato, Fersen, ainda apaixonado pela rainha, fiel e preocupado com o destino da soberana, escreve: "Não ficarei espantado se os celerados, vendo-se vencidos em toda parte, sem recursos, ameaçados pela fome e pela miséria, colocarem o jovem rei e sua mãe em Versalhes e quiserem tratar com eles e as potências".

Fersen escreve a Maria Antonieta que ela precisará de um "mendigo", o general Dumouriez. Esse homem será útil, explica Fersen, "é preciso servir-se dele e esquecer o passado. Seu interesse está intimamente ligado ao vosso e ao restabelecimento de vossa autoridade como regente".

Mas somente estando longe da França para pensar em semelhante solução. De fato, pela primeira vez neste fim do mês de março de 1793, a voz alta e clara de Robespierre exige, por convicção e por habilidade, para "reanimar o ardor revolucionário", a cabeça de Maria Antonieta.

Marat, por sua vez, na tribuna do Clube dos Jacobinos, que preside, pede a "destruição" de todos os deputados que haviam proposto a *consulta* ao povo durante o processo de Luís XVI.

Ora, todos os girondinos tinham sido "consulentes"!

É preciso escolher seu lado.

Danton, que tentara ao máximo não romper com os girondinos, sente que precisa, para salvar a si mesmo, de novo seguir Robespierre e Marat. Ele sobe na tribuna dos jacobinos, com o rosto afogueado, as veias do pescoço inchadas de sangue e violência. Sua voz potente se eleva.

Ele lembra outrora ter dito, em setembro de 1792, no tempo dos massacres:

– Eh! Que me importa minha reputação! Que a França seja livre e que meu sangue seja maculado! Que me importa ser chamado de bebedor de sangue! Pois bem, bebamos o sangue dos inimigos, se preciso for!

Elevando mais ainda sua voz, ameaçador, ele diz:
– Muito bem, creio não haver mais trégua entre a Montanha, os patriotas que quiseram a morte do tirano, e os covardes que, querendo salvá-lo, nos caluniaram em toda a França.

A tensão está no auge.
Os rumores mais contraditórios se espalham por Paris. Dizem que o exército de Dumouriez marcha para a capital.

> Esta manhã, às oito horas, inúmeros toques de mobilização fizeram correr às armas e alarmaram todos os corações.
> Alguns diziam que uma parte da Convenção, acossada de medo, abandonara seu posto. Outros diziam que os hussardos estavam em plena insurreição. Cada um achava uma coisa, e resultava dessa confusão uma cruel incerteza sobre o verdadeiro estado das coisas.
> Ficamos sob armas das dez horas até este momento, sete horas da noite, e nada sabemos sobre essa grande movimentação, a não ser que há inspeções por toda parte para descobrir emigrados e armas escondidas em casas suspeitas.
> De fato, comissários acompanhados de numerosas patrulhas entraram nas casas e ainda estão ocupados, enquanto escrevemos, com visitas domiciliares que devem cessar ao amanhecer.
> As barreiras estão fechadas, e as ruas, entrincheiradas. Nenhum cidadão que não esteja munido de sua carta de identificação pode passar.
> Essas precauções extremas, sem dúvida sugeridas pela necessidade, parecem rigorosas e só podem ser justificadas pela ameaça à coisa pública. *Salus populi suprema lux esto.* Seja. Mas quantos honestos artesãos, úteis comerciantes e nossas tímidas mulheres sofrem com essas grandes movimentações revolucionárias e desejam uma Constituição que interrompa seu curso rápido e destruidor.

O *Le Bulletin national*, ao publicar este artigo, em 29 de março de 1793, expressa os sentimentos dos guardas nacionais que, respondendo ao apelo às armas de suas seções, são moderados e, querendo salvaguardar as propriedades, desejam um retorno à ordem, não o retorno, ultrapassado, à monarquia, mas a uma república pacificada, onde a lei se sobreponha à desordem revolucionária.

Mas, nas seções e na Convenção ou no Clube dos Jacobinos, esses homens não ousam tomar a palavra, temendo se tornarem suspeitos. Nesses dias em que a República se encontra presa entre os exércitos da coalizão e dos insurgentes da Vendeia, esses "moderados" se aproximam dos montanheses, pois querem salvar a República.

Eles apoiam, em 6 de abril, a formação do Comitê de Salvação Pública, cujos primeiros membros são majoritariamente saídos dos bancos da Planície e não estão afiliados a nenhum lado. Os únicos montanheses confessos são Danton e Delacroix, sendo este último montanhês há pouco tempo.

Mas os deputados da Planície (Barère, Cambon), membros do Comitê de Salvação Pública, também querem, como os montanheses, defender a Revolução.

Quando Barère recebe a carta, escrita em fins de março pelo deputado Jean Bon Saint-André, pastor, eleito pelo Lot, que acaba de percorrer como representante em missão diversos departamentos, ele participa seu conteúdo aos demais membros do Comitê de Salvação Pública, e todos partilham das observações de Jean Bon Saint-André:

> Todos estão cansados da Revolução, em toda parte. Os ricos a detestam, os pobres não têm pão e são convencidos de que é a nós que devem culpar... Por mais que façamos todos os esforços para devolver às almas um pouco de força, falamos com cadáveres... O pobre não tem pão, e os grãos não acabaram, mas são escassos. É preciso de maneira imperiosa fazer o pobre viver, se quiserdes que ele vos ajude a concluir a Revolução... As perturbações da Vendeia e dos departamentos vizinhos são preocupantes, sem dúvida, mas só são perigosos porque o sagrado entusiasmo pela liberdade está sufocado em todos os corações.

3.

Mas seria possível ressuscitar, nessa primavera de 1793, o "sagrado entusiasmo pela liberdade, sufocado em todos os corações", enquanto aqueles que, em 1789, se erguiam unidos contra as manobras da Corte agora eram inimigos recíprocos cada vez mais determinados?

Em abril, espalha-se o rumor de que os *enragés*, os *sans-culottes* que os seguem e a Comuna de Paris preparam uma "jornada revolucionária" contra a Convenção para os festejos de Páscoa.

No Clube dos Jacobinos, o jovem Robespierre – Augustin Robespierre –, depois de Marat e de seu irmão Robespierre, declara:

– A Convenção não é capaz de governar. É preciso atacar os líderes da Convenção. Cidadãos, não ofereçais vossos braços e vossas vidas, mas exigi que o sangue dos celerados seja derramado! É preciso que todos os bons cidadãos se reúnam em suas seções, venham ao palco da Convenção forçar-nos a prender os deputados infiéis...

Ele está falando dos girondinos.

Na Convenção, as ameaças e injúrias abundam:

– Saberemos morrer, mas não morreremos sozinhos – gritam os deputados girondinos.

É assim que respondem aos *sans-culottes* que depositam uma petição na Convenção.

Os peticionários, sob aclamações dos cidadãos nas tribunas, lançam aos deputados:

– Escutai-nos! Escutai-nos pela primeira vez. A nação está cansada de continuamente ser alvo de traições... Ela está cansada de ver, entre vós, infiéis mandatários... Quem mereceria mais o cadafalso do que Roland?

Algumas palavras caem como lâminas: "maioria corrompida", "coligação que quer nos vender a nossos tiranos e que abarca toda a França".

Os peticionários apelam aos montanheses:

– Montanha da Convenção, é a vós que nos dirigimos. Que a França seja aniquilada ou que a República triunfe.

A República, acossada, corre perigo.

Os "brancos" do "grande exército católico e real", comandados por D'Elbée, avançam em direção a Fontenay, dispersam os "azuis", e apesar deste exército falhar em conquistar um porto que lhe permitiria receber ajuda da Inglaterra, ele representa uma forte ameaça.

Os camponeses monarquistas e católicos desafiam a República, humilham os "voluntários", libertam-nos depois de rasparem seus cabelos, mantendo alguns como reféns, que não hesitam em fuzilar.

No sul, em Lyon, Bordeaux, Marselha, os "moderados" se organizam, executam os *sans-culottes* radicais e expulsam os representantes em missão.

Em Rouen, não há pão, o que provoca motins que precisam ser reprimidos com dureza.

Até mesmo em Paris, na Champs-Élysées, transeuntes se aglomeram e gritam:

– Marat para a guilhotina!

Os cidadãos abastados se preocupam com suas propriedades, quando ouvem Camille Desmoulins declarar:

– Falamos de dois tipos de cidadãos, os senhores e os *sans-culottes*. Tomai a bolsa dos primeiros e armai os segundos!

Esses "segundos", justamente, exigem e obtêm a fixação de um *maximum* para os preços dos cereais, sobretudo do trigo.

Num comunicado à Convenção, a assembleia geral dos prefeitos e oficiais municipais de Paris e das comunas dos subúrbios declara: "Que não haja objeção ao direito de propriedade! O direito de propriedade não pode ser o direito de deixar famintos seus concidadãos. Os frutos da terra, como o ar, pertencem a todos os homens".

Os girondinos se insurgem, tentam reunir os proprietários.

Pétion, antigo prefeito de Paris, se dirige aos parisienses:
– Vossas propriedades estão ameaçadas. Parisienses, saí de vossa letargia e fazei esses insetos venenosos voltar para seus esconderijos!

Danton grita aos deputados girondinos:
– Celerados!
– Temos filhos que vingarão nossa morte – respondem-lhe. – Abaixo o ditador!

Guadet, advogado em Bordeaux, deputado na Assembleia Legislativa e depois na Convenção, um dos chefes girondinos, se dirige aos montanheses:
– Vossa opinião é como o grasnar de corvos...
– Vil pássaro, cala-te! – responde-lhe Marat.

Violências verbais, propostas distintas ao extremo: nada mais parece poder reaproximar a Montanha da Gironda.

"Esse espírito de oposição degenera em dois partidos permanentes, impetuosos, rancorosos, que se declaram uma guerra de morte, no momento em que a pátria é atacada de fora e despedaça por dentro, coisa que desespera os verdadeiros republicanos", escreve o livreiro Ruault.

Ele sente que o enfrentamento irá até o fim. Os girondinos assim o desejam, bem como os montanheses.

– Aquele que não está a favor do povo, que usa calções dourados é o inimigo nato de todos os *sans-culottes*! – diz Robespierre na tribuna dos jacobinos. – Só existem dois partidos, o dos homens corrompidos e o dos homens virtuosos.

A seus olhos, como aos de Camille Desmoulins, os girondinos são corrompidos, escolheram viver na opulência.

Desmoulins acrescenta, inclusive, num panfleto publicado em 19 de maio de 1793 e intitulado *Fragmento da história secreta da Revolução ou História dos brissotinos*, que os girondinos estão a serviço dos agentes de Pitt, do duque de Orléans e da Prússia.

Brissot seria a alma deste complô anglo-prussiano.

Seria preciso, portanto, depurar a Convenção desses répteis, desses escravos, desses fazedores de intrigas, desses tartufos, desses malfeitores, desses corrompidos e desse "pobre Roland, como o cálice do cornudo parece amargo ao ancião!"

Desmoulins não fornece nenhuma prova do que afirma, mas atiça os ódios, e o *Le Patriote français*, o jornal de Brissot, aceita o desafio: "Há tempo demais o republicanismo e a anarquia estão presentes e, por assim dizer, sempre entraram em escaramuças. Esta situação penosa não pode mais se prolongar: oferecem-nos um combate até a morte, pois bem, aceitemos!".

Os montanheses e os *enragés* desejam e preparam esse confronto.

É preciso, dizem eles, "purgar", depurar" e "organizar" a expulsão dos brissotinos para fora da Convenção.

O montanhês Carrier, antigo procurador em Aurillac sob o Antigo Regime, eleito deputado na Convenção, acrescenta:

– Brissot precisa experimentar a guilhotina. Ele precisa senti-la.

A ameaça é explícita.

E os girondinos se defendem.

Se conseguirem conter alguns milhares de *sans-culottes* parisienses, o país os seguirá, pensam eles, e rejeitará os Marat, os Robespierre, os Hébert, os Danton.

Guadet, eleito por Bordeaux, de impressionante talento oratório, voltairiano sarcástico, zomba de Maximilien, que invoca o Ser Supremo, a Providência:

– Confesso – diz Guadet – que além de não ver sentido algum nessa ideia de Providência, jamais teria pensado que um homem que trabalhou com tanto ânimo, durante três anos, para tirar o povo da escravidão do despotismo, possa contribuir para recolocá-lo, a seguir, na escravidão da superstição...

Buzot, figura marcante do grupo dos girondinos, não hesita em propor o fechamento do Clube dos Jacobinos:

– Vede essa sociedade, outrora célebre. Não restam trinta de seus verdadeiros fundadores. Só encontramos homens cheios de crimes e dívidas. Lede seus jornais e vede, se enquanto existir este abominável covil, podereis permanecer aqui.

Robespierre e os jacobinos não se esquecerão destas agressões.

É preciso atacar. Em 12 de abril, os girondinos acusam Marat de levar os cidadãos a atacarem os deputados que ele chama de "infiéis".
Marat?
Trata-se de um "vil celerado que prega o despotismo", diz Pétion.
Quando Marat tenta responder, os deputados gritam, encarando-o: "Cale-se, celerado!" Os montanheses o defendem sem nenhum vigor.

Danton é o único a perceber que, ao acusar Marat, os girondinos dão início à batalha. Se ganharem esse primeiro assalto, amanhã perseguirão todos os montanheses. Ora, Marat, depois de uma votação por chamada nominal, é acusado por 226 votos a 92, com 46 abstenções!

Uma grande maioria da Convenção, portanto, seguia a Gironda...

Marat, cercado de *sans-culottes* que o esperam à saída da Sala do Manège, escapa à prisão e opta pela clandestinidade, enfiando-se em "seus subterrâneos", fazendo assembleias aqui e ali, atacando os "pérfidos e traidores que lideram a Convenção".

– Um pouco mais de paciência, eles sucumbirão sob o peso da execração pública – garante ele.

E ele convence.

Robespierre acaba tomando a palavra a seu favor:

– Não é apenas contra Marat que se quer o decreto de acusação – diz ele. – É contra vós, verdadeiros republicanos, é contra vós que desagradastes com o calor de vossas almas, é contra mim mesmo, talvez, apesar de eu ter sempre me esforçado por não irritar ninguém, não ofender ninguém.

Em poucos dias, a situação muda.

Marat, até então mantido afastado, se torna o perseguido, o herói dos *sans-culottes*, reunindo ao redor de seu nome os montanheses, os *enragés*, os membros da Comuna, os cidadãos pobres.

Quando, na terça-feira 23 de abril, no turno da tarde, Marat se apresenta na prisão da Abadia e é feito prisioneiro, ele sabe que não corre mais riscos. Ele é acolhido por oficiais municipais e administradores da Comuna, que o cercam, ceiam com ele, celebram sua coragem, o protegem de eventuais assassinos.

E Marat perora:

– Povo, amanhã teu incorruptível defensor se apresentará ao Tribunal Revolucionário. Sua inocência brilhará. Teus inimigos ficarão aterrados. Ele sairá desta luta mais digno que tu.

No dia seguinte ele liderará os debates perante o Tribunal, invadido por uma pequena massa de partidários, apoiado pelo acusador público, Fouquier-Tinville, que lhe é favorável e que deixa Marat tomar a palavra, sem nem mesmo se preocupar com a opinião do presidente do Tribunal.

A audiência se transforma em assembleia *sans-culotte*.

– Cidadãos – diz Marat –, não é um culpado que se apresenta diante de vocês: é o Amigo do Povo, o apóstolo e o mártir da liberdade há tempos perseguido pelos implacáveis inimigos da pátria e hoje acossado pela infame facção dos homens de Estado.

O processo de Marat se torna um ato de acusação contra os girondinos. Os jurados o absolvem e celebram. Cobrem-no com uma coroa ornamentada. Um cortejo se forma para acompanhá-lo até a Convenção. Fazem-no sentar numa poltrona que é erguida e carregada nos ombros por diversas pessoas.

Quantos o seguem? "De setecentos a oitocentos saqueadores e bandidos", escreve o jornalista girondino, deputado da Convenção, Gorsas. Ou seriam cem mil, segundo o próprio Marat?

Ao longo de todo o trajeto, ele é aclamado aos gritos de:
– Viva a República! Viva a liberdade! Viva Marat!

As portas da Assembleia são forçadas. Todos se instalam nos assentos dos deputados, enquanto Marat, "coroado", toma seu lugar.

Repete-se "Viva o Amigo do Povo!" e "Guilhotina para os girondinos!"

Marat é cercado, abraçado pelas mulheres que, entrando na sala da Convenção, se precipitam em sua direção.

Ele toma a palavra:

– Apresento-vos, neste momento, um cidadão que havia sido incriminado e que acaba de ser completamente inocentado. Ele vos oferece um coração puro. Ele continuará a defender, com toda energia de que é capaz, os direitos do homem, a liberdade, os direitos do povo.

Os girondinos são derrotados.

Tudo lhes escapa: o Tribunal Revolucionário, os oficiais da Comuna, a Guarda Nacional, cujos batalhões foram vistos escoltando Marat e permitindo à multidão invadir a Convenção.

Os moradores dos subúrbios, os pobres, não têm confiança alguma na Convenção, onde os girondinos ainda conseguem reunir uma maioria e votar a formação de uma Comissão dos Doze, encarregada de fazer sindicância sobre os atos da Comuna.

Esta Comissão dos Doze ordena a prisão de Hébert, editor e redator do *Le Père Duchesne*, o jornal mais *enragé* e hostil aos girondinos, mas o mais popular.

Varlet também é preso, bem como outro *enragé*, Dobsen, presidente da seção da Cité, estimado pelos *sans-culottes*. Mas Hébert é também substituto do procurador da Comuna de Paris, e os girondinos não dispõem de nenhuma força para proteger a Convenção.

Os batalhões da Guarda Nacional são, em sua maioria, compostos por *sans-culottes* "a soldo", pagos pela Comuna, favoráveis a Hébert, a Varlet, aos *enragés*, bem como a Marat.

Só resta aos girondinos a força da palavra no âmbito da Convenção.

E mesmo assim!

Na nova sala onde a Convenção se instalara em 10 de maio, nas Tulherias, os deputados ficavam amontoados. Mas as tribunas podiam receber mais de 1.500 pessoas, e eram tão baixas que era possível descer com facilidade para a sala e misturar-se aos deputados.

E as imediações da Assembleia permitiam que a multidão se reunisse perto da sala. Mais do que nunca, os deputados deliberam sob a pressão dos *sans-culottes*!

Quando o presidente da Convenção, o deputado girondino Isnard, recebe uma delegação da Comuna que fora reclamar – exigir – a libertação de Hébert, suas palavras são logo disseminadas e desencadeiam o furor da multidão.

Isnard se deixara levar. Ele ameaçara Paris da mesma forma que o Manifesto de Brunswick de 1792!

– Escutai o que vou dizer – gritara Isnard, com os olhos esbugalhados. – Se jamais, por uma dessas insurreições que se renovam desde o dia 10 de março, sobre as quais os magistrados da Comuna não avisam a Assembleia, acontecer de haver um atentado à representação nacional, declaro-vos, em nome de toda a França, que Paris será destruída! Depois a França toda se vingará do atentado e logo procurará em qual margem do Sena Paris um dia existiu.

Palavras de emigrado. Palavras de prussiano. Palavras de tirano, e não palavras de representante do povo, de patriota, de republicano. No dia seguinte, 26 de maio, no Clube dos Jacobinos, Marat incita à insurreição.

As seções de Paris ficam em polvorosa.

Todos se armam.

Um Comitê Central Revolucionário e Insurrecional, proveniente da Comuna, se reúne no Bispado.

Este Comitê Insurrecional nomeia Hanriot, "filho do povo", antigo comissário das barreiras alfandegárias de Paris, que no dia 12 de julho de 1789 ateara fogo às mesmas e combatera nas Tulherias em 10 de agosto de 1792, comandante provisório da Guarda Nacional de Paris.

Hanriot é próximo de Hébert, de Robespierre, dos *enragés*, e influente entre os *sans-culottes*, que amam sua voz e sua eloquência de tribuno popular.

Diante dele, onde estão as tropas decididas a proteger a Convenção? Quem apoia os girondinos em Paris, agora que eles ameaçam destruir a capital?

Em Paris, na Rue des Bourdonnais, nos últimos dias de maio de 1793, uma patrulha para um operário bêbado que grita aos berros:

– Viva a República: carne a vinte soldos! Viva a República: velas a trinta soldos! Viva a República: sapatos a quinze libras!

O homem é cercado. Sua prisão é comentada. Todos sabem que antes da Revolução a carne era vendida a cinco soldos; velas a dez soldos e sapatos a três libras!

Aos cidadãos do comitê de seção que o interrogam, o operário responde "que dizia apenas o que todo mundo sabia e porque nada se devia esconder ao povo, e que seu único motivo era a verdade e a liberdade!"

Ele é solto, mas aqueles eram os sentimentos do povo!

Até mesmo quando assistia, mais espectador que ator, às assembleias ou aos cortejos, ou às pilhagens das mercearias!

– A nação toma café – diz um passante.

– Pelo menos com açúcar! – acrescenta outro.

As pessoas riem. Observam. Ouvem, aclamam Marat – sem misturar-se ao cortejo que o acompanha.

"Por mais que ele seja arrogante, furioso, fanático, sanguinário, a vitória que teve o tornou ainda mais caro a seu amigo; o povo dos subúrbios" constata uma testemunha, que acrescenta: "Esse povo precisa idolatrar alguém. Ele não tem a alma digna de um republicano. Ele é o mesmo que outrora gritava 'Viva o rei!' Sua idolatria apenas muda de objeto. Ele grita 'Viva Marat'? Substituiu um ídolo por outro".

E a testemunha continua:

> Os girondinos cometeram o erro de enviar Marat para um tribunal composto por seus amigos! Marat e seus partidá-

rios se vingaram desta afronta. A porta do Tribunal Revolucionário foi aberta aos próprios deputados, por deputados! Que inconsequência, que esquecimento do bom-senso e de sua própria dignidade! Marat verá como um prazer e um dever enviar algum girondino para lá, que não será julgado tão favoravelmente quanto um jacobino.

Os ódios entre "patriotas" são tão fortes que a ameaça externa é esquecida, bem como o grande exército católico e real que continua ganhando força nos departamentos do oeste.

Aqueles monarquistas são ignorados. Comandados por um antigo deputado da Constituinte, Charrier, eles se reúnem em Lozère, tomando Marvejols e Mende, ali massacrando os republicanos.

Há negligência em relação a esses girondinos e a esses monarquistas que reforçam seu poder em Lyon, depois de prender o jacobino Chalier, antigo prefeito da cidade.

Em Paris, o *Le Bulletin national* relata que:

> Foram encontradas hoje, em diversos locais da cidade, cartas cortadas em forma de andorinha contendo um papel azul com as armas da França e as seguintes palavras, escritas em amarelo: "Viva o rei!" Dos quatro jovens surpreendidos na Pont-Neuf, gritando "Viva o rei!", três foram presos, o quarto atirou-se da ponte, para dentro do rio.

Esses "inimigos da pátria" são condenados à morte pelo Tribunal Revolucionário.

O livreiro Ruault escreve:

> Eles morrem com uma coragem e uma firmeza nascidas do entusiasmo. Esses criminosos de um novo tipo sobem ao cadafalso com um heroísmo que comove e assusta. Eles se creem mártires. Os patriotas morreriam também se fossem vencidos. Quem morre por suas opiniões deve ser chorado, respeitado e admirado. Mas é triste, é cruel, é escabroso chegar a extremos tão terríveis.

Mas esses dias de fim de maio de 1793 não são dedicados à compreensão do próximo, à compaixão.
O ódio impregna a atmosfera de Paris.
"O termômetro desta cidade está fixo no grau do terror", escreve o girondino Gorsas.

Os *sans-culottes* armados, delegados pelas seções, invadem as tribunas da Convenção, depois a sala para onde fogem os deputados girondinos e da Planície. Os montanheses, que ficam sozinhos na sessão, ordenam a libertação de Varlet, de Dobsen e a dissolução da Comissão dos Doze. Mas no dia seguinte, 28 de maio, os deputados, não mais ameaçados, restabelecem a Comissão dos Doze, por 279 votos a 238.

A maioria é girondina, portanto, moderada.

Mas as seções se reúnem, se armam, e na noite de 30 para 31 de maio, os sinos soam, os tambores batem chamando para a convocação geral, o canhão de alarme ribomba sobre a Pont-Neuf. Dezoito balas são lançadas, espaçadamente. Isso entre onze horas e meio-dia do dia 31 de maio.

Os deputados estão reunidos desde as seis horas da manhã.

A voz trovejante de Hanriot, que comanda os guardas nacionais, ecoa.

> Quando ele fala [relata um informante da polícia], ouvimos vociferações semelhantes às dos homens que têm escorbuto, uma voz sepulcral sai de sua boca e, depois de falar, sua figura só recupera sua estabilidade ordinária após vibrações em suas feições, ele pisca o olho três vezes e sua figura volta ao equilíbrio.

– Peço que o comandante-geral seja enviado ao tribunal e que juremos todos morrer em nossos cargos – diz o girondino Vergniaud.
– O canhão ribombou – responde Danton, sob os aplausos dos deputados montanheses e dos cidadãos das tribunas.
– Paris de novo prestou relevantes serviços à pátria... É preciso fazer justiça ao povo.

– Que povo? – gritam os deputados girondinos.

– Que povo, dizeis? Esse povo é imenso, esse povo é a sentinela da República – responde Danton.

Mas o dia se prolonga sem que uma decisão seja tomada. Os peticionários se sucedem, exigem um decreto de acusação contra 22 deputados girondinos, a criação de um exército revolucionário de *sans-culottes* em todas as cidades, e a instalação de depósitos de armas! O pão a três soldos a libra, a criação de oficinas-asilos para os velhos e enfermos, um empréstimo forçado de um bilhão dos ricos, a depuração do Comitê de Salvação Pública...

Reina a confusão na sala da Convenção. Os *sans-culottes* sentam entre os deputados, os girondinos partiram. Robespierre fala por longo tempo:

– Conclua logo – diz-lhe Vergniaud.

– Sim, vou concluir, e contra vós – responde Maximilien. – Minha conclusão é o decreto de acusação contra todos os cúmplices de Dumouriez e contra todos os que foram designados pelos peticionários.

Mas não há votação. A Assembleia decide que irá "fraternizar" com os cidadãos das seções num passeio cívico ao redor das Tulherias!

São dez horas da noite. O Palais Royal é iluminado. Bebe-se. Canta-se.

"Que espetáculo imponente Paris oferece esta noite", lê-se no *Les Révolutions de Paris*. "Que lição para setecentos legisladores sempre divididos... É uma espécie de festa nacional."

De fato, o Comitê Central Revolucionário e Insurrecional, associado à Convenção, fracassara.

Marat sabe disso e convida a recomeçar, a ir até o fim:

– Levantai, povo soberano! – exclama ele. – Apresentai-vos à Convenção, apresentai vossa *Mensagem* e não abandonai o tribunal até receberdes uma resposta definitiva!

São sete horas da manhã de domingo, 1º de junho de 1793. *Sans-culottes* fixam cartazes da proclamação que convida a uma nova insurreição: "Cidadãos, aguentai firme! Os perigos da pátria fazem disso uma lei suprema".

Todos se reúnem. Batalhões de voluntários que deveriam partir para a Vendeia são mantidos em Paris. É preciso punir os traidores aqui, antes de esmagar o grande exército católico e real.

No Clube dos Jacobinos, os oradores se sucedem na tribuna, diante de um auditório decidido, que grita:

– Guilhotina para os girondinos!

– A agonia dos aristocratas começa... A Comuna resiste, o povo vai à Convenção, deveis ir para lá.

Hanriot reúne os batalhões em torno das Tulherias. Diz-se que mais de oitenta mil membros das seções controlam todas as saídas. Eles não passam, na verdade, de quinze mil, mas é o suficiente, pois sessenta canhões estão voltados para a Convenção.

O alarme soa, no alvorecer da segunda-feira, dia 2 de junho.

O próprio Marat, diz-se, introduzira-se no campanário do Hôtel de Ville e sua própria mão puxara a corda dos sinos.

Os *sans-culottes* são enviados para ocupar as sedes dos jornais girondinos, impedir suas publicações e prender os jornalistas.

Os deputados estão em sessão.

Entre eles, girondinos corajosos, que entraram na Convenção passando pelas barreiras, adivinhando pelo olhar dos soldados que caíam numa armadilha. Um deles, Gensonné, advogado bordelês, que ao lado de Guadet e Vergniaud representa o grupo dos girondinos, murmura:

– Não tenho ilusões sobre o destino que me aguarda, mas o enfrentarei sem me aviltar. Meus eleitores aqui me enviaram; devo morrer no cargo que me atribuíram.

Às duas horas, os membros das seções e os peticionários entram na sala da Convenção.

Um de seus delegados declara denunciar, em nome do povo, os "facciosos da Convenção".

É preciso imediatamente, exige o "povo", que seja estabelecido o decreto de acusação dos 22 deputados girondinos corrompidos, traidores da pátria.

Da multidão de *sans-culottes*, alguém grita:

– Eles são 29.

E não se deve esquecer uma mulher, Manon Roland.

Há ameaças:

– O povo está cansado, salvai-o ou ele se salvará sozinho.

No entanto, os deputados se recusam a ceder, devolvem a *Mensagem* ao Comitê de Salvação Pública.

Os gritos se elevam.

– O povo se salvará sozinho! Às armas! Às armas!

As tropas se organizam em fileiras num grande barulho de passos e armas.

Os deputados hesitam. Alguns girondinos fogem. Um deputado diz:

– Salvai o povo de si mesmo. Salvai vossos colegas, decretai prisões provisórias...

Barère propõe que os deputados denunciados suspendam a si mesmos voluntariamente.

– Declaro – diz Isnard – que se meu sangue fosse necessário para salvar a pátria, sem precisar de carrasco, eu colocaria minha cabeça no cadafalso, e eu mesmo faria descer a lâmina fatal.

A multidão se torna ameaçadora.

Os soldados apontam as armas para os deputados que tentam sair da Convenção.

As sentinelas maltratam Boissy d'Anglas, deputado, médico protestante do Ardèche e membro da Planície.

Os soldados o empurram para dentro da sala, com as roupas rasgadas.

Às cinco da tarde, os deputados tentam sair solenemente do local, como um corpo constituído.

Eles são trezentos, guiados por Hérault de Séchelles, magistrado de grande presença.

Hanriot, a cavalo, enfrenta-o, desdenhoso e vulgar.

– O que quer o povo? – começa Hérault. – A Convenção deseja apenas sua felicidade.

– O povo – diz Hanriot – não se ergueu para ouvir belas frases. Ele quer que lhe sejam entregues os 22 culpados.

– Que todos nos sejam entregues! – gritam os deputados.

– Artilheiros, a postos – grita Hanriot.

Os deputados recuam. Os soldados os empurram, gritando:

– Viva a Montanha! Guilhotina para os girondinos!

– Eu vos intimo, em nome do povo – diz Marat, que se encontra à frente de um grupo de voluntários –, a voltar para vossos lugares, que covardemente desertastes.

Os deputados hesitam, mas obedecem, voltam para as Tulherias, retomam seus assentos, ouvem um discurso de Couthon, que lhes pede para decretar a prisão, ali, dos deputados girondinos.

– Dai a Couthon seu copo de sangue, visto que tem sede – lança um girondino.

São nove horas da noite. O decreto de detenção menciona 29 deputados girondinos.

Todos eles – Lanjuinais, Rabaut, Vergniaud, Guadet, Isnard, Barbaroux, Pétion, Brissot, Gorsas – participaram, desde maio de 1789, de todas as ações revolucionárias, fundando clubes, opondo-se à Corte durante os Estados-Gerais, preparando a jornada de 10 de agosto, participando do assalto às Tulherias.

Eles fizeram a Revolução.

E caem depois de uma nova jornada revolucionária. Vítimas do primeiro golpe de Estado posto em prática por homens armados, cujos chefes políticos pretendem representar o povo.

Não apenas a Revolução continua, ela transpõe um novo patamar, e seu curso acaba de mudar de rumo.

"A força operou a primeira exclusão. A reflexão não fará a segunda", escreve um patriota que, fiel aos princípios republicanos, se preocupa com o futuro.

Mas outros *enragés* exultam e deixam sua felicidade extravasar.

– Tanto vai o cântaro à fonte que por fim se quebra – diz Hébert, que ataca os vencidos de 2 de junho. – Eu bem que previ, girondinos, brissotinos, rolandistas, buzotinos, pétionistas, que vosso reino não seria longo, que acabaríeis queimando na luz da vela como a borboleta...

Hébert garante, sem fornecer provas, que "os girondinos têm os bolsos cheios de guinéus do rei da Inglaterra".

Brissot não passaria de uma raposa que comprou um belo palacete em Londres, Barbaroux seria um corsário, ditador dos mercadores de açúcar de Marselha. Pétion, o corrompido, precisaria abandonar o bonito palácio que lhe fora atribuído por Roland. Guadet não passaria de um vil vigarista; Vergniaud, um tartufo; Buzot, o "mestre dos gatunos, um traidor, carne de guilhotina, com uma alma de lama"; Gensonné, um predicador da contrarrevolução; Rabaut, um inquisidor; Isnard, um profeta maldito que queria destruir Paris...

– É esta, diabos, a linguagem do povo! Ele é justo, bom, generoso, paciente. Mas quando o saco está cheio demais, rebenta...

SEGUNDA PARTE

Junho de 1793-novembro de 1793
"Um povo imenso, sem pão, sem roupas"

"Apenas os ricos, há quatro anos, usufruem das vantagens da Revolução... É tempo que o combate à morte feito pelo egoísmo à classe mais trabalhadora da sociedade termine. Deputados da Montanha, se tivésseis subido do terceiro ao nono andar das casas desta cidade revolucionária, teríeis ficado comovidos pelas lágrimas e gemidos de um povo imenso, sem pão e sem roupas, reduzido a esta condição de aflição e desgraça porque as leis foram cruéis para com o pobre, porque elas foram feitas pelos ricos e para os ricos. Ó raiva, ó vergonha do século XVIII!"

Jacques Roux, na Convenção Nacional,
apresentando a petição dos *cordeliers*
em 25 de junho de 1793

4.

Eles são 29, mas são chamados de "os trinta".
Eles são deputados girondinos que constam no decreto de detenção. Mas doze deles, dentre os quais Brissot e Buzot, bem como Roland, fogem. Os dezessete restantes são "detidos" e vigiados por um policial em suas casas. Oito deles escaparão, dentre os quais Barbaroux, Guadet e Pétion.

Manon Roland, por sua vez, é encarcerada.

Todos esperam que os departamentos se rebelem, e os deputados que fogem procuram sublevá-los.

Os girondinos que não constam no decreto de detenção organizam um protesto: 75 deputados assinam uma petição exigindo a anulação do decreto. Vergniaud escreve a seus concidadãos de Bordeaux, hostis aos montanheses: "Homens da Gironda, erguei-vos! Vingai a liberdade exterminando os tiranos!"

Cerca de trinta departamentos, apenas, aprovam o decreto de detenção de 2 de junho.

Os cinquenta restantes não entendem o que acaba de acontecer em Paris, aquela divisão entre os patriotas, a "caça" aos girondinos.

Há protestos, reações, "Paris é distinguida por seus tiranos e pela horda de malfeitores que a sitiam".

Denuncia-se "uma fração liberticida coligada com as autoridades constituídas de Paris. Esta fração não dissimula mais suas intenções e nos arrasta para a servidão através do sangue. O crime, mesmo em tempos de revolução, continua sendo crime".

Esta *Mensagem* da assembleia geral do Aude é aprovada em Bordeaux, em Nîmes, em Marselha, na Normandia.

Em Caen, os girondinos decidem criar um exército que marchará sobre Paris. Seu comando é confiado ao general

Wimpffen, que participara da guerra de independência dos Estados Unidos, participara da Constituinte e defendera Thionville dos prussianos em 1792, mas que era monarquista. Ele toma como seu chefe de estado-maior Puisaye, que fora tenente-coronel em 1787 e, em 1789, fora eleito pela nobreza nos Estados-Gerais. Era próximo da Vendeia.

Assim, a resistência girondina, a insurreição "federalista" animada por patriotas se verá denunciada como a aliada, a serviçal da Vendeia, enquanto o grande exército católico e real toma Saumur e Angers e ataca Nantes!

Dias difíceis.

O inimigo ronda as fronteiras. A partir de então, os patriotas que se preocupam com os *enragés*, com os *sans-culottes* e até mesmo com os jacobinos se recusam a seguir os girondinos, acusando-os de favorecer o inimigo, os "emigrados" e o exército da coalizão.

— Estamos em nossa casa, temos a febre quente da liberdade que faz enfrentar todos os perigos e defendemos tudo o que temos de mais caro: nossos lares, nossas mulheres, nossos filhos e sobretudo a liberdade, que é uma palavra mágica, que nos faria mover o universo.

Este patriota, apesar de moderado, prossegue:

— Se a Convenção fosse sábia, se a união ali reinasse, se não houvesse milhares de fanáticos rebelados em Poitou, em Anjou, na Bretanha, apenas riríamos dos inimigos de fora, não teríamos a menor preocupação com o destino da República.

Em 18 de junho, baseando-se nesta opinião, a Convenção decreta que: "O povo francês não faz a paz com um inimigo que ocupa seu território".

Um deputado girondino, Mercier, diz num tom um pouco sarcástico:

— Fizestes um tratado com a vitória?

É Basire, um membro da Convenção próximo a Danton, quem responde:

— Fizemos um com a morte!

Jacques Roux, o *enragé*, acrescenta que a única maneira de consolidar a Revolução é "esmagando os aristocratas e os moderados no furor da guerra".

Ao ouvir essas palavras, ao descobrir este amálgama entre moderados e aristocratas, a inquietude e a angústia se apoderam de grande número de cidadãos.

As primeiras medidas tomadas pela Convenção "depurada" são em favor dos "pequenos" camponeses, aos quais se oferece a possibilidade de adquirir, em pequenos lotes, os bens nacionais, ou parcelas de bens "comunais", e, com isso, ter acesso à propriedade. Na Constituição do Ano I da República, que está sendo elaborada, proclama-se que "o objetivo da sociedade é a felicidade comum". Afirma-se o direito ao trabalho, à assistência, à instrução.

Ao mesmo tempo, proclama-se o "direito de propriedade" e a "liberdade de trabalho, de cultura, de comércio, de indústria".

Seriam mais que apenas palavras?

O artigo 35, tão geral em seus termos, permite todo tipo de interpretações: "Quando o governo viola os direitos do povo, a insurreição é para o povo e para cada parte do povo o mais sagrado e indispensável dos deveres".

Quem definirá "direitos do povo", "parte do povo"?

Será Jacques Roux, que declara que só se deve oferecer aos olhos do povo os perigos da pátria? E que é preciso "soar em toda a França o alarme da insurreição"?

Robespierre, no Clube dos Jacobinos, num tom desdenhoso, ataca Jacques Roux, "fazedor de intrigas, homem ignorante, mau sujeito, falso patriota".

O Incorruptível destila veneno.

– Acrediteis – diz ele – que tal sacerdote, que de comum acordo com os austríacos denuncia os melhores patriotas, possa ter pontos de vista puros, intenções legítimas?

A suspeita da traição é inoculada.

É preciso amordaçar Jacques Roux, cujas palavras são ouvidas pelo povo, é preciso calar este *enragé* que ataca os montanheses, Danton, Robespierre e que ousa dizer:

– Apenas os ricos, há quatro anos, usufruem das vantagens da Revolução... É tempo que o combate à morte feito pelo egoísmo à classe mais trabalhadora da sociedade termine.

Roux martela essas palavras na tribuna da Convenção.

Ele fala em nome dos *cordeliers*, aos quais se uniram as seções de Bonne-Nouvelle e de Gravilliers. É uma espécie de Manifesto dos *enragés* o que ele apresenta, dirigindo-se aos deputados da Montanha:

– Deputados da Montanha, se tivésseis subido do terceiro ao nono andar das casas desta cidade revolucionária, teríeis ficado comovidos pelas lágrimas e gemidos de um povo imenso, sem pão e sem roupas, reduzido a esta condição de aflição e desgraça porque as leis foram cruéis para com o pobre, porque elas foram feitas pelos ricos e para os ricos. Ó raiva, ó vergonha do século XVIII!

Os deputados se levantam, vaiam.

Robespierre fica estático, mas seu rosto está mais pálido que de costume, seus lábios ainda mais franzidos.

Ele não aceita aquela contestação.

É Maximilien Robespierre, e somente ele, quem deve falar em nome do povo e pelo interesse do povo.

Não dissera ele, em 6 de junho, que "os perigos internos vêm dos burgueses, para vencer os burgueses é preciso aliar o povo"?

Os burgueses são os girondinos.

– É preciso que a presente insurreição continue – prossegue Maximilien – até que as medidas necessárias para salvar a República tenham sido tomadas... É preciso fornecer armas aos *sans-culottes*, encolerizá-los, esclarecê-los: é preciso exaltar o entusiasmo republicano, por todos os meios possíveis.

Mas em inúmeros cidadãos que não estão filiados a um ou outro partido, que não seguem nem os *cordeliers*, nem os *enragés*, nem os girondinos, nem os jacobinos, que tentam apenas compreender o que ocorre naquela Revolução que aprovaram, da qual muitas vezes foram atores, o entusiasmo vai se esgotando, apesar de continuarem com vontade de defender o que fora conquistado desde 1789.

Ruault escreve:

> Estou preocupado, por mais patriota que eu seja, com o que acontece no Clube dos Jacobinos, onde não compareci.
> Há mais de quinze dias foi feito um escrutínio depuratório e não recebi minha carta de convocação, sem a qual nenhum membro pode entrar nesta sociedade. Donde concluo que fui rejeitado no escrutínio, como impressor do frio e reservado jornal *Le Moniteur*.
> É verdade que não sou jacobino à maneira de Marat, de Robespierre e de Danton.
> Sou-o como todo bom republicano que gostaria de ver a paz e a felicidade bem estabelecidas em sua pátria e está muito triste de ver, pelo contrário, reinar a perturbação e a miséria. Mas rejeitado ou não desta sociedade que se torna mais terrível a cada dia, continuarei para sempre ligado aos princípios republicanos.

Ruault não imagina, ao escrever esta carta, em 11 de junho de 1793, que Marat, Robespierre, Danton, os homens que ele não quer seguir e que teme, apesar dos cidadãos que os apoiam e aplaudem seus discursos, eles próprios estão preocupados com uma espécie de hesitação, e inclusive sentem a tentação do recuo.

Marat está doente, com o corpo devorado por uma doença de pele que o obriga, nesta primavera de 1793, já quente, a tentar encontrar um pouco de alívio passando horas na banheira.

Ali ele lê. Escreve.

Está sem dinheiro. Seu *Le Publiciste de la République française*, jornal que ele tenta distribuir, não vende, e portanto não é lido.

"Os desgostos que experimento estão no auge", escreve Marat. "Permiti que eu respire por um instante. É demais ter que combater a maldade dos inimigos da liberdade e a cegueira de seus amigos..."

Ele sobrevive, graças à dedicação de Simone Évrard, uma operária a quem, em janeiro de 1792, promete casamento sem dar seguimento a esse projeto.

Enquanto isso, continua a ser insultado, e a avalanche de injúrias o afeta.

Ele lê no *Journal français*:

> Como trapeiros que incessantemente vasculham montes de sujeira, os parisienses judiciosamente vasculharam na escória mais fétida da nação para extrair um Deus, e esse Deus é Marat. Ó céus! Que ídolos, que culto e que adoradores!
> Ó minha pátria, estavas então reservada a este cúmulo de opróbrio e ignomínia... Que motivos pode ter Marat para seu amor, ele a quem a natureza condenou à mais deplorável nulidade?... Eles são muito reais: há quatro anos ele só abre a boca para dizer: pilha ou mata. Julgai se deve ser adorado!

Marat está exausto, irritado, abatido.

Ele toma a decisão de "suspensão voluntária" de seu cargo de deputado.

> Impaciente por abrir os olhos da nação abusada às minhas custas por tantos panfletistas a soldo; não querendo mais ser olhado como pomo da discórdia e disposto a tudo sacrificar para o retorno da paz, renuncio ao exercício das funções de deputado até depois do julgamento dos deputados [girondinos] acusados.

Mas sua carta, endereçada à Convenção, encontra pouca repercussão.

– Há tempos a Convenção se ocupa dos indivíduos – diz o deputado Basire. – É preciso por fim falar das coisas.

A Constituição do Ano I é votada e será submetida ao povo. No dia 27 de junho, para saudar sua adoção pelos deputados, são dados tiros de canhão e uma festa cívica é organizada no Campo de Marte.

Mas ela não tem muita repercussão.

"Diz-se em voz alta", relata um boletim policial, "que a Convenção promete muito mas age pouco."

No entanto, ela adota uma série de medidas para seduzir os *sans-culottes*, os mais pobres.

Os filhos naturais, tão numerosos, excluídos até então, são admitidos ao direito e à sucessão.

Os ricos são obrigados a contribuir num empréstimo forçado de um bilhão.

Afirma-se o princípio de "assistência pública" aos cidadãos carentes.

Apesar disso, a insatisfação, o ceticismo e a passividade continuam.

Marat reconhece com amargura que poucas coisas mudaram nos últimos quatro anos, por "falta de energia e virtude dos patriotas que fazem parte da Assembleia".

Ele se sente ainda mais abalado por receber cada vez com mais frequência cartas cheias de ameaças.

Ele não teme a morte, mas o ódio dessas cartas o ferem.

"Teu castigo está sendo preparado", diz uma.

"Aprende", diz outra, "que não cometerás mais impunemente os crimes que te renomaram... A tempestade não deve tardar... E expirarás com justiça nos tormentos devidos ao mais celerado dos homens."

Marat se agita. Simone Évrard tenta acalmá-lo, passando panos úmidos em sua pele irritada. Mas as coceiras não cedem, e a leitura dos jornais, das cartas recebidas, aviva o amargor de Marat. E sua pele queima.

Ele tem a sensação de ser o melhor, o mais lúcido daqueles para quem o povo se volta.

Quanto valem os outros?

Danton é um corrompido, de fortuna recente, adquirida sem dúvida nos cofres dos ministérios e talvez nos da Corte e das potências coalizadas!

E Danton se refestela, desfrutando-a.

Há alguns meses, em fevereiro de 1793, sua esposa Gabrielle Charpentier morrera depois de dar à luz a um quarto filho!

Ah! Que bela dor fora a de Danton, que todos sabiam enganar Gabrielle todos os dias!

Ele voltara da Bélgica, onde conspirava com Dumouriez.

Fora rodeado, tentaram consolá-lo.

"Eu te amo mais do que nunca e até a morte, a partir desse momento sou tua própria pessoa", escreve-lhe Robespierre.

Collot d'Herbois, no Clube dos Jacobinos, garante que Gabrielle Charpentier morrera ao ler as infâmias escritas pelos girondinos contra Danton.

– Os girondinos causaram a morte de uma cidadã de quem sentiremos falta, por quem choraremos todos.

Danton manda exumar o corpo de Gabrielle para que se tire o molde de seu rosto... E exporá o busto da morta no Salão das Artes...

Impudor!

Entretanto, ele casa com sua vizinha, Louise Gély, uma jovem de dezesseis anos! O contrato de casamento é assinado em 12 de junho, e é Danton quem paga o dote, como se tivesse comprado sua jovem virgem. Um sacerdote refratário celebrará o casamento. Danton, ardendo com esse reavivar de juventude, sai das assembleias o mais cedo que pode, para se encontrar com Louise Gély. Ele se afunda em prazeres, festins, longas estadas em sua propriedade de Sèvres, que decidira chamar de "Fonte de amor".

De onde vêm os fundos que ele dilapida?

Danton se defende investindo contra os girondinos que o acusam.

Ele os ataca com ainda mais vigor, visto que, nos departamentos, os girondinos provocam a insurreição "federalista" contra Paris e a Convenção.

Por isso Danton, acusado e ameaçado, vocifera.

"Havia crinas em sua peruca. Ele tinha bexigas no rosto, uma ruga de cólera entre as sobrancelhas, vincos nos cantos da boca, os lábios espessos, os dentes grandes, um punho de obreiro, os olhos esbugalhados."

Ele acusa Brissot, os deputados girondinos em fuga que, na Normandia, reúnem um exército.

– Esse Brissot, corifeu da ímpia seita que será esmagada – esbraveja Danton –, esse Brissot que gabava sua coragem e sua indigência acusando-me de estar coberto de ouro não passa de um miserável que não pode escapar ao gládio das leis...

Sem os canhões de 31 de maio e 2 de junho, sem a insurreição, os conspiradores triunfavam!

– Convoquei, eu, esta insurreição ao dizer que, se houvesse nesta Convenção cem homens que se parecessem comigo, resistiríamos à opressão, fundaríamos a liberdade sobre bases inabaláveis.

Os montanheses, ao ouvir Danton, esquecem que eles mesmos tinham feito ao tribuno acusações de corrupção, e que muitas vezes o tiveram como "suspeito", inclusive como agente do ex-duque de Orléans, grande conspirador, grande distribuidor de fundos secretos.

Na tribuna do Clube dos Jacobinos, Danton é aplaudido.

– Salvastes, ontem, a República na Convenção – grita-lhe o deputado Bourdon de l'Oise, antigo procurador no Parlamento de Paris, que usurpara um assento na Convenção utilizando-se de um homônimo.

Esse Bourdon de l'Oise, laudador de Danton naquela noite, segundo Robespierre, une "a perfídia ao furor".

Mas nesse mês de junho de 1793, Robespierre não tem a voz forte o suficiente para se fazer ouvir.

Ele também, como Marat e Danton, hesita.

Os três pressentem que a Revolução, ao decretar a prisão dos deputados girondinos que haviam sido seus "irmãos" em 1789, acaba de mudar de patamar.

E Marat, Danton e Robespierre marcam passo por algumas semanas.

"Robespierre", escreve Marat em 19 de junho, "é tão pouco feito para ser um chefe de partido que evita qualquer grupo onde haja tumulto, e empalidece ao ver um sabre."

Maximilien, que tem a vaidade de uma alma sensível, sempre pronto a desconfiar daqueles que o criticam, se retesa, altivo, desdenhoso, passando da acusação à confissão, e do desejo de vencer ao de se retirar.

Em 12 de junho, ele fala perante jacobinos petrificados, consternados.

– Não tenho mais o vigor necessário para combater a aristocracia – começa ele.

Depois de um momento de estupor, os jacobinos protestam, mas com um movimento de cabeça Maximilien impõe o silêncio e retoma:

– Esgotado por quatro anos de trabalhos penosos e infrutíferos...

Os jacobinos voltam a gritar.

– Infrutíferos?

Desde a reunião dos Estados-Gerais, em maio de 1789, nada teria mudado, então?

Robespierre fala como Jacques Roux e Marat!

– Sinto – continua Maximilien – que minhas faculdades físicas e morais não estão à altura de uma grande revolução e declaro que apresentarei minha demissão.

A voz do Incorruptível se enfraquece, o discurso se torna uma confissão.

Mas quando os jacobinos, em pé, gritam não aceitar que Robespierre deixe seu cargo, que lhe darão todo seu apoio, energia e força para continuar seu combate indispensável à pátria, Robespierre se endireita:

– Temos – diz ele – dois obstáculos a temer: o desânimo e a presunção.

Seu momento de fraqueza já foi esquecido, talvez não tenha passado de uma encenação para garantir-se a fidelidade dos jacobinos, para levá-los ao combate contra os aristocratas, os vendeanos, os girondinos e os *enragés* que desviam o povo das justas causas, e também contra aquele sacerdote, Jacques Roux, "homem que ousa repetir injúrias pretensamente patrióticas".

Jacques Roux, diz Robespierre, não passa, como Brissot, de um agente de Pitt e de Coburgo, um aliado, um assalariado da Inglaterra, dos príncipes alemães e dos emigrados.

É preciso confiar, acrescenta Maximilien, nos "velhos atletas da liberdade", os montanheses. E, acompanhado por Hébert e Collot d'Herbois, no dia 30 de junho de 1793, ele vai ao Clube dos *Cordeliers* e consegue fazer com que Jacques Roux seja excluído do clube, e Varlet suspenso!

– É preciso uma vontade única – diz Robespierre.

E cabe a ele forjá-la.

Ele faz com que Couthon e Saint-Just, seus próximos, entrem no Comitê de Salvação Pública, e ele mesmo pretende apresentar-se.

Pois o Comitê de Salvação Pública deve ser o centro de ação da Convenção, a expressão da vontade revolucionária, o gládio da pátria.

Os patriotas moderados, reservados, inquietos, querem que a nação seja defendida.

> Estou desolado com nossa situação interna [escreve Ruault]. Dizem que os girondinos querem se reunir no centro da França, em Bourges, e ali criar outra Convenção! Seria o cúmulo de nossas infelicidades se conseguissem...
> Será preciso que a França se divida e pereça porque trinta indivíduos que quiseram virá-la do avesso perderam o lugar, foram colocados para fora da Assembleia dos representantes do povo?

As jornadas de 31 de maio e 2 de junho colocam em estado de revolta ou insurreição cidades e departamentos mal-informados sobre o conteúdo das coisas. Elas não são legais, sabemos! Mas existe alguma ação legal na revolução?

Se os departamentos saíssem vitoriosos, "a França se tornaria o butim de cinco ou seis príncipes estrangeiros".

Nenhum patriota poderia aceitar uma coisa dessas.

Por isso é preciso – e é um moderado quem está falando – "colocar um fim a tantos debates disparatados e furiosos... E não se falará mais em girondinos, como se eles nunca tivessem existido".

Palavras cortantes como a lâmina de uma guilhotina. De março a setembro de 1793, o Tribunal Revolucionário pronuncia, por mês, de cinco a quinze condenações à morte.

5.

Uma mulher de 25 anos, Charlotte Corday, não consegue ignorar os deputados girondinos em fuga nesses primeiros dias de julho de 1793.

Ela mora em Caen desde a primavera de 1791. Nascida numa família da pequena nobreza, era bisneta de Corneille. Ela se apaixonara, talvez por causa de sua ascendência, pela história da Grécia e de Roma. Também lera Jean-Jacques Rousseau e o abade Raynal. Fora seduzida por suas teorias republicanas:

– Eu era republicana muito antes da Revolução – confidencia ela aos deputados girondinos que se refugiaram em Caen.

Barbaroux, o marselhês, Louvet, escritor, autor do célebre romance dos *Amores do cavaleiro de Faublas*, eleito para a Convenção pelo departamento de Loiret, e Pétion, o antigo prefeito de Paris, são jovens eloquentes que tinham sido atores de primeira grandeza durante as jornadas revolucionárias.

Barbaroux conduzira os federados marselheses no assalto às Tulherias em 10 de agosto de 1792! Pétion sentara ao lado dos membros da família real na berlinda que os levara de volta a Paris depois da tentativa de fuga, e suas funções de prefeito haviam feito dele um personagem fundamental no desenrolar dos acontecimentos.

Charlotte Corday ouve-os.

Seus dois irmãos tinham emigrado e faziam parte do exército do Condé. Mas ela se erguera contra a Revolução apenas depois das medidas tomadas contra os sacerdotes refratários.

Ficara horrorizada com os massacres de setembro, dos quais Marat, a seus olhos, era um dos instigadores.

Este homem é um monstro, sentencia ela. Ele não respeita nem a vida, nem as leis. Aspira apenas a ser um déspota sanguinário. Em 31 de maio e 2 de junho de 1793, traiu a Constituição, ultrajou a justiça e pisoteou a esperança revolucionária, decretando a detenção dos deputados girondinos.

Charlotte Corday frequenta-os. Ela os admira por sua coragem, seu heroísmo.
Dia 7 de julho, em Caen, na avenida Cours la Reine, ela sobe ao estrado diante do qual desfilam os voluntários do exército federalista que marchará sobre Paris. Está entusiasmada.
Ela não gosta do sorriso irônico que esboçam Pétion e Barbaroux quando ela declara que queria combater para impedir os monstros de massacrar cidadãos inocentes.
Ela murmura que poderia matar um homem para salvar cem mil.
Este homem, cujo nome ela não pronuncia, pois quer que seu plano continue secreto, é Marat, o sanguinário.
No dia 9 de julho, ela vai para Paris.
"Eu pretendia, ao partir de Caen, sacrificar Marat no topo da Montanha da Convenção Nacional", diz ela na carta que enviará a Barbaroux.
Mas ela só fará confidências depois do ato concretizado.

Em Paris, ela se apresenta ao deputado Lauze du Perret, com uma carta de apresentação de Barbaroux.
O deputado lhe informa que Marat, doente, não sai mais de casa. Com isso, o plano que ela concebera em Caen, de um assassinato dentro da Convenção, cai por terra.
Ela se preparara para, depois de "imolar" Marat, "tornar-se imediatamente a vítima do furor do povo". O que fazer? Ela fica desconcertada.
No sábado, 13 de julho, ela sai cedo, entre seis e seis e meia da manhã, da pequena pensão onde se hospedara, e se dirige para o Palais Royal.
O ar já está bastante quente.
Nesta segunda semana de julho, o calor é insuportável. Pela manhã, a temperatura ultrapassa os trinta graus. Fica sufocante. As casas de banho são invadidas. Bebe-se tanto

que a cerveja chega a faltar. Vários teatros decidem fechar por causa do calor.

Charlotte Corday, que num passo lento percorre dez vezes os jardins do Palais Royal, tem o corpo coberto de suor.

Mas depois da longa caminhada de mais de uma hora e meia, ela perde a hesitação.

Numa das ruas vizinhas ao Palais Royal, ela compra uma faca.

Depois pega um fiacre e é conduzida ao número 30 da Rue des Cordeliers, onde Marat reside.

Neste mesmo sábado, 13 de julho, notícias contraditórias chegam a Paris.

No Comitê de Salvação Pública, todos se felicitam pela derrota do exército federalista formado em Caen. Os voluntários comandados pelo general de Wimpffen se dispersam depois da batalha.

Também em Nantes os vendeanos são repelidos e seu chefe Cathelineau está mortalmente ferido. Charette e D'Elbée assumem o comando do exército católico e real.

Em Valence, Toulouse e Montauban, as sociedades populares e os *sans-culottes* se reúnem e proclamam sua adesão à Convenção, recusando a união aos girondinos federalistas de Bordeaux, Nîmes e Marselha. Os departamentos do sul da França não formam, portanto, um bloco oposto a Paris e à Convenção.

Mas o Comitê de Salvação Pública não se regozija por muito tempo.

As críticas dos *enragés* e de Marat o sobrecarregam.

Elas visam Danton, o "linguado recheado", diz Verdier, montanhês que fustiga os *endormeurs* do Comitê de Perdição Pública, como Marat chama o Comitê de Salvação Pública.

O "amigo do povo" ataca Danton, que "reúne os talentos e a energia de um chefe de partido, mas cujas inclinações naturais o levam para tão longe de qualquer domínio que ele prefere uma cadeira furada a um trono".

Danton é excluído do Comitê de Salvação Pública quando ocorre a renovação de seus membros.

Eles são doze.

Entre eles, estarão Robespierre, Carnot, Jean Bon Saint-André, Billaud-Varenne, Collot d'Herbois, Barère e, naturalmente, Couthon e Saint-Just.

Eles são informados de que Valenciennes não resistiria por muito mais tempo às tropas anglo-austríacas do duque de York e que a guarnição de Mayence, cercada, negociava sua rendição. Ela seria autorizada a capitular em condições honrosas, comprometendo-se a não mais combater fora do território francês. Os membros do Comitê de Salvação Pública aceitam essas condições e decidem que ela seria enviada para o oeste para lutar contra os vendeanos.

Mais grave é a situação de Toulon.

A cidade é "um ninho de monarquistas", de girondinos, de moderantistas, de aristocratas. E eles acabam de tomar o poder, de expulsar os jacobinos, de prender os patriotas.

O porto e a enseada são abertos às frotas inglesa e espanhola que passavam ao largo.

Os agentes do Comitê de Salvação Pública afirmam que o conde de Provença quer chegar até Toulon e fazer desta cidade, sob a proteção dos navios da primeira coalizão, a primeira conquista do reino de Luís XVII.

Num relatório, Couthon anuncia, além disso, que um complô cuja alma seria o general Dillon – que fora próximo de La Fayette, combatera em Valmy e em Ardennes e por muito tempo fora protegido por seu amigo Camille Desmoulins – visava tirar da prisão do Templo o "filho de Luís Capeto", o Luís XVII que era a esperança dos aristocratas.

No sábado, 13 de julho, é tomada a decisão de "colocar em segurança o filho do falecido Luís Capeto".

Os guardas municipais entram no quarto onde Maria Antonieta e a irmã de Luís XVI, Elizabeth, descansam em companhia do delfim e de sua irmã, Madame Real.

Eles anunciam que receberam a missão de tomar o filho de Luís Capeto.

Maria Antonieta se precipita, grita, cobre com seu corpo o delfim, que choraminga, grita por sua vez.

A rainha se defende, se debate, só para de resistir quando ameaçam matar seu filho e sua filha.

Então ela cede, e com Elizabeth ela veste o delfim, que chora e é arrastado.

Com a partida da criança, Maria Antonieta se transforma numa sombra desesperada, magra silhueta destroçada, comprimida nas roupas pretas do luto.

É neste mesmo sábado, 13 de julho de 1793, que Charlotte Corday se apresenta na casa de Marat, no número 30 da Rue des Cordeliers.

Ela sobe uma primeira vez, com pressa, ao apartamento do jornalista. Mas não é recebida.

Volta a descer no mesmo passo ágil, depois, após alguns minutos, volta, sobe de novo e se afasta ao receber nova recusa.

Ela volta para sua pensão, escreve uma carta para Marat: "Venho de Caen. Vosso amor pela pátria deve fazer-vos desejar conhecer os complôs que ali são tramados. Aguardo vossa resposta".

Ela envia a carta imediatamente.

Depois vagueia sob o calor tórrido daquela tarde de julho.

As horas passam.

De repente, ela se dá conta de que não escrevera seu endereço e que Marat não poderia, portanto, responder-lhe.

Pela terceira vez, vai até a casa de Marat.

Entrega uma nova carta nas mãos de Simone Évrard, que pela manhã a tratara mal, afirmando que ela jamais seria recebida por Marat.

Charlotte insiste. Ela se exalta, fala alto com Simone Évrard para que Marat ouça.

– Sou perseguida, pela causa da liberdade – diz ela. – Sou infeliz. Basta que o veja para ter direito à proteção do cidadão Marat, o amigo do povo.

E acrescenta:

– É desagradável não ser recebida.

Ela repete que escrevera e enviara uma carta pela manhã, que tinha revelações a fazer, complôs a desmascarar.

Marat finalmente a recebe.

Ele está no banho. Ela se senta perto da banheira. Dita a Marat nomes de conspiradores. E depois de alguns minutos – talvez dez – apunhala Marat no peito.

"Grande dor pela morte de Marat, assassinado a facadas por uma vadia do Calvados", diz a manchete do *Le Père Duchesne*.

A "vadia" não seria apedrejada, como ela imaginara.

– Suportei os gritos de algumas mulheres – diz Charlotte Corday.

Ela é conduzida para a prisão da Abadia. É interrogada enquanto as exéquias de Marat são preparadas.

O corpo do "amigo do povo" é embalsamado no domingo e na manhã da segunda-feira, 14 e 15 de julho, depois exposto, com o torso nu, num leito alto dentro da igreja dos Cordeliers.

Enquanto isso, diante do Tribunal Revolucionário, Charlotte Corday responde às perguntas de Fouquier-Tinville.

– Como a senhora pode ter considerado Marat um monstro, ele que a introduziu em sua casa por um gesto de humanidade, porque a senhora lhe havia escrito dizendo que estava sendo perseguida?

– Pouco me importa que ele se mostre humano para comigo, se é um monstro para com os demais – responde Charlotte Corday.

Na Rue des Cordeliers, a multidão se reunira. Canhões estão alinhados. As mulheres gritam que é preciso devorar os "membros da celerada que arrebatou do povo seu melhor amigo".

Lê-se na porta da casa de Marat:

> Povo, Marat morreu. O amante da pátria
> Teu amigo, teu apoio, a esperança do aflito

Caiu sob os golpes de uma horda desonrada.
Chora, mas lembra-te que ele deve ser vingado.*

As exéquias são marcadas para a terça-feira, 16 de julho. David é o mestre de cerimônias.

Mas apenas oitenta deputados seguem os despojos de Marat, que é enterrado no jardim dos Cordeliers,

> em meio às árvores. Sua sepultura foi construída em pedra. Seu caixão de chumbo está colocado sobre três pedras, com outra por cima. De um lado, um pote de manteiga guarda suas entranhas, do outro, um pequeno barril guarda seus pulmões. Tudo foi embalsamado. Seu coração ainda está suspenso na abóbada da igreja dos Cordeliers.

Depois o caixão será coberto de terra e, mais tarde, um obelisco será erguido em frente à Convenção.

Ele terá a seguinte inscrição: "Aos manes de Marat, o Amigo do Povo. Do fundo de seu negro subterrâneo, ele fez tremer os traidores. Uma mão pérfida o arrebatou do amor do povo".

Mas um magro cortejo acompanhara Marat.

"O calor excessivo", diz um jornal, sem dúvida impedira o considerável agrupamento esperado. Há tiros de canhão na Place du Théâtre-Français, depois se passa ao sepultamento. Mas a praça e as ruas estão vazias.

Uma hora depois da meia-noite, a cerimônia, iniciada às dez e meia, é encerrada.

No dia seguinte, quarta-feira, 17 de julho, uma violenta tempestade começa a cair. Uma chuva torrencial se abate sobre a capital. Às seis horas da tarde, Charlotte Corday tem sua cabeça cortada.

---

* *Peuple, Marat est mort. L'amant de la patrie / Ton ami, ton soutien, l'espoir de l'affligé / Est tombé sous les coups d'une horde flétrie. / Pleure, mais souvients-toi qu'il doit être vengé.* (N.T.)

Na véspera, em Lyon, o jacobino Chalier, que fora prefeito da cidade, é guilhotinado pelos monarquistas e girondinos que tomaram o poder.

O temor do assassinato, o medo da vitória dos aristocratas, e das vinganças que se seguirão, se apoderam dos membros da Convenção. Sobretudo dos regicidas.

No Clube dos Cordeliers, onde o coração de Marat fora exposto, ele é invocado:

> Coração de Jesus! Coração de Marat!
> Tende piedade de nós
> Reuni-vos, *sans-culottes*, e aplaudi!
> Marat está feliz! Marat morreu pela pátria.*

Querem que seu corpo seja levado para o Panthéon.
Robespierre se opõe.

– Não é hoje que devemos dar ao povo o espetáculo de uma pompa fúnebre.

Maximilien parece com ciúmes, como se a lembrança de Marat o colocasse na sombra.

– As honras do punhal também me estão reservadas – diz ele.

A prioridade fora determinada apenas pelo acaso. Ele chega a acrescentar:

– Minha queda avança a passos largos.

É a confissão da tensão e da angústia que reinam neste fim de julho de 1793, em que a nação é atacada por todos os lados, de Angers a Valenciennes, pelos vendeanos e pelos anglo-austríacos, de Lyon a Toulon, pelos aristocratas, pelos monarquistas, pelos girondinos, pelas frotas inglesa e espanhola.

Ao cavalgar para Avignon, um jovem capitão-comandante de 24 anos, Napoleão Bonaparte, vê, da estrada que

---

* *Cœur de Jésus! Cœur de Marat! / Ayez pitié de nous / Recueillez-vous sans-culottes et applaudissez! / Marat est heureux! Marat est mort pour la patrie.* (N.T.)

atravessa o departamento do Var, os navios ingleses e espanhóis borbardeando os fortes de Toulon, ainda defendidos por republicanos.

O oficial de artilharia Bonaparte está de guarnição em Nice. Ele está indo buscar para seu exército – o do general Carteaux – munições e peças de artilharia, em Avignon.

Bonaparte se impacienta. Ele pede, em vão, para ser nomeado para o exército do Reno.

Ele acaba de ser informado de que a guarnição de Mayence se rendera.

Enquanto espera uma resposta, aperfeiçoa suas ideias. Resume-as para si mesmo numa frase: "Se é preciso ser de um partido, melhor ser daquele que triunfar, mais vale devorar do que ser devorado".

A pluma o carrega, ele escreve, com rapidez, duas dezenas de páginas que intitula *A ceia em Beaucaire, diálogo entre um militar do exército de Carteaux, um marselhês, um nimois e um fabricante de Montpellier.*

– Vós não sentis que o combate entre patriotas e déspotas é um combate à morte? – diz o militar a seus comensais.

Bonaparte, que lhe empresta sua voz, continua:

– O centro de unidade é a Convenção, ela é o verdadeiro soberano, sobretudo quando o povo está dividido.

6.

Neste fim de julho de 1793, enquanto o capitão de artilharia Napoleão Bonaparte escreve como um jacobino, um montanhês, que a Convenção deve ser "o verdadeiro soberano" da nação, é Danton quem preside a Assembleia.

Ele não faz mais parte do Comitê de Salvação Pública – "Comitê de Perdição Pública", dizem os *enragés*, retomando as palavras de Marat –, mas fora eleito em 25 de julho, por um intervalo de quinze dias, para a presidência da Convenção.

Ele gesticula, esbraveja, desperta o entusiasmo dos deputados, denuncia a Inglaterra, cujas intenções e condutas acabam de ser reveladas pela interceptação de uma carta.

O primeiro-ministro Pitt quer destruir a Revolução, e não apenas através de vitórias militares. Enquanto o exército do duque de York marcha em direção a Dunquerque, enquanto a frota do almirante Hood cruza a enseada de Toulon, ele conta com a ação subterrânea, a depreciação dos *assignats*, o incêndio das colheitas, os assassinatos dos patriotas, a interceptação dos víveres para provocar a penúria, alimentar o medo e suscitar a revolta, contratando patriotas inconstantes, os *enragés* que "querem perder no povo seus mais antigos amigos", comenta Robespierre.

– Uma guerra de assassinos – exclama Couthon, brandindo na tribuna da Convenção a carta inglesa.

Danton esbraveja, levanta de sua poltrona de presidente:

– Sejamos terríveis, façamos a guerra como leões!

Maximilien, membro havia poucos dias do Comitê de Salvação Pública, denuncia com sua voz aguda "dois homens pagos pelos inimigos do povo... O primeiro é um sacerdote que quisera assassinar os comerciantes, os lojistas, porque, dizia ele, estes vendiam caro demais".

Ele está falando de Jacques Roux, que Robespierre fará com que seja preso em 22 de agosto.

O outro, Théophile Leclerc, "ex-nobre, filho de nobre", "é um jovem que prova que a corrupção pode penetrar num coração jovem. Ele tem uma aparência sedutora, um talento sedutor, mas ele e Jacques Roux são dois conspiradores, dois emissários de Coblença ou de Pitt".

Leclerc, o *enragé*, também será preso.

Sem hesitação. Danton repete:
– Guerra de leões contra guerra de assassinos.

Robespierre concorda com ele, defende-o daqueles que, como Hébert, como os *enragés*, o acusam de corrupção, retomando os ataques que os girondinos haviam lançado contra o tribuno.

Mas os deputados girondinos haviam sido reduzidos ao silêncio.

Agora são 55 – e não trinta! – os proscritos, decretados fora da lei.

Nos departamentos, em Bordeaux, em Marselha, em Toulon, os monarquistas assumiram o comando da resistência, comprometendo definitivamente os girondinos.

A Convenção faz cair o cutelo do decreto que pune com a morte os atravessadores, os traidores, os fora da lei, os estrangeiros não registrados segundo as leis. Os bens dos suspeitos são confiscados, e para o primeiro aniversário da queda das Tulherias e da realeza, 10 de agosto de 1793, anuncia-se a destruição dos símbolos da monarquia e da feudalidade. Decisão em relação aos arquivos e túmulos dos reis em Saint-Denis!

As barreiras de Paris são fechadas.

Em 2 de agosto, os teatros são cercados e várias centenas de jovens são apanhados, presos como aristocratas.

Danton, com sua voz poderosa, incita à repressão.

Ele afasta, com um movimento de ombros e um movimento de cabeça, as acusações de corrupção.

– Não cabe ao homem público temer a calúnia – diz ele.

Ele lembra que em 1792 fizera "a nação marchar para as fronteiras".

– Digo a mim mesmo: que me caluniem! É o que prevejo! Não me importo! Mesmo que meu nome seja denegrido, salvarei a liberdade!

Ele também, como Bonaparte, o desconhecido oficial que acaba de escrever *A ceia em Beaucaire*, é a favor da concentração de poderes e propõe a criação de um governo provisório, que sustentaria a "energia nacional" e seria, de fato, o Comitê de Salvação Pública, com uma verba de cinquenta milhões.

– Uma imensa prodigalidade pela causa da liberdade é um investimento vantajoso – afirma ele.

Ele sabe, ao falar dessa maneira, que as suspeitas de corrupção serão retomadas.

Ele as afasta anunciando que não fará parte de nenhum comitê:

– Juro-o pela liberdade de minha pátria.

Ele incita à vigilância, ao terror.

– Temos na França uma multidão de traidores a serem descobertos e neutralizados... Nada de anistia aos traidores! O homem justo não poupa o mau! Insisto, portanto, para que os homens realmente suspeitos sejam presos.

Pena de morte para os soldados que desertarem e apoio à proposta de *convocação em massa*, apresentada à Convenção, votada em 23 de agosto, uma verdadeira "requisição" de todos os homens de dezoito a 25 anos, para formar, por *amálgama* desses recrutas aos batalhões de voluntários, um exército de cerca de setecentos mil homens.

Toda a nação precisa ser "sublevada".

Barère, relator do Comitê de Salvação Pública, despertando o entusiasmo da Convenção, é quem concebe o plano daquela mobilização patriótica, que acompanha as medidas de repressão evocadas por Danton e votadas pela Convenção:

– Os franceses estão permanentemente requisitados a servir nos exércitos – expõe Barère. – Os jovens combaterão. Os homens casados fabricarão as armas e transportarão os mantimentos. As mulheres farão barracas, roupas, e servirão nos hospitais. As crianças rasgarão panos velhos para fazer curativos. Os velhos serão levados para praças públicas para excitar a coragem dos guerreiros, pregar o ódio aos reis e a unidade da República. A convocação será geral. Os cidadãos não casados ou viúvos, entre dezoito e 25 anos, serão os primeiros a marchar. O batalhão organizado em cada distrito será reunido sob um estandarte com a seguinte inscrição: "O povo francês contra os tiranos".

Danton, neste mês de agosto de 1793, em que todo patriota sente que o destino da nação e da República está em questão, acrescenta:

– O filho do povo será criado às custas do supérfluo dos homens de fortunas escandalosas... Ao semear no vasto campo da República, não deveis contar o preço da semente! Depois do pão, a educação é a primeira necessidade do povo! Meu filho não me pertence, ele é da República.

Essa doação de si e dos seus à pátria é cantada no refrão:

Morrer pela pátria
É o destino mais belo
O mais digno de se querer.*

Ele é exaltado, remetendo ao sacrifício do jovem de Avignon, Joseph Agricol Viala, comandante de uma pequena guarda municipal, *Esperança da pátria*, morto às margens do Durance, sob o fogo dos monarquistas, ao cortar os cabos da barca que teria permitido a travessia do rio pelos aristocratas, pelos girondinos – uns e outros se equivalem, diz-se! –, que controlam as cidades de Var, Toulon e, até o dia 25 de agosto, Marselha. O exército do general Carteaux recuperaria a cidade naquele dia. Os representantes em missão, Barras e Fréron, entram então na cidade fócia e começam... a "terrorizá-la", a

---

* *Mourir pour la patrie / Est le sort le plus beau / Le plus digne d'envie.* (N.T.)

pilhar, a extorquir. Barras exige que cada família em situação confortável doe duas camisas para suprir as necessidades das tropas.

O terror se instala em toda parte, sem ainda ser proclamado.

Ele nasce da angústia suscitada pela situação dramática da nação.

A fome volta a ameaçar.

Os *enragés* denunciam os "atravessadores, os grandes comerciantes, os proprietários, os agiotas, a horda bárbara de egoístas e desonestos".

É preciso perseguir os suspeitos:

– Eu te exorto a perscrutar as fortunas individuais – diz Jacques Roux. – Aqueles que enriqueceram depois da Revolução, num momento em que todos os bons cidadãos faziam tantos sacrifícios, em que se arruinaram, com certeza são egoístas, trapaceiros, contrarrevolucionários.

Suas denúncias visam a Danton. Ele não acumulara uma fortuna que lhe permitira "dotar" sua nova esposa, Louise Gély, em cerca de quatorze milhões?

Não era ele o corrompido, um dos conspiradores que, em todas as etapas da Revolução, ao lado do ex-duque de Orléans, de Dumouriez, e agora do general Dillon, tentaram entravar o curso da corrente revolucionária? Não procurava ele, neste verão de 1793, fazer Maria Antonieta fugir, evitar que ela comparecesse ao Tribunal Revolucionário, onde Robespierre e Barère desejavam vê-la julgada?

– É o sono dos republicanos que anima o complô dos monarquistas – diz Barère na tribuna da Convenção.

É nosso "longo esquecimento dos crimes dos austríacos que lhes dá esperança de reedificar o trono real entre nós"!

A Convenção aplaude, decide imediatamente fazer a viúva Capeto comparecer perante o Tribunal Revolucionário.

Ela é acordada na noite de 2 de agosto. Anunciam-lhe que será transferida para a prisão da Conciergerie, e que será separada da cunhada Elizabeth e da filha Maria Teresa – Madame Real.

Ela virara uma velha, uma mãe desalentada que não via mais o filho. Sabia apenas que ele fora entregue ao sapateiro Simon.

Na Conciergerie, ela é revistada e encarcerada numa cela. Dois guardas, colocados na mesma peça atrás de um biombo, são encarregados de vigiá-la constantemente.

Ela está indiferente, como se não pertencesse mais a este mundo, parecendo não se dar conta de que o zelador da prisão organiza, por um bom preço, "visitas" de cidadãos que querem ver a viúva Capeto, ex-rainha da França. Mesmo assim, aquela mulher dilacerada é temida. Todos sabem que os vendeanos esperam que um dia o pequeno Capeto seja sagrado Luís XVII.

É preciso mostrar-lhes, punindo Maria Antonieta, tratando o filho Capeto como um cidadão comum, que toda esperança de restauração é ilusória.

Por mais que Fersen se lamente, que escreva que "não vive mais depois do encarceramento de Maria Antonieta na Conciergerie", ou então que "minha maior alegria seria morrer por ela e para salvá-la, censuro-me até mesmo o ar que respiro quando penso que ela está encerrada numa terrível prisão", a ex-rainha será julgada.

Quanto aos vendeanos, que eles nada esperem, para si e sua província, declara Barère.

– As florestas serão abatidas, os esconderijos dos bandidos serão destruídos, as colheitas serão cortadas para serem levadas para a retaguarda do exército, e os animais serão apreendidos. As mulheres, as crianças e os velhos serão conduzidos para o interior. Sua subsistência e proteção serão providas com todos os cuidados devidos à humanidade.

Mas onde estão os cuidados nesta impiedosa guerra civil?
– O sinal da cruz de Jesus Cristo e o estandarte real vencem em toda parte as bandeiras sangrentas da anarquia – proclama o abade Bernier, que acompanha, como dezenas de outros sacerdotes, o grande exército católico e real.

Os combatentes costuram um sagrado coração de lã vermelha em suas roupas. Suas bandeiras são ornadas com insígnias brancas, verdes, vermelhas, folhagens e plumas.

Eles usam um rosário pendurado no pescoço, na lapela, ao peito.

Suas armas são seus instrumentos de trabalho transformados para a guerra. As gadanhas são empunhadas ao contrário. As foices, as facas dos tamanqueiros e os machados são afiados. Lanças, estacas com pontas de ferro e varas com pregos se somam às armas apreendidas pelos azuis!

O exército dos vendeanos é temível.

Eles conhecem cada arbusto. Eles se espalham e depois se lançam ao ataque, surpreendendo os azuis, massacrando-os e despojando-os.

As tropas da Convenção não ousam mais sair das cidades. Há demonstrações de força em Saumur. Os grandes sabres, os longos bigodes são exibidos pelas ruas. Os comissários do poder executivo pregam a anarquia e a partilha das terras, mortes e assassinato – conta um oficial republicano.

– Vi histriões transformados em generais, prestidigitadores e escamoteadores carregando atrás de si as prostitutas mais nojentas... E esses insetos corruptores e corrompidos ainda tinham a insolência de se dizerem republicanos!

O membro da Convenção Philippeaux, amigo de Danton, em seu relatório ao Comitê de Salvação Pública, escreve:

> Os vendeanos fazem uma guerra de *sans-culottes* e nós fazemos uma de sibaritas. Todo o fausto do Antigo Regime continua em nossos batalhões. Cada general é uma espécie de sátrapa. Os soldados são encorajados à pilhagem, aos excessos de todos os tipos. A maior parte dos generais, longe de reprimir tais atentados, dá o exemplo. Quem quer que tenha uma posição lucrativa no exército, quer perpetuá-la para conservar seu poder.

Mas também existe uma guerra entre os representantes em missão.

Choudieu, deputado da Convenção, amigo de Robespierre, denuncia Philippeaux: "Exijo que a conduta de Philippeaux seja examinada e proponho provar que, se não for louco, é no mínimo suspeito".

De fato, a Convenção é incapaz de vencer.

Espera-se que os quinze mil homens da guarnição de Mayence, que chegarão à Vendeia comandados por um jovem oficial valoroso, Kléber, esmaguem os vendeanos.

Mas seus primeiros combates são decepcionantes. Eles são esmagados.

Os "malfeitores" zombam daquele "exército de porcelana".* Mas os vendeanos vitoriosos, como depois de cada batalha, voltam para suas aldeias e cultivam seus campos, esperando a próxima batalha.

Para o Comitê de Salvação Pública, a Vendeia é um tumor que precisa ser extirpado a qualquer preço.

A primeira condição para isso é a unidade do poder e da nação. A festa que celebra o primeiro aniversário de 10 de agosto de 1792 precisa marcar esta decisão.

Ela se desenrola num ambiente tranquilo, mas sem paixão revolucionária.

Em meio às ruínas da Bastilha, é erguida a Fonte da Regeneração, constituída por uma colossal estátua sentada, de gesso, representando a nação, com as mãos pressionando o peito, de onde jorram dois jatos de água.

Os comissários enviados por todos os departamentos bebem a água da fonte, sucessivamente, com uma taça de ágata.

O "Incorruptível Robespierre, fundador da República", é celebrado.

Maximilien, eleito presidente da Convenção, silencioso, hierático, responde que, enquanto membro do Comitê de Salvação Pública, "contra sua inclinação", vira "de um lado,

---

* Trocadilho possível, em francês, devido à semelhança entre "exército de Mayence" e "exército de *fayence*" (porcelana). (N.T.)

membros patriotas, do outro, traidores. Depois que vi de mais perto o governo, pude constatar crimes que são cometidos todos os dias".

Mas no Clube dos Jacobinos, Danton e Hébert contestam a política do Comitê de Salvação Pública.

Danton se inflama na tribuna.

Segundo ele, houvera o 14 de julho de 1789, depois a segunda revolução, a de 10 de agosto de 1792.

– É preciso uma terceira revolução!

Ele é aclamado.

Alguém cuja voz se sobrepõe ao burburinho grita:

– O que Marat dizia era admirável! Mas ele não era ouvido! Será preciso estar morto para ter razão? Que se coloque *o Terror na ordem do dia*!

7.

Nesta primeira semana do mês de setembro de 1793, o nome e o exemplo de Marat correm pelas bocas e mentes dos operários das construções e das fábricas de armas que se reúnem no Faubourg Saint-Antoine.

O calor de um verão tórrido ainda abafa Paris sob uma bruma úmida e fétida.

Um *sans-culotte*, com o barrete vermelho enfiado até as sobrancelhas e um sabre ao lado do corpo, está de pé sobre um marco.

Ele agita um exemplar do *Le Père Duchesne*, como se fosse uma bandeira vermelha anunciando o motim, o tiroteio e o massacre.

Ele vocifera. Denuncia os atravessadores, os agiotas, os suspeitos, os egoístas, os homens que enriqueceram depois da Revolução, os saqueadores da república, quais sejam suas máscaras.

Enquanto alguns enriquecem e conspiram, os cidadãos, os patriotas, têm fome.

Pois os padeiros sem grãos só conseguem assar duas fornadas por dia!

É preciso exigir a fixação de um *maximum* para os preços, ir ao Hôtel de Ville, à Convenção, impor esta medida.

Chaumette, o procurador da Comuna, está disposto a apoiar os desejos dos *sans-culottes*.

– Eu também fui pobre – responde ele a uma deputação – e, consequentemente, sei o que são os pobres. Há aqui uma guerra aberta contra os pobres! Eles querem nos esmagar, pois bem, é preciso impedi-los, é preciso esmagá-los por nossa vez, temos a força em nossas mãos!

A declaração de Chaumette é aplaudida.

Todos ouvem o *sans-culotte* ler o artigo de Hébert. Ele é interrompido várias vezes por aplausos.

– Marat! Seguirei tuas lições. Sim, diabos, alma querida, juro-te sempre enfrentar os punhais e o veneno, e sempre seguir teu exemplo. Guerra eterna aos conspiradores, aos maquinadores, aos patifes! Este é meu lema, diabos!

"Cumpre tua palavra, me disse o fantasma de Marat! Sim, diabos, eu a cumprirei, nós a cumpriremos!"

Ele vocifera, desembainha seu sabre, gesticula, corta o ar com grandes movimentos da lâmina, vocifera de novo.

– Para os atravessadores, sanguessugas impiedosos, engordados com as provisões do povo, nada de dispensa, atraso ou espera para a guilhotina!

– Para a guilhotina – retoma a multidão.

– Para os agiotas, guilhotina.

"Para os suspeitos, a hora do levante do povo é a da morte: guilhotina!

"Para os egoístas: eis o caminho das fronteiras e da defesa da pátria, ou o da Place de la Révolution, onde vos espera a guilhotina!

"E para os patifes, guilhotina."

– Guilhotina! Guilhotina! – repete a multidão.

Na Convenção, no Clube dos Jacobinos, não se quer, não se pode romper com a multidão de *sans-culottes*.

Sabe-se da preparação, para o dia 5 de setembro, por Chaumette e Jacques Roux, que fora libertado da prisão, por Hébert e o *enragé* Leclerc, de uma grande manifestação na Convenção.

Como a Assembleia poderá resistir a esses *sans-culottes* que se apresentarão e investirão, armados?

Robespierre, na tribuna do Clube dos Jacobinos, já lhes dera razão:

– O povo exige vingança, ela é legítima. E a lei não deve recusá-la!

Barère, na Convenção, recorda a situação da pátria.

– Jamais o exército esteve em tão deplorável estado de desorganização.

Palavras retomadas pelos jovens oficiais saídos dos escalões, patriotas como Jourdan e Soult, Berthier, Bonaparte ou Carnot, membro do Comitê de Salvação Pública.

Barère continua:

– A República não passa de uma grande cidade sitiada... Não basta ter homens... Armas, armas e víveres! Esta é a necessidade! Armas, manufaturas de fuzis e canhões, é isto que precisamos pelos próximos dez anos!

Em 5 de setembro, a multidão invade a Convenção. Os deputados das seções se sucedem na tribuna, ameaçam aqueles que tardam a fustigar com o cutelo da lei, questionando brutalmente os deputados:

– Os ministros pérfidos, os agentes do poder executivo que não abafaram, desde o início, o germe de contrarrevolução nos departamentos do Oeste e do Midi, foram entregues aos tribunais revolucionários? Os traidores foram punidos? Não! Somos traídos por toda parte, diabos!

Fala-se num complô, que estaria sendo tramado para a fuga da viúva Capeto. Um bilhete fora encontrado com ela, colocado por um visitante num buraco, ao qual ela respondera, furando um pedaço de papel com a ajuda de uma agulha, dizendo que não perdia a esperança!

"E os traidores continuam impunes, diabos! Nenhum conspirador colocou 'a cabeça na janela' [na abertura da guilhotina], nenhum foi decapitado. Até o momento apenas os criados foram julgados, os senhores escaparam!" Contam-se 5197 detentos nas prisões de Paris, aristocratas que corrompem seus guardas, pagam em espécie o pão, o vinho e sua libertação!

"Cabeças na janela!"

Uma miserável cozinheira teve a ideia de gritar: "Viva o rei!" No dia seguinte, foi decapitada, bem feito, ela o merecia, diabos! Mas por que, cidadãos maledicentes, não despachar tão prontamente os grandes celerados? Por que este infame

Brissot, o mais cruel inimigo da pátria, que nos colocou em confronto com toda a Europa, que causou a morte de mais de um milhão de homens, que tinha as mãos molhadas por todos os patifes coroados para colocar a França a ferro e fogo, por que, diabos, esse monstro ainda vive?

Exige-se a morte da viúva Capeto, dos deputados girondinos proscritos, do general Custine, acusado de traição, de Barnave, o *feuillant*, de Filipe Égalité, ex-duque de Orléans.

Quer-se que "a Santa Guilhotina trabalhe muito todos os dias". Hébert, que conduz os *sans-culottes*, repete e comanda:

– Legisladores, colocai o Terror na ordem do dia!

Ao fim da jornada de 5 de setembro de 1793, Barère, em nome do Comitê de Salvação Pública, sobe à tribuna da Convenção e declara, retomando palavra a palavra as exigências dos *sans-culottes* e as palavras de Hébert:

– Coloquemos o Terror na ordem do dia, é assim que desaparecerão, num instante, os monarquistas e os moderados, e a turba contrarrevolucionária que vos agita. Os monarquistas querem sangue? Muito bem, eles terão o dos conspiradores, dos Brissot, das Maria Antonieta.

Um chegado a Hébert, Vincent, um dos principais oradores do Clube dos Cordeliers, chefe de gabinete no ministério da Guerra, acrescenta à lista de traidores que terão "a cabeça na janela" o nome de Danton.

– Esse homem está sempre nos gabando seu patriotismo, mas jamais seremos enganados por sua conduta.

Quem não é suspeito aos olhos dos *sans-culottes*, conduzidos pelos *enragés* e pelos hebertistas?

Eles não se contentam com as medidas que a Convenção, cedendo à sua pressão, presença, gritos e ameaças acaba de conceder: a remuneração, de três francos por dia, aos membros dos Comitês Revolucionários, o expurgo desses Comitês, para que prendam sem delonga os suspeitos; a criação de um exército revolucionário de seis mil homens e 1.200 artilheiros ou cavaleiros para "garantir as provisões de Paris e afugentar o inimigo interno" que poderia ficar tentado a um ataque à cidade.

A Convenção decreta o tabelamento geral dos salários e dos preços dos víveres.

Pois a penúria mantinha os mais pobres com a corda no pescoço.

> A afluência às portas das padarias continua a mesma. Elas são cercadas noite e dia. Tudo se passou, hoje, um pouco mais pacificamente que ontem, com exceção de alguns socos trocados aqui e ali. Foram roubados, inclusive, alguns brincos, mas no fim ninguém foi morto, ou estropiado, e todos ganharam pão, bom ou ruim...

Mas isto não é suficiente para os *enragés* das seções. É preciso, exigem eles, punir os suspeitos.

Eles estão indignados. Durante os quatro meses do verão de 1793, de junho a setembro, o Tribunal Revolucionário julgara apenas 202 acusados, dos quais 139 haviam sido absolvidos! É preciso encher as prisões, para colocar "as cabeças na janela" da Santa Guilhotina. Ela não deve ficar com seus grandes braços de madeira vazios, como uma árvore sem frutos plantada na Place de la Révolution.

Por fim, capitulando diante das reivindicações dos *sans-culottes*, em 17 de setembro a Convenção vota a *lei dos suspeitos*.

Agora que o cutelo desta lei desceu, mais nenhum cidadão está em "segurança".

Todos sabem, sentem, veem isto. Por uma desconfiança, uma denúncia, pode-se virar um suspeito, pois a lei é tão geral em seus termos que o invejoso, o ciumento, o vizinho descontente podem fazer-nos cair na categoria das "pessoas consideradas suspeitas".

Que, segundo a lei, são "aqueles que, seja por sua conduta, seja por suas relações, seja por suas palavras ou por seus escritos, se mostraram partidários da tirania, do federalismo e inimigos da liberdade".

São "aqueles que não tiverem provado o recibo de seus direitos cívicos ou obtido seus certificados de civismo".

São "os antigos nobres, ao lado dos maridos, mulheres, pais, mães, filhos ou filhas, irmãos ou irmãs e agentes de emigrados que não manifestaram constantemente seu apego à Revolução".

São "todos os emigrados a datar de 1º de julho de 1789".

Os comitês de vigilância são os "encarregados de preparar, cada um em seu *arrondissement*, a lista dos suspeitos, de atribuir contra eles os mandados de prisão e apor lacres em seus papéis".

E quanto aos juízes, aos tribunais imparciais?

É preciso se tornar cinza, invisível, se fazer esquecer – mas não basta. É preciso manifestar sua adesão à lei, a tudo que os comitês de vigilância decidirem.

E como, em 21 de setembro, a Convenção decide que todas as mulheres deverão usar a insígnia tricolor, é obrigatório usá-la.

> Ontem e anteontem houve algumas desavenças a respeito do decreto que ordena às mulheres usar a insígnia. Em alguns bairros, aquelas que ainda não tinham obedecido foram denunciadas, despenteadas, açoitadas etc. As cidadãs se apressam a ostentar o signo sagrado da liberdade, e não duvidamos que a engenhosa elegância de nossas pequenas logo faça dele um objeto de coqueteria.

Acontecem rixas entre mulheres.

As mulheres das sociedades revolucionárias queriam forçar todas as mulheres de Paris a usar barretes vermelhos e, a seguir, roupas de lã. As mulheres do mercado público se opuseram e houve sérias altercações entre elas... As mulheres do mercado exigiram que todos os clubes de mulheres fossem suprimidos... Na quarta-feira, 30 de outubro, a Assembleia decretou que é proibido às mulheres reunirem-se em sociedades populares sob qualquer denominação que seja. Assim, estão suprimidos os clubes de mulheres.

Os deputados assim o decidem. E debatem sobre a questão da insígnia.

Um diz que qualquer mulher que não usá-la deve ser tratada como contrarrevolucionária e, portanto, como suspeita.

Outro observa que uma mulher pode ter perdido sua insígnia ou esquecido de usá-la, e "isto não é crime!" Mas há mulheres monarquistas, "ramo contrarrevolucionário que pode muito sobre a opinião pública". É preciso "atingi-lo".

Portanto, decide-se por votação: a primeira vez que uma mulher for encontrada sem insígnia, ela será punida com oito dias de clausura; na segunda vez, será considerada suspeita e presa até a paz.

Assim, o medo de tornar-se suspeito atormenta a maior parte dos cidadãos. Todos tentam antecipar-se às suspeitas mostrando-se mais patriotas do que os membros das seções.

Os artistas da Ópera procuram o comissário de polícia, "indignados por ainda existirem em seus arquivos objetos que se referem à realeza e ao regime feudal. Eles queimaram na frente da sala da Ópera uma imensa quantidade de papéis, dentre os quais os regulamentos do espetáculo intitulado 'Academia real de música'..."

Na Place de Grève, alguns dias depois, o guarda-roupa de Luís Capeto, que consistia num chapéu, diversos trajes, redingotes, vestes e calções de tecidos variados, é queimado. Suas camisas foram preservadas: apenas foram retiradas as etiquetas.

É numa sombria determinação que fogueiras são acesas, aqui e ali, para queimar os arquivos que lembrem que durante séculos a França foi um reino.

As estátuas dos reis são derrubadas.

As relíquias dos soberanos são desenterradas do mais fundo da terra e da memória para serem extirpadas e destruídas.

Na abadia de Saint-Denis, e nas igrejas, "sob o pretexto de retirar chumbo para os exércitos", escreve o livreiro Ruault, "todos os cadáveres das tumbas das igrejas são exumados. Para que não restasse nada de nobre na França, nem mesmo a poeira daqueles mortos".

> Em Saint-Denis, uma grande fossa foi cavada, na qual foram atiradas de qualquer jeito todas as ossadas dos reis, dos príncipes, das princesas etc., desde o rei Dagoberto e sua mulher Mathilde, que viveram no século VII, até Luís XV e os filhos do conde de Artois. A ata da municipalidade de Saint-Denis o prova.

Ruault se recusa a publicá-la no *Le Moniteur*.
Ele está ao mesmo tempo desalentado e aterrorizado.

> A Revolução perturba a paz dos mortos e os persegue até o fundo de seus túmulos... Ela carrega consigo o triste interesse pela destruição absoluta do que existiu de grande na França durante onze séculos.
> Todos esses monumentos da grandeza e da vaidade humana foram destruídos, queimados a cal...
> Que tristes tempos aqueles em que vivos e mortos são igualmente perseguidos devido a votos e opiniões.

As primeiras vitórias obtidas contra os ingleses em Hondschoote, no dia 8 de setembro pelo general Houchard, a capitulação de Bordeaux, onde os representantes em missão Tallien e Ysabeau organizam o terror contra os aristocratas e os federalistas girondinos, e o cerco a Lyon, a grande cidade contrarrevolucionária cuja queda não tardaria, parecem mostrar que a repressão e a dureza impiedosa compensam.

O Comitê de Salvação Pública, a cada dia, graças ao telégrafo óptico de Claude Chappe, que liga as grandes cidades da França a Paris, pode estabelecer um registro da situação de uma ponta à outra da nação.

Na Vendeia, o exército de Mayence, comandado pelo jovem general Kléber e pelo general Marceau, inicia o combate contra os vendeanos e derrota em Cholet o grande exército católico e real.

Este não é destruído. Cruza o Loire em Saint-Florent, na esperança de chegar à costa na altura de Granville e unir-se – conforme espera e sonha – às tropas de desembarque inglesas e emigradas.

Barère, na tribuna da Convenção, repete:

– A Vendeia, de novo a Vendeia! Esse é o cancro político que devora o coração da República! É lá que precisamos atacar.

Quarenta mil vendeanos, acompanhados de igual número de mulheres e crianças, tentam escapar, na "Volta de Galerne"* dos azuis.

Na multidão, encontram-se quatro ou cinco mil prisioneiros republicanos que começam a ser massacrados e que depois são poupados por medo de represálias.

O exército católico e real marcha, assim, em direção ao norte, comandado agora por La Rochejaquelein.

O representante em missão, Carrier, chega a Nantes para expurgar essa região monárquica.

O garrote afrouxa um pouco no pescoço da nação. O general Jourdan e o representante em missão Carnot obtêm, em 16 de outubro, a vitória de Wattignies, sobre os austríacos, que levantam acampamento de Maubeuge.

Resta Toulon, nas mãos dos ingleses e espanhóis.

O jovem capitão Napoleão Bonaparte acaba de ser designado pelos representantes em missão Saliceti e Gasparin para assumir o comando da artilharia do exército do general Carteaux, que cerca o grande porto.

É preciso arrancar aquele tumor da mesma forma que se começara a erradicar o cancro vendeano.

Para conseguir, é preciso demonstrar impiedade.

---

* Volta de Galerne: nome pelo qual ficaria conhecida esta manobra, em que o exército vendeano, ao não conseguir tomar Granville, precisa voltar sobre seus passos. (N.T.)

Os deputados girondinos, presos em 2 de junho, serão julgados. Mas não é suficiente. Em 3 de outubro, Billaud-Varenne, em nome do Comitê de Salvação Pública, sobe à tribuna.

– A Convenção Nacional – diz ele – acaba de dar um grande exemplo de severidade aos traidores que maquinam a ruína de seu país. Mas ainda lhe falta deliberar sobre um decreto importante.

Ele se interrompe e, no pesado silêncio que se estabelece, enuncia lentamente cada palavra:

– Uma mulher, vergonha da humanidade e de seu sexo, a viúva Capeto, precisa finalmente expiar seus crimes no cadafalso.

Billaud-Varenne pronuncia o veredicto antes mesmo que o processo seja iniciado.

Ele explica que rumores dizem que Maria Antonieta fora inocentada pelo Tribunal Revolucionário.

– Como se uma mulher que derramou o sangue de milhares de franceses pudesse ser absolvida por um júri francês! Exijo que o Tribunal Revolucionário se pronuncie esta semana sobre seu destino!

Se as ossadas dos reis são exumadas para serem reduzidas a cinzas, como se poderia aceitar a sobrevivência, mesmo encarcerada, da "loba austríaca"?

Maria Antonieta se transformara numa mulher doente, sujeita a repetidas hemorragias, encerrada na antiga enfermaria da Conciergerie, cujas saídas haviam sido todas obstruídas.

O promotor Fouquier-Tinville, substituto do procurador Hébert, e o presidente do Tribunal, Herman, interrogam o delfim.

Seu guardião, o sapateiro Simon, o surpreendera masturbando-se. O menino acusara sua mãe e sua tia Elizabeth de lhe terem ensinado tais práticas. Ele dormia entre elas, diz ele.

– Ele nos fez entender que uma vez que sua mãe aproximou-o dela, disso resultou uma cópula e um inchaço de um de seus testículos, motivo pelo qual ele usa um curativo, e que sua mãe recomendara-lhe jamais falar sobre o assunto... Que este ato foi repetido várias vezes seguidas.

Na audiência, a rainha é assessorada por um advogado nomeado, o senhor Chaveau-Lagarde.
Hébert a acusa de incesto, lembrando o depoimento do delfim.
Maria Antonieta não responde, mas um dos jurados insiste para que ela se explique.
– Se não respondi – diz ela –, é porque a natureza se recusa a responder a semelhante acusação feita a uma mãe. Apelo a todas as mães presentes.
A voz daquela mulher de cabelos brancos, de traços abatidos, mas de cabeça erguida, é digna. E a emoção, a compaixão e a vergonha tomam conta do ávido público que se amontoa na sala.
Os debates são suspensos.

De fato, o veredicto fora decidido antes mesmo da abertura do processo. Maria Antonieta é acusada de ter sido "a instigadora da maioria dos crimes de que foi inculpado o último tirano da França, Luís Capeto".
Ela é condenada à morte.
Ela volta para a Conciergerie por volta das quatro e meia da manhã de quarta-feira, 16 de outubro.
Só terá o tempo de escrever uma carta para a cunhada, Elizabeth.

> Acabo de ser condenada não a uma morte vergonhosa, que cabe somente aos criminosos, mas a me unir a vosso irmão e da mesma forma que ele – inocente.
> Estou calma como ficamos quando temos a consciência limpa, sinto um profundo desgosto por abandonar meus pobres filhos, sabeis que vivi somente por eles.

Não a deixam nem trocar de roupa de baixo sem testemunha. O carrasco, Samson, prenderá suas mãos atrás das costas e cortará seus cabelos. Depois, unidos por uma longa corda, ele a fará subir numa carroça.

Ela se mantém ereta, com a cabeça um pouco erguida, mechas em desordem escapando de sua touca.

Ela se recusa a falar com o sacerdote constitucional que a acompanha. E não se confessará.

A imensa multidão, contida por trinta mil soldados, grita:
– Viva a República! Abaixo a tirania! Morte à austríaca!

Ao subir ao cadafalso, num brusco movimento de cabeça, Maria Antonieta derruba sua touca.

Samson mostrará sua cabeça ensanguentada ao povo ao meio-dia e quinze desse 16 de outubro de 1793.

A multidão grita "Fora! Fora!", "Viva a República!"

"Esta prolongada tolice perturbou tudo", escreve o jornalista Goffroy, que se pretende, ele também, herdeiro de Marat e de seu *L'Ami du peuple*.

Outros jornais retomam o processo, as acusações de incesto.

> Os olhares da austríaca eram arrogantes, e não tranquilos. Ela respondeu num tom dramático e fez inclusive um apelo às mães de família. Primeiro, corou às queixas de incesto, mas via-se facilmente em seu rosto que a causa daquele rubor era, na verdade, não pudor ou inocência, mas contrariedade por ser descoberta.
> Nem seus aduladores foram enganados.

Então, que morra!

"Somente algumas almas fracas pareceram dolorosamente afetadas pela execução da viúva Capeto, considerando-a apenas sob o título de mãe e mulher infeliz", lê-se no *Les Révolutions de Paris*. "Mas como rainha da França, todos reconheceram a justiça do castigo doce demais que recebia."

Hébert, que assistira à execução, aos pés do cadafalso, exulta, expressa os sentimentos dos *sans-culottes* e dos patriotas *enragés*, arrebatados pela paixão revolucionária.

Ele escreve no *Le Père Duchesne*:

> Vi a cabeça de Veto Fêmea cair dentro do saco.
> Eu gostaria, diabos, de poder exprimir-vos a satisfação dos *sans-culottes* quando a arquitigresa cruzou Paris na carruagem de 36 portas. Seus belos cavalos brancos tão bem empenachados, tão bem aparelhados, não mais a conduziam, pois duas rocinantes estavam atreladas à frente do mestre Samson, e elas pareciam tão satisfeitas em contribuir para a libertação da República que pareciam querer galopar para chegar mais rápido ao lugar fatal.
> A maldita, além disso, foi audaciosa e insolente até o fim.
> Mesmo assim, as pernas lhe falharam no momento da brincadeira, temendo, sem dúvida, encontrar após sua morte um suplício mais terrível do que aquele que sofreria.
> Sua cabeça maldita foi enfim separada de seu pescoço de prostituta, e o ar ecoava gritos de "Viva a República!"

"Que ela tenha ficado sozinha em seus últimos momentos, sem consolo, sem ninguém com quem falar, a quem dizer suas últimas vontades, isto é um horror", escreve alguns dias mais tarde o conde de Fersen. "Monstros infernais! Não! Sem vingança, meu coração jamais ficará satisfeito."

A dor de Fersen é ainda maior porque ele sabe muito bem que entre os reis e os príncipes, entre os emigrados e os monarquistas que ficaram na França, ninguém tentara fazer todo o possível para salvar a rainha. Danton, por sua vez, cogitara fazê-lo, mas logo mediu os imensos riscos que correria.

Os hebertistas o classificam entre os "corrompidos" da Convenção.

Descobre-se que um de seus próximos – Robert – vendera "rum atravessado", e outro – Perrin – traficara suprimentos de guerra.

O círculo de Danton é acusado de estar composto não apenas por corrompidos, mas por *endormeurs*. Em suma, os dantonistas são os novos girondinos.

Vincent, o hebertista, não cessa de repetir seus ataques a Danton, acusado de ter-se aliado a "Dumouriez no caso da Bélgica". Danton sabe que aquela acusação pode levá-lo ao cadafalso.

O general Houchard, vencedor em Hondschoote, fora preso, julgado e condenado à morte porque não soubera explorar sua vitória, tornando-se suspeito, sem provas, de ter entabulado negociações com o inimigo.

Filipe Égalité seria julgado, e Danton fora ligado ao ex-duque de Orléans.

Danton, portanto, decide sair de Paris. Ele diz estar doente e se retira para sua propriedade em Arcis-sur-Aube.

Ele não tem ilusões.

– Ao conduzir Maria Antonieta para o cadafalso – diz ele – a esperança de negociar com as potências estrangeiras foi destruída.

Mas o mais grave e o mais perigoso não fora a execução, mas o processo aberto contra os deputados girondinos no Tribunal Revolucionário.

Eles são 21, que lá comparecem a partir de 24 de outubro.

Robespierre fizera com que fosse descartado um decreto que colocava, perante os juízes 73 deputados que haviam protestado contra as manifestações das jornadas de 31 de maio e 2 de junho. Generosidade de sua parte? Ou habilidade? Maximilien queria que os "chefes das facções" fossem condenados à morte, o que seria ainda mais fácil porque eles ficariam isolados, esperando a guilhotina, pois a Convenção decidira diminuir o tempo dos debates, limitando-os a três dias.

Danton, em Arcis-sur-Aube, está taciturno.

– Facciosos, os girondinos? – questiona-se ele. – Não seremos todos facciosos? Merecemos todos a morte, tanto quanto os girondinos! Teremos todos o mesmo destino que eles!

Para Robespierre, ao contrário, Brissot, Vergniaud, Guadet, Gensonné, Carra, Valazé e aqueles que ainda estão foragidos – Pétion, Roland, Barbaroux, Condorcet – constituem "a facção mais hipócrita que a história jamais produziu".

E ele não esquece Manon Roland.

Mas o mais fanático dos acusadores é Hébert, que extravasa sua alegria ao ver os girondinos, nesta quinta-feira 24 de outubro, diante do Tribunal Revolucionário, onde todos sabem que serão condenados à morte.

> Eis, diabos, o destino que vos estava reservado, covardes, desertores da *sans-culotterie* que preferiram chafurdar no pântano e cobrir-se de lama ao invés de galgar a Santa Montanha onde a glória vos estendia os braços. Vós quisestes peidar mais alto que a bunda, quisestes fazer fortuna e não pensastes que a guilhotina estava ao fim do caminho que tomastes.
> Eis-te finalmente no banco dos réus, infame Brissot...
> Eh, rápido, Mestre Samson, unta tuas polias e dispõe-te a guilhotinar este bando de celerados que foram vomitados sobre a terra por quinhentos milhões de demônios e que deveriam ter sido sufocados no berço, diabos.

A sorte está lançada.

Hébert, substituto do procurador da Comuna de Paris, aponta Brissot como o chefe da "facção do tirano e vendido à Corte", culpado "de ter desejado, ao provocar a guerra universal, aniquilar a liberdade entregando a França aos déspotas".

– É por vossas manobras covardes e desprezíveis, canalhas, que os patriotas de Marselha, de Bordeaux, de Lyon, de Toulon, foram degolados! Foi o senhor quem provocou a guerra civil da Vendeia. [...] A França inteira vos esmaga! Não escapareis ao suplício que mereceis.

O veredicto é pronunciado na quarta-feira, 30 de outubro, por volta das onze horas da noite.

Um deles, Valazé, se apunhala no coração dentro do tribunal.

Os outros gritam:
– Somos inocentes! Povo, estais sendo enganado!

Vergniaud, que levava consigo um frasco de veneno, desiste de utilizá-lo para morrer ao lado de seus amigos. Todos cantam:

> O estandarte ensanguentado da tirania
> Contra nós se levanta.*

Eles são arrastados. Encarcerados. Será sua última noite.

> Todos se reúnem na mesma sala para cear. Servem-lhes uma excelente refeição com tudo o que se conseguiu juntar, naquela hora, no bairro do Palais em matéria de assados, doces, vinhos delicados e licores. Eles elegem um presidente, que lhes propõe morrer naquele instante. "Sinto-me com coragem suficiente para matar-vos todos, e eu por último. Assim evitaremos o cadafalso e a morte pública."
> A proposta foi recebida de diferentes maneiras pelo grupo de condenados que começaram a beber e comer.
> Durante a refeição, por bastante tempo foi debatida a questão da existência de Deus e da imortalidade da alma. Dezessete dos 21 reconheceram os dois e se recusaram a morrer pela mão do presidente.

Uma grande multidão estava presente na quinta-feira, 31 de outubro de 1793, na Place de la Révolution, quando os girondinos chegaram, por volta da uma hora. Aos 21 deputados haviam sido somados mais doze condenados.

Os girondinos gritaram:

– Viva a República! Antes a morte do que a escravidão!

E a multidão respondera:

– Viva a República! Abaixo os traidores!

O carrasco Samson precisara de 38 minutos para executar os 33 condenados.

Hébert estava de novo aos pés do cadafalso.

Todos puderam constatar a atitude corajosa dos girondinos.

---

* *Contre nous de la tyrannie / L'étendard sanglant est levé.* (N.T.)

Hébert escreve no *Le Père Duchesne*:

> Vários não se deixaram abater e alguns se faziam cócegas para rir, mas diabos, apenas de leve... A cada cabeça que rolava para o saco, todos os chapéus eram erguidos para o céu e a praça ecoava aos gritos de "Viva a República!" Assim pereceram os brissotinos, assim passarão todos os traidores.

8.

Aqueles são um outono e um inverno cruéis.
Bastam algumas semanas para que a lei dos suspeitos encha as prisões.

O número de detentos, em Paris, quadriplica entre setembro e dezembro de 1793. E as cabeças rolam.

Guilhotinado: Filipe Égalité, ex-duque de Orléans. Que sobe com dignidade ao cadafalso.

Guilhotinada: Manon Roland. Que não treme, apenas murmura, numa espécie de desprendimento: "Liberdade, quantos crimes cometidos em teu nome".

Seu marido, o ministro Roland, se suicida ao descobrir que a mulher fora "eliminada".

Buzot e Pétion, temendo ser pegos, colocam um fim a seus dias com a corda e o veneno.

Barbaroux, escondido na região de Bordeaux, se dá um tiro de pistola no momento em que vai ser preso. O suicídio dá errado, sua mandíbula fica estilhaçada. O moribundo é levado ao cadafalso. E sua cabeça é cortada.

O lúcido Barnave, encarcerado em Grenoble desde 15 de agosto de 1792, se recusa por meses a fio a reconhecer sua culpa em troca da liberdade. Danton o protege. Mas em novembro de 1793 ele é transferido para Paris. E repete:

– Pedir-lhes justiça seria reconhecer a justiça de seus atos anteriores. Mas eles mataram o rei. Não, prefiro sofrer e perecer a perder uma ponta de meu caráter moral e político.

Sua cabeça é colocada na sinistra "janela".

Bailly, o antigo prefeito de Paris, é guilhotinado no Campo de Marte, para que seu sangue vingue os patriotas mortos naquele local em 17 de julho de 1791. Bailly ordenara o abrir fogo sobre os peticionários que exigiam a deposição do rei, que acabava de ser trazido de Varennes.

De uma ponta à outra da França, nas cidades rebeldes reconquistadas, a Santa Guilhotina é erguida.

Tallien e Ysabeau, em missão em Bordeaux, rebatizam o departamento da Gironda, que passa a se chamar Bec--d'Ambès, e acionam a máquina do doutor Guillotin. O primeiro decapitado é o prefeito de Bordeaux.

Fouché e Collot d'Herbois, em Lyon, formam uma comissão militar que condena à morte 1.667 "aristocratas", "federalistas", "traidores, suspeitos".

Carrier, em Nantes, amontoa em barcas os condenados, que afogará no Loire.

Saint-Just dissera, em sua voz arquejante, no dia 10 de outubro:

– O governo provisório da França será revolucionário até a paz.

Portanto, nem se pensa em aplicar a Constituição do Ano I.

– Nas circunstâncias em que a República se encontra – explica Saint-Just –, ela se tornaria a garantia dos atentados contra a liberdade, porque lhe faltaria a violência necessária para reprimi-los.

É preciso perseguir, matar.

Saint-Just, representante em missão em Estrasburgo, rejeita a proposta do general austríaco Wurmser, que propõe a abertura das negociações.

– A República não recebe seus inimigos, só lhes envia chumbo – diz Saint-Just.

Acompanhado por Lebas, um membro da Convenção amigo de Robespierre, Saint-Just convoca, prende, impõe.

"O pobre povo gemia em Estrasburgo sob o jugo dos ricos; a aristocracia e a opulência haviam causado sua desgraça", escreve Lebas.

Saint-Just faz exigências.

– Dez mil homens estão descalços no exército – declara ele à municipalidade. – É preciso descalçar todos os aristocratas de Estrasburgo ainda hoje para que amanhã, às dez horas da manhã, os dez mil pares de sapatos estejam em marcha para o quartel-general.

Saint-Just é membro do Comitê de Salvação Pública, e é o Comitê de Salvação Pública que governa a nação. E Maximilien Robespierre é quem governa o Comitê de Salvação Pública. A partir das sete horas da manhã ele já está a postos, nas Tulherias, no Pavillon de Flore, agora chamado de Palais Égalité.

Ali, lê despachos, sobretudo do exército.

Por volta das dez horas, numa pequena sala atapetada de verde, em torno de uma ampla mesa, se reúne o Comitê sem presidente, sem atas.

– É preciso que o Comitê nunca delibere em presença de nenhum estrangeiro – exigira Maximilien.

É com sua lógica implacável, sua autoridade, que ele obtém o consentimento dos demais membros do Comitê.

À uma da tarde, Robespierre vai à Convenção, onde se discute a agenda do dia.

Por volta das oito da noite, a sessão é retomada no Comitê de Salvação Pública e vai até uma ou duas da manhã.

Depois, Maximilien prepara seus discursos, escreve num caderno as decisões que precisam ser tomadas.

Ele atravessa os dias sempre empoado, empertigado, senhor de si, pálido e magro.

E exaltado pela amplitude da tarefa.

– Quem de nós não sente todas as suas faculdades se expandindo – diz ele. – Quem de nós não crê elevar-se acima da própria humanidade ao pensar que não é por um povo que combatemos, mas pelo universo, não pelos homens que vivem hoje, mas por todos aqueles que viverão.

Ele lidera, portanto, o combate do Bem contra o Mal.

– Já refletiram sobre nossa posição? Onze exércitos a dirigir, o peso da Europa inteira a carregar; por toda parte traidores a desmascarar, emissários corrompidos pelo ouro das potências estrangeiras, administrações infiéis a vigiar, a perseguir, todos os tiranos a combater.

Os adversários, os inimigos, só podem ser "celerados cobertos de vergonha e desprezo".

– Aquele que procura aviltar, dividir, paralisar a Convenção, é um inimigo da pátria... Seja agindo por estupidez ou por perversidade, ele faz parte do partido dos tiranos que nos fazem a guerra.

Nenhuma piedade para ele.

– É preciso que os monstros sejam desmascarados, exterminados, ou que eu pereça – clama Maximilien.

Ele tem a sensação de que os suspeitos pululam e conspiram à sua volta, contra a nação e a República.

Há também os estrangeiros suspeitos que vivem na França, vindos de toda a Europa.

– Os estrangeiros são tão patriotas que são os artífices de todos os nossos males... Todos foram agentes do despotismo. Não devemos poupar nenhum.

Muitas vezes esses estrangeiros se declaram ateus, querem "descristianizar" a França. E num entrelaçamento de intrigas, os mesmos homens – Cloots, Proli (estrangeiros) – são ateus, corrompidos e corruptores, comprometidos com os escândalos financeiros onde também são encontrados amigos de Danton – Chabot, Basire.

Descobre-se que a Companhia das Índias paga quinhentas mil libras aos deputados para escapar do fisco.

As denúncias de uns pelos outros, e vice-versa, chegam a Robespierre, "o Incorruptível", e o próprio Fabre d'Églantine, amigo de Danton, fala de um "complô do estrangeiro".

Sobre quais nucas cairá a lâmina da guilhotina? Que cabeças serão "colocadas na janela"?

Robespierre, empoado e impassível, óculos levantados sobre a testa, observa, registra, suspeita de todos aqueles que, *enragés*, hebertistas, corrompidos, enfraquecem a seus olhos a unidade de ferro da Convenção, do Comitê de Salvação Pública, se afastam da linha traçada por este Comitê, que pode ser resumida numa única palavra: "vencer".

Vencer os inimigos da Revolução, da nação, da República. Vencer a qualquer preço.

Há aqueles, como Hébert no *Le Père Duchesne*, que não cessam de bradar contra os "sanguessugas do povo".

É verdade que, no frio úmido do outono e do inverno de 1793, o povo está esgotado, abatido, com fome.

Filas intermináveis se formam nas portas das lojas ainda fechadas.

Hébert escreve:

> Como, com mil diabos, não chamaremos à razão os ricos, esses egoístas infames, esses atravessadores, todos esses celerados que fazem o povo passar fome! Têm como pressuposto fazer-nos morrer de frio e fome...
> Causadores da fome do povo, temei seu desespero!
> É preciso acabar com isso, diabos! Barriga vazia não tem ouvidos!
> A miséria está no auge! Nossas provisões estão nas mãos dos contrarrevolucionários. Em todos os departamentos os *sans-culottes* definham. Pois bem, diabos, que os *sans-culottes* se ergam, que agarrem todos os proprietários, os grandes fazendeiros atravessadores, que os ameacem de fazê-los perder o gosto do pão, se a penúria continuar.
> Logo, diabos, o trigo abundará nos mercados, e nós viveremos.

O que querem esses hebertistas, esses *enragés*?
Impor seus métodos? Suas soluções?
Num cartaz colado nos muros de Paris, lê-se:

> Barrete vermelho na cabeça, lança na mão, punhal ao lado, jurai no altar da pátria descansar apenas quando ela tiver triunfado sobre todos os seus inimigos.
> Provai pelos fatos que o terror não está mais na ordem do dia, mas sim o gládio vingador das leis, e a guilhotina consagrada pela justiça celeste.

Mas são os mesmos, como Fouché em Nevers, que afixam na porta do cemitério: "A morte é um sono eterno".

São os mesmos que, ateus, rejeitam a ideia do Ser Supremo, em presença do qual fora proclamada a Declaração dos Direitos do Homem.

Robespierre se revolta.

– Todos morrem – diz ele –, os heróis da humanidade e os canalhas que a oprimem, mas em condições diferentes.

Ele não aprova a descristianização que varre a nação.

O corpo de Descartes é levado ao Panthéon. Seja! É o reino da razão.

Mas Gilbert Romme, membro da Convenção, estabelece um calendário revolucionário.

O ano, que começa em 22 de setembro – aniversário da proclamação da República –, é dividido em doze meses de trinta dias, mais cinco ou seis dias complementares, e cada mês é composto por três etapas de dez dias.

Os nomes dos meses, propostos por Fabre d'Églantine, evocam as estações. Vendemiário, brumário e frimário para o outono. Para o inverno, nivoso, pluvioso e ventoso. Para a primavera, germinal, floreal e prairial. Para o verão, messidor, termidor e frutidor.

Robespierre escreve em seu caderno: "adiamento indefinido do decreto sobre o calendário".

Ele teme que os descristianizadores não passem de "canalhas comprados".

As medidas extremas que tomam – um membro da Convenção, Rühl, quebra a Santa Ampola da catedral de Reims; os presbitérios são dados às escolas e aos pobres; o nome das cidades são mudados: Saint-Malo se torna Port-Malo; igrejas são fechadas, os sacerdotes constitucionais não são mais assalariados – podem chocar o povo.

Marie-Joseph Chénier, autor dramático, deputado da Convenção, a quem se deve o *Le Chant du départ*, entoado com tanta frequência quanto *A marselhesa*, propõe a substituição do catolicismo pela religião da pátria.

E a Convenção decide e aprova que o busto de Marat seja colocado na sala de sessões, como o dos mais gloriosos "mártires da liberdade".

Em 10 de novembro de 1793, é comemorada a Festa da Liberdade e da Razão na Notre Dame. Uma mulher vestida com roupas tricolores, sentada no altar, simboliza a liberdade, e a catedral de Notre Dame passará a ser chamada de Templo da Razão.

Robespierre se preocupa:

– O fanatismo é um animal feroz e caprichoso. Ele foge diante da razão. Persegui-o aos gritos, ele voltará sobre seus passos.

Maximilien afirma seu deísmo:

– O ateísmo é aristocrático. A ideia de um grande Ser que vela sobre a inocência e que pune o crime triunfante é completamente popular.

Além disso, "o maior fanatismo a ser temido é o dos homens imorais, corrompidos pelas cortes estrangeiras".

Mas o movimento de descristianização se amplifica, apesar de Robespierre.

Chaumette e Cloots, o rico estrangeiro, patriota e deputado da Convenção, mas suspeito de ser um dos corruptores e animadores do "complô estrangeiro", vão ao encontro do bispo constitucional de Paris, Gobel, para que ele abjure diante da Convenção "tudo o que professou abertamente durante quarenta anos".

> O sujeito colocou no chão sua cruz, sua mitra, sua capa... Ele foi coberto com os aplausos daquela assembleia, que o vestiu com o barrete vermelho. Imediatamente todos os deputados sacerdotes correram em disputa à tribuna para fazer a mesma abjuração.

O abade Grégoire foi o único a resistir, recusando-se a abjurar e colocar o barrete vermelho.

O povo de Paris se lançou sobre as igrejas, espoliou-as, degradando-as em poucos dias.

> Vi passar na Rue Dauphine os despojos da abadia de Saint-Germain [escreve Ruault, o livreiro voltairiano, escandalizado e assustado com o que vê].
> Cerimônia burlesca: cem patifes marchavam em procissão de carnaval, cobertos com capas, casulas, dalmáticas, estolas. No meio da rua marchavam duas dúzias de burros cobertos com capas mortuárias, carregando em cestos os relicários, as cruzes, os cálices, os cibórios de ouro e prata, tudo acompanhado por gestos grotescos, blasfêmias, maldições, palavras grosseiras.
> Vimos o que jamais víramos sobre a terra: a religião destruída pelo populacho e por seus próprios sacerdotes.
> Aquela doença se prolongou por dez horas, rondando Paris. Comunas, burgos, aldeias e cidades se apressaram a trazer para a Convenção os despojos de suas igrejas, e tudo foi depositado no Hôtel du Domaine National, na Rue Vivienne com a Rue des Petits-Champs, que ficou abarrotado.
> Não duvidamos que esta raiva destruidora percorra a França e que não restará uma única igreja em pé se ela durar por mais tempo.
> O próprio Robespierre ficou assustado. Ele fez um relatório contra esta mania que faria da França um povo de loucos, de ateus, um povo ingovernável...

Ruault conclui:

> Que singular nação. Cai em todos os extremos! Adorava seus reis, matou o último. Curvava-se com prazer sob o jugo do catolicismo, acaba de derrubá-lo de alto a baixo. Ela não conhece meias medidas... Qual será o fim disso tudo? Só poderá ser muito miserável.
> Adeus meu caro amigo, fecho meus olhos para não ver mais...

A preocupação e a angústia do editor de Voltaire se chocam com as de Jacques Roux, ex-abade, figura de proa dos *enragés*, que várias vezes fora preso e mais vezes ainda denunciara os canalhas, os agiotas, os aristocratas, os ricos, os girondinos e os montanheses que não ousavam encarar a miséria de frente.

Roux, de sua prisão, se ergue contra os abusos desta "lei terrível" que faz de todo cidadão um "suspeito".

– Sou tentado a perguntar se habitamos regiões bárbaras ou se vivemos em séculos desonrados, em que se declara criminoso de lesa-nação um homem que contou *um sonho*, outro por ter vendido *um copo de água quente*; este por *ter-se despido* diante de uma estátua, aquele por ter ido ao guarda-roupa com *um anel* sobre o qual estava impressa a cabeça de um imperador.

Ele vai ainda mais longe:

– É ressuscitar o fanatismo imputar a um homem crimes de nascimento. É o cúmulo da crueldade encarcerar como suspeitos da República aqueles que tiveram a infelicidade de desagradar um comissário de seção, um espião de polícia, um empregado de gabinete, um secretário da tesouraria, um porteiro da Convenção Nacional, um bilheteiro, o presidente de uma sociedade popular e a prostituta de um homem de boa posição.

"Há mais inocentes encarcerados do que culpados... Se não colocarmos um fim a esses aprisionamentos que mancham a história da Revolução, e dos quais não encontramos exemplos nos anais dos povos menos civilizados, a guerra civil não demorará muito a se inflamar."

Danton lê o texto de Jacques Roux. O tribuno continua vivendo retirado, em sua propriedade de Arcis-sur-Aube, dedicando-se aos prazeres e alegrias do campo e do amor, comprando terras, aumentando seus bens. Mas ele teme, por si e pela nação, a guerra civil.

Seus amigos – Chabot, Basire – são presos no caso de corrupção da Companhia das Índias. De maneira tortuosa, o

Comitê de Salvação Pública confia a investigação do caso a...
Fabre d'Églantine, que denunciara o *complô estrangeiro*, mas
que também era amigo de Danton.

Um mensageiro vindo de Paris avisa Danton sobre aquela
manobra maquiavélica. Ele incita o tribuno a voltar, a enfrentar
Robespierre, que está por trás da maquinação.

– Ele quer minha vida? Ele não ousaria! – diz Danton.

– O senhor está confiante demais, volte para a Paris, o
tempo urge.

– Vá dizer a Robespierre que logo estarei em Paris, para
esmagar a ele e aos seus.

Em 19 de novembro, Danton volta para Paris, depois
de cinco semanas no campo, enquanto cada hora contava na
marcha e na orientação da Revolução.

Ele se encontra com Hébert.

Informa-se sobre a situação, ergue-se contra as "mascaradas" antirreligiosas, maneira de dar um passo na direção de
Robespierre, enquanto a Convenção decreta que a partir de
24 de novembro os nomes dos meses serão os do calendário
republicano.

Enquanto isso, decide-se que as cinzas do herói corrompido, Mirabeau, serão retiradas do Panthéon.

No Clube dos Jacobinos, faz-se uma nova depuração.
Laverdy, um antigo controlador-geral das Finanças, é guilhotinado. Bem como o jornalista girondino Girey-Dupré.

Danton confidencia a Garat, advogado que em 1792
substituíra Danton no ministério da Justiça e depois Roland,
em 1793, no ministério do Interior, preso como girondino
mas logo libertado, que quer lançar uma grande campanha
pela *Indulgência*.

Danton partilha do sentimento de Jacques Roux sobre
a lei dos suspeitos:

– Sei que nas atuais circunstâncias somos obrigados a
recorrer a medidas violentas, mas nunca é demais se colocar

contra a malevolência... Não há nada mais perigoso do que deixar à arbitrariedade de um vil arrivista, de um comissário vingativo, a aplicação de uma lei tão terrível.

Danton ergue a voz, tentando impor a indulgência:
– Exijo a economia do sangue dos homens.

TERCEIRA PARTE

1º de dezembro de 1793-30 de março de 1794
11 frimário-10 germinal, do Ano II
"Será possível controlar uma tempestade?"

"Por que a clemência teria se
tornado um crime na República?"
Camille Desmoulins
30 frimário do Ano II (20 de dezembro de 1793)

"Querem moderar o movimento revolucionário.
Mas será possível controlar uma tempestade?
Pois bem! A Revolução é uma. Não podemos,
não devemos interromper seus avanços."
Collot d'Herbois
Membro do Comitê de Salvação Pública
3 nivoso do Ano II (23 de dezembro de 1793)

"O governo revolucionário precisa navegar por entre
dois rochedos: a fraqueza e a temeridade, o moderantismo e
o excesso; o moderantismo, que é para a moderação o que a
impotência é para a castidade, e o excesso, que se assemelha à energia como a hidropisia à saúde."
Maximilien Robespierre
5 nivoso do Ano II (25 de dezembro de 1793)

9.

"O sangue dos homens", nesses primeiros dias de dezembro de 1793, apesar do desejo de Danton, escorre sobre o solo da França.

Na Vendeia, os camponeses do grande exército católico e real são malsucedidos em Angers, mas continuam lutando, entoando sobre a melodia de *A marselhesa*:

> Avante exércitos católicos
> O dia da glória chegou
> O estandarte ensanguentado da República
> Contra nós se levanta.*

O camponês vendeano não teme morrer. Ele responde ao soldado azul que grita "Dá-me tuas armas": "Dá-me meu Deus".
Ele recita com seus sacerdotes:

> Esta morte com que nos ameaçam
> Será o fim de nossos males
> Quando virmos Deus face a face
> Sua mão abençoará nossos trabalhos.**

Um representante em missão constata:
– Da parte deles, trata-se de um verdadeiro fanatismo, como no século IV. Eles são executados todos os dias, e todos os dias morrem entoando cânticos e professando sua fé. O instrumento de suplício tem o efeito apenas de lançar uma espécie de hediondez sobre o poder que o emprega.

---

* *Allons les armées catholiques / Le jour de gloire est arrivé / Contre nous de la République / L'étendard sanglant est levé.* (N.T.)

** *Cette mort dont on nous menace / Sera le terme de nos maux / Quand nous verrons Dieu face à face / Sa main bénira nos travaux.* (N.T.)

Perseguidos pelos azuis mortos de cansaço, os vendeanos se refugiam na cidade de Le Mans. Eles são quarenta mil, logo surpreendidos, em 12 de dezembro, pelos exércitos republicanos comandados por Westermann, Marceau e Kléber. Eles resistem por quatorze horas, sob uma chuva gélida. Há degolas, carnificinas e fuzilamentos à queima-roupa nas ruelas ensanguentadas.

"Vê-se por toda parte unicamente cadáveres, fuzis, veículos para transporte de munição derrubados ou desmontados", escreve um oficial azul. "Dentre os cadáveres, muitas mulheres nuas que os soldados despojaram e mataram depois de violar."

Os sobreviventes se dirigem para Laval, perseguidos e massacrados ao longo de uma "caçada em debandada".

Os que ainda sobrevivem, depois de dez dias de fuga e combates, são massacrados em Savenay, perto de Saint-Nazaire, presos e fuzilados. Os chefes, Stofflet, Charette, La Rochejaquelein, passam para a margem esquerda do Loire.

As comissões militares "azuis" percorrem o país.

Fuzilam em oito "séries" 1.896 prisioneiros, perto de Angers. Centenas de outros são executados. O mesmo ocorre na campina de Saint-Gemmes, em Pont-de-Cé.

A repressão é ainda mais cruel, pois uma guerra de emboscadas se seguirá. Os vendeanos, por sua vez, são igualmente impiedosos.

O azul Joseph Bara, de quatorze anos, é degolado depois de ser feito prisioneiro e se recusar a gritar "Viva o rei!"

Ele se torna um mártir da liberdade, apesar das circunstâncias de sua morte serem deturpadas pela lenda.

Em Nantes, sob a autoridade do representante em missão Carrier, um comitê revolucionário de aproximadamente cinquenta homens, a Companhia Marat, aterroriza a cidade.

Os "afogamentos" se multiplicam. As barcas onde são colocados os sacerdotes refratários e prisioneiros chamados "malfeitores" são afundadas. Contam-se no mínimo cinco mil vítimas.

Espalham-se rumores de suplícios atrozes, de mulheres queimadas vivas para delas ser retirada uma gordura medicinal, de pele de vítimas curtidas como couro, de casamentos republicanos, que consistiriam em afogar um casal jogando-os sem roupa e amarrados um ao outro no Loire.

Há extermínio nesta guerra impiedosa.

O próprio general Marceau, que salvara uma jovem, Angélique des Melliers, e lhe dera uma certidão para protegê-la, não consegue impedir que ela seja guilhotinada.

A guerra não terminou.

Com a volta de Carrier para Paris, o Terror é aplicado pelo general Turreau de Linières, que substitui Marceau. Ele cria doze "colônias infernais" que fazem da Vendeia "um monte de cinzas regadas de sangue".

Em Lucs-sur-Boulogne, os azuis do general Cordellier massacram no mínimo quinhentas pessoas, sendo mais de cem crianças.

Talvez 120 mil mortos tenham tombado nesta guerra atroz, cuja crueldade não é suspeitada em Paris. Além disso, quer-se vencer a qualquer preço, mesmo dizimando o povo.

Danton e Camille Desmoulins, sem conhecer os detalhes daquela "degola" de uma população, de uma província, intuem que é preciso acabar com o Terror.

Na tribuna da Convenção, Danton declara:

– Existe um fim para tudo. Exijo que se coloque um limite... O povo quer, e ele tem razão, que o Terror esteja na ordem do dia, mas ele não quer que aquele que não recebeu da natureza uma grande força, não, o povo não quer que ele trema... Não aniquilamos o reino da superstição para estabelecer o reino do ateísmo.

Mas Danton logo percebe a reprovação, o ódio que suas palavras, sua "indulgência" prudentemente sugerida, despertam.

No Clube dos Jacobinos, em 13 frimário (3 de dezembro), aqueles que veneram Marat, invocando as virtudes e as ações do amigo do povo, os partidários de Hébert, e aqueles, mais dissimulados, dos *enragés*, o atacam com violência. Eles se sentem estigmatizados por Danton, que acrescenta:

— Todo homem que se faz ultrarrevolucionário proporá resultados tão perigosos que poderão fazê-lo um decidido contrarrevolucionário.

Entre os dois grupos haveria os "bons revolucionários", nos quais Danton se inclui.

Danton imagina, com isso, satisfazer Robespierre, sem se dar conta que para o Incorruptível existe, além dos ultrarrevolucionários e dos contrarrevolucionários, os "citrarrevolucionários" ou *moderados* e *indulgentes*, nos quais Maximilien coloca Danton e Desmoulins, enquanto ele próprio e os membros dos comitês seriam os "puros" revolucionários. Logo, esses "puros" deveriam "depurar" todos os demais, juntando indulgentes a ultrarrevolucionários!

Por enquanto, Danton responde com vigor aos hebertistas que o atacam, esmagando com sua forte voz os murmúrios e vaias:

— Terei perdido os traços que caracterizam a figura do homem livre? – grita ele. – Não serei mais o mesmo homem que esteve a vosso lado nos momentos de crise?

Tentam interrompê-lo.

Acusam-no de corrupção, de amizade com os comprometidos nos "negócios", frequentados por "aristocratas" suspeitos, como o barão de Batz.

Este, no dia da execução de Luís XVI, tentara sublevar a multidão ao longo de todo o trajeto do condenado até a Place de la Révolution.

No círculo de Danton há também estrangeiros cada vez mais suspeitos, como Anacharsis Cloots ou o belga Proly.

E o que dizer de Fabre d'Églantine, tão próximo a Danton, que seria um "trapaceiro" também ligado àquelas negociações? Que Fabre, de maneira imprudente, chama de "conspiração do estrangeiro".

Danton parece estar preso num lodaçal, e, quando exige indulgência, pede para que se "economize o sangue", que se "coloque um limite", é para ele e seus amigos que deseja clemência.

Então ele eleva sua voz:

– Ficareis espantados quando vos fizer conhecer minha vida privada.

Ele clama não ter uma fortuna colossal.

– Desafio os mal-intencionados a fornecerem contra mim a prova de um único crime! Nem todos os seus esforços poderão me abalar! Quero continuar em pé ao lado do povo! Serei julgado em sua presença! Não rasgarei a página de minha história mais do que não rasgareis as páginas da vossa, que devem imortalizar os faustos da liberdade!

Ele fica sem fôlego, mas sente não convencer. Os hebertistas continuam gritando e zombando.

Os cidadãos amontoados nas tribunas não aplaudem. Danton se irrita, fala tão rápido que os secretários que tomam nota de seu discurso não conseguem segui-lo.

De repente, Robespierre se levanta.

Maximilien, com a cabeleira empoada cuidadosamente penteada, puxada para trás, usa um casaco escuro com colarinho listrado de branco e vermelho, o pescoço apertado pelo nó bufante de uma gravata de renda branca.

Maximilien começa a falar numa voz indiferente, onde despontam ironia, condescendência e inclusive fel:

– Talvez eu me engane sobre Danton, pois, visto em sua família, ele merece apenas elogios...

Depois ele enumera a lista dos erros de Danton em relação a Dumouriez, Brissot, aos "negócios".

Uma incriminação, portanto, esconde-se por trás de uma aparente solidariedade.

Pois tudo isso, acrescenta Maximilien, não faz de Danton um traidor. Ele servira à pátria com zelo.

Então o Incorruptível se vira para Danton:

– Danton, não sabes que quanto mais um homem tem coragem e patriotismo, mais os inimigos da coisa pública se dedicam à sua perdição? Danton quer que o julguemos? Ele tem razão! Que eu seja julgado também. Que eles se apresentem, esses homens que são mais patriotas que nós! Que aqueles que têm alguma censura a fazer peçam a palavra!

Ninguém se move.

– Peço a esses bons patriotas que não sofram por Danton ser denegrido – conclui Robespierre.

O sangue dos homens continua sendo derramado.

Nas ruas e praças de *Commune-Affranchie* – a antiga Lyon –, de *Bec-d'Ambès*, a antiga Bordeaux.

A "indulgência" predicada por Danton não encontra nenhum eco em Saint-Just, Couthon, Collot d'Herbois e demais membros do Comitê de Salvação Pública, ou do Comitê de Segurança Geral, encarregado da polícia geral do interior.

O governo revolucionário, diz Saint-Just, "não é outra coisa que a justiça favorável ao povo e terrível a seus inimigos! Aquele que se mostrou inimigo de seu país não pode ser proprietário. Somente tem direitos em nossa pátria aquele que cooperou para emancipá-la".

Segundo Couthon, "a indulgência seria atroz, e a clemência, parricida". É preciso uma "polícia severa", acrescenta Saint-Just. "O que constitui a República é a destruição total do que lhe é oposto."

Robespierre se posiciona sob um ponto de vista utilitário ao dizer:

– A punição de cem culpados obscuros e subalternos é menos útil para a liberdade que o suplício de um chefe da conspiração.

A condessa Du Barry, última amante de Luís XV, é levada ao cadafalso.

Ela servira de agente de ligação, de 1791 à primavera de 1793, entre os monarquistas e os ingleses.

Vivia retirada em seu castelo de Louveciennes. É presa, mas, diante do protesto de todos os habitantes do burgo, é libertada.

Detida de novo no início de dezembro, é executada no dia 8 de dezembro de 1793.

Todo cidadão sabe que pode tornar-se suspeito, e que está sob a vigilância dos agentes do Comitê de Segurança cujos membros, como Amar – um advogado que se tornara deputado da Convenção e montanhês – ou Vadier – também membro da Convenção e montanhês –, são determinados, impiedosos, dispostos a mandar prender um membro da Convenção denunciado por uma simples carta anônima.

Eles estão à espreita. Interceptam as correspondências.

O livreiro Ruault passa a se comunicar com o irmão confiando suas cartas a viajantes.

> Escreverei, a partir de agora, apenas em ocasiões tão seguras quanto esta. Renuncio ao correio. Fiquei sabendo que é perigoso postar algumas cartas, que há violadores às ordens do Comitê de Segurança Geral: seria preciso adaptar a linguagem ao furor dominante e combinar um entendimento das palavras, empregar censura por elogio e elogio por censura...

Esse clima de suspeita e terror leva alguns aos comportamentos mais covardes, a traições.

Osselin, um deputado montanhês amigo de Danton, se torna amante de uma emigrada que voltara para a França, a jovem marquesa de Charry. Ela é presa, mas ele consegue fazer com que seja solta, escondendo-a primeiro na casa de Danton, depois na de seu irmão, padre que abandonara a vida religiosa e casara.

Mas quando o Terror é colocado na ordem do dia, quando a lei dos suspeitos estende suas teias sobre toda a nação, Osselin fica com medo e denuncia a amante, enquanto seu irmão a entrega e o denuncia.

Osselin, em 5 de dezembro de 1793, é condenado à deportação.

Sua amante, para evitar o cadafalso, diz estar grávida. Depois de algumas semanas, sua mentira é descoberta.

Ela é guilhotinada em 31 de março de 1794.

Portanto, vive-se em estado de tensão, de exaltação, de angústia, de medo, e também de espírito de sacrifício.

Mulheres dizem diante da guilhotina: "Quero morrer romana" ou "Sou cristã".

Convencidos de estarem agindo pela salvação da pátria, os soldados do "exército revolucionário" matam sem remorso. Um destacamento comandado pelo general Ronsin vai para Lyon, onde Collot d'Herbois e Fouché assolam a região.

Há tiroteios. Fuzilamentos na Place des Brotteaux. Destruição do castelo de Pierre-Scisse e das casas dos ricos.

– Não tenho compaixão pelos conspiradores – diz Collot d'Herbois, em 21 de dezembro no Clube dos Jacobinos. – Aniquilamos duzentos de uma só vez e nos atribuem um crime. Não veem que é mais um sinal de sensibilidade? Quando vinte culpados são guilhotinados, o último executado morre vinte vezes, enquanto os duzentos conspiradores morrem todos juntos.

Na Commune-Affranchie, antiga Lyon, contam-se 1.667 execuções, 392 em Arras, 149 em Cambrai, ordenadas por Joseph Le Bon, deputado da Convenção, antigo padre, casado. De 28 anos de idade.

Nos departamentos vizinhos de Oisne e Aisne, o membro da Convenção em missão, André Dumont, prende os suspeitos às centenas, mas se contenta em organizar festas revolucionárias, obrigando as damas, as burguesas, as costureiras, a dançar e formar a "corrente da igualdade".

Essas mascaradas não são mortais, apesar de a morte obcecar todos os cidadãos. Todos sabem que a qualquer momento ela pode chegar.

Quando a lâmina da suspeita começa a cair, nada pode detê-la.

Nenhuma função, nenhuma ação passada, seja ela heroica, esteja ela na origem desta Revolução em nome da qual se mata, pode proteger.

Depois que o rei, antes do direito divino, depois que a rainha, depois de Barnave, que em 1788 se erigia pela liberdade, depois que Barbaroux, que se lançava ao lado dos federados marselheses ao assalto das Tulherias em 10 de agosto de 1792, depois que Brissot, depois que todos esses colocaram a "cabeça na janela" e esta rolou para dentro de um saco, quem pode ter certeza de não ir para a prancha, como eles?

O próprio Robespierre exclama:

– A mim também quiseram inspirar terrores, mas que me importam os perigos? Minha vida é para a pátria, meu coração está isento de temor e, se eu morresse, seria sem queixa e sem ignomínia.

Essa política terrorista e esse governo que se quer revolucionário até a paz parece colher seus frutos.

O grande exército católico e monarquista não passa de uma lembrança ensanguentada na Vendeia, cedendo lugar às ações eficazes mas dispersas dos *chouans*.

Elas não colocam mais a República em perigo.

O objetivo do governo revolucionário é justamente fundar a República sabendo, como diz Couthon, que uma "revolução como a nossa não passa de uma sucessão rápida de conspirações, pois é a guerra da tirania contra a liberdade".

Nem um único cidadão deve, nesta guerra, escapar à vigilância, à disciplina.

Os representantes em missão partem com poderes decuplicados em direção aos departamentos e aos exércitos.

– Generais – martelam eles –, o tempo da desobediência passou.

E os oficiais, de todos os postos, lhes ficam submetidos. Os representantes decidem as promoções.

Eles confiam nos jovens oficiais.

Hoche libera a Alsácia, entra em Wissembourg, enquanto Desaix expulsa os austríacos de Lauterbourg. E as tropas de Hoche se lançam ao assalto aos gritos de "Landau ou a morte".

Ao exército da Itália que sitia Toulon, ainda nas mãos dos monarquistas, dos ingleses e dos espanhóis, os representantes em missão Saliceti, Gasparin, Barras, Fréron e o próprio irmão de Robespierre, Augustin, impõem a substituição do general Carteaux, conhecido por ter, em 10 de agosto de 1792, levado seus camaradas a unir-se ao povo no assalto às Tulherias.

Hoje em dia, aquilo não era suficiente.

Eles nomeiam o general Dugommier e, à frente da artilharia, colocam o jovem capitão Napoleão Bonaparte, que tem espírito jacobino mas que, acima de tudo, se diz capaz de conquistar o forte de Éguillette que protege as duas enseadas de Toulon.

Eles observam aquele corso magro de tez azeitonada, ardente, que repete que "a artilharia toma os lugares e a infantaria empresta sua ajuda". E que promove baterias que nomeia *Convenção*, *Sans-culotte*. Os fortes ocupados pelos ingleses caem.

Bonaparte participa ao lado dos soldados de infantaria nos assaltos, gritando "Vitória à baioneta!" Depois da queda da cidade, ele deixa os representantes Barras e Fréron organizarem a pilhagem, as destruições, as execuções às centenas. Enquanto isso, os presos que romperam seus grilhões se espalham pela cidade, a antiga Toulon que se torna Port-la-Montagne.

Em 22 de dezembro de 1793, o representante em missão Saliceti anuncia a Napoleão Bonaparte que ele fora elevado ao posto de general de brigada, "pelo zelo e pela inteligência de que dera provas ao contribuir para a rendição da cidade rebelde".

Não seria o momento – visto que a República conseguira repelir os inimigos, vencendo-os, e reconquistara as cidades rebeldes, as antigas Bordeaux, Lyon, Marselha e Toulon, que se tornaram Bec-d'Ambès, Commune-Affranchie, Ville-sans--Nom e Port-la-Montagne, todas entregues aos "depuradores" – de praticar a política da indulgência, da clemência?

É o que Camille Desmoulins escreve no novo jornal que acaba de lançar, intitulado *Le Vieux Cordelier*.

Não seria ele um dos mais antigos patriotas? Não teria ele tomado a palavra tantas vezes, agarrado às grades dos jardins do Palais Royal, convocando para a insurreição desde 1789?

Não seria tempo, repete ele ao longo deste mês de dezembro de 1793, de colocar em ação a Liberdade, ao invés de adiar seu uso e continuar suspeitando, reprimindo, matando?

Ele ousa escrever:

> Abri as prisões aos duzentos mil cidadãos que chamai de suspeitos, pois na Declaração dos Direitos não existem casas de suspeição, apenas casas de detenção. A suspeita não tem prisão, mas sim o acusador público... Quereis exterminar todos os vossos inimigos na guilhotina! Terá jamais havido maior loucura?

É preciso coragem, temeridade inclusive, para enfrentar o bando de hebertistas, enraivecidos porque a Convenção decretara a prisão de dois deles, o general Ronsin e Vincent, do ministério da Guerra. Os "ultrarrevolucionários" passam a exigir a libertação dos dois, atacam Desmoulins, que não passaria do instrumento de Danton.

– Ele não passa de um burrico de orelhas grandes, ao que parece, maldito!, querendo sua aveia... É um miserável conspirador, um bandido, um falso patriota... Tudo leva a crer que Milord Pitt está por trás de tudo. Paciência, com o tempo todos os nevoeiros do Tâmisa se dissiparão e veremos com clareza todos os personagens, diabos!

Mas Desmoulins está obstinado.

– Que os imbecis e os bandidos me chamem de moderado, se quiserem. Não me envergonho de não ser mais *enragé* do que Brutus, que aconselhava Cícero a terminar com as guerras civis...

Desmoulins propõe a criação de um *Comitê de clemência*.

Ele apela a Robespierre, cuja escolha, entre ultrarrevolucionários e indulgentes, será decisiva.

Desmoulins suplica, aguarda. Alguns hebertistas não haviam sido presos?

"Ó, meu caro Robespierre, ó meu velho camarada de colégio", escreve ele no *Le Vieux Cordelier*, "lembra-te das aulas de história e de filosofia: o amor é mais forte, mais duradouro que o temor... E por que a clemência teria se tornado um crime na República?"

Maximilien Robespierre observa, sentencia com a condescendência de um mestre imparcial, que parece disposto a rever seu julgamento a qualquer instante.

– É preciso considerar, em Camille Desmoulins, suas virtudes e suas fraquezas. Às vezes fraco e confiante, com frequência corajoso e sempre republicano... Convido Camille Desmoulins a continuar sua carreira, mas a não ser mais tão versátil...

Robespierre lê os relatórios dos observadores da polícia do Comitê de Segurança Geral, que indicam que dentre os *sans-culottes* parisienses "não há contentamento com Robespierre, sobre o favor que ele concede a Camille Desmoulins. Todos se perguntam onde está a imparcialidade que ele sempre declarou...".

Maximilien está inquieto. Ele não quer que o poder que exerce no seio do Comitê de Salvação Pública, que sua magistratura moral, sua "virtude", sejam questionadas.

Ele precisa levar em conta a influência dos "ultras".

Em 21 de dezembro, 1º nivoso, Collot d'Herbois volta de Lyon, onde, com Fouché, organizara o Terror.

Collot oferece à Comuna de Paris a cabeça de Chalier, o prefeito jacobino decapitado pelos girondinos e monarquistas na época em que a cidade era a antiga Lyon, e não ainda a Commune-Affranchie. A cabeça de Chalier é levada até a Convenção como uma relíquia.

Como Marat, como Joseph Bara, como Viala, como Le Peletier de Saint-Fargeau, Chalier é um mártir da Liberdade.

Será possível imaginar, questiona Collot d'Herbois, o desespero dos patriotas de Lyon, puros *sans-culottes*, quando lhes anunciaram a criação de um Comitê de Clemência, depois a prisão do general Ronsin, de Vincent?

Um daqueles patriotas escolhera colocar um fim em seus dias!

– Querem moderar o movimento revolucionário – brada Collot d'Herbois. – Mas será possível controlar uma tempestade? Pois bem! A Revolução é uma. Não podemos, não devemos interromper seus avanços.

Robespierre precisa reagir. Ele sobe à tribuna do Clube dos Jacobinos em 25 de dezembro de 1793 (5 nivoso do Ano II).

– O governo revolucionário – diz ele – precisa navegar por entre dois rochedos, a fraqueza e a temeridade, o moderantismo e o excesso; o moderantismo, que é para a moderação o que a impotência é para a castidade, e o excesso, que se assemelha à energia como a hidropisia à saúde.

Ele ataca um outro "rochedo": "Os barretes vermelhos estão mais próximos dos saltos vermelhos* do que poderíamos imaginar".

Ele denuncia os "barões democratas irmãos de marqueses de Coblença".

Também "o fanático coberto de escapulários e o fanático que prega o ateísmo têm muitas ligações".

Isto quanto aos ultrarrevolucionários.

Quanto aos indulgentes, os "citrarrevolucionários":

– Se fosse preciso escolher um excesso de fervor patriótico ou o marasmo do moderantismo, não haveria hesitação... Preservemo-nos de matar o patriotismo querendo curá-lo.

Ele ameaça:

– O governo revolucionário deve aos bons cidadãos a proteção nacional; ele deve aos inimigos do povo apenas a morte.

Ultras ou indulgentes?

---

* Salto vermelho (*talon rouge*): como eram chamados os nobres, por usarem saltos altos e vermelhos como marca de distinção. (N.T.)

10.

Mas o que é um "inimigo do povo" nesta Paris do inverno de 1794, nesses meses de nivoso e pluvioso do Ano II da República, enquanto os cidadãos mais pobres – a maior parte da população – são atormentados pela fome?

O pão é caro, escasso. Faltam todos os tipos de provisões. E as leis sobre o *maximum* dos preços dos víveres são ineficazes.

Os atos violentos se multiplicam. Surtos de cólera num fundo de desespero.

Padarias são pilhadas. Mulheres gritam. Há protestos contra a desigualdade, pois as lojas de luxo continuam bem abastecidas.

Um informante da polícia a serviço do Comitê de Segurança Geral escreve: "Em toda parte só se fala da miséria que nos ameaça; a guilhotina não é temida no momento: se é para morrer de fome, antes a guilhotina!"

As assembleias populares são tumultuadas.

Os "ultrarrevolucionários" dominam o Clube dos Cordeliers.

Momoro é aclamado, um "verdadeiro" patriota. Livreiro-editor, ele fora um dos primeiros a se engajar na luta contra o "despotismo". Tornara-se "o primeiro impressor da liberdade". Fazia, a bons preços, os trabalhos de impressão da Comuna de Paris.

Participara de todas as jornadas revolucionárias e fora ele quem, em 1791, inventara a divisa da República: "Liberdade, Igualdade, Fraternidade".

Conseguira de Pache, o prefeito de Paris, que esta fosse inscrita nas fachadas de todos os prédios públicos.

Ele é ouvido ao invocar a igualdade e clamar que é preciso aplicar a "mão quente" na nuca de todos os ricos.

Ele tem a seu lado Hébert e os *cordeliers* que sucederam aos *enragés*.

O Comitê de Segurança Geral reprimira esses últimos.

Jacques Roux, seu líder, fora preso e, desesperado, já tentara se suicidar.

– Desprezo a vida – dissera ele. – Um destino feliz está reservado aos amigos da liberdade na vida futura.

O informante da polícia assinala que às vezes se ouvia a frase dita por Manon Roland: "É chegado o tempo profetizado em que o povo, ao pedir pão, recebe cadáveres".

Enquanto isso, os *cordeliers* são ouvidos ao exigirem a libertação do general Ronsin e de Vincent, ainda presos por serem "ultras", "patriotas exagerados", hostis à política do Comitê de Salvação Pública e do Comitê de Segurança Geral.

O "inimigo do povo" não seria aquele que contesta a política do governo revolucionário?

Maximilien Robespierre, que o dirige, se sente visado quando Hébert ataca "aqueles que, ávidos dos poderes que acumulam, mas sempre insaciáveis, inventaram e repetem pomposamente em grandes discursos a palavra 'ultrarrevolucionário' para destruir os amigos do povo que vigiam seus complôs".

Maximilien se sente ainda mais ferido pelas palavras de Momoro, que denuncia: "Todos esses homens ultrapassados em república, esses pernas de pau em revolução, que nos chamam de exagerados porque somos patriotas e eles não querem sê-lo".

Ele, Maximilien, um "perna de pau em revolução"?

Ele fica abatido, com uma sensação de amargura no coração, de impotência e desespero.

Escreve os seguintes versos:

> O único tormento do justo em sua hora derradeira
> E o único com que então serei dilacerado
> É o de ver ao morrer a pálida e sombria vida

Destilar sobre minha fronte o opróbrio e a infâmia
De morrer pelo povo e ser execrado.*

Mas para além de sua pessoa, atingida, consumida pela fadiga, é o destino da Revolução que lhe parece colocado em questão por aqueles *cordeliers*, aqueles "ultras", aqueles *enragés* que Hébert leva consigo e excita ao escrever no *Le Père Duchesne*:

> Mil diabos, meu sangue ferve ao ver o povo assediado por bandidos e traidores! Isso tem que acabar, diabos!
> O *sans-culotte* abalou todos os tronos dos déspotas e os comerciantes nos ditam a lei...?
> Que se comece, portanto, a expulsar todas as autoridades constituídas, que o restante das imundícies do antigo regime seja eliminado.
> Para matar num só golpe a aristocracia fundiária e comercial, que todas as grandes terras sejam divididas em pequenas quintas...
> Esta, diabos, é a única maneira de cortar as asas dos grandes fazendeiros e de reprimir sua aristocracia...
> Tremei, sanguessugas do povo, seu machado foi erguido para golpear-vos! Basta usar sua própria vontade para reduzir-vos a pó. O dia da vingança chegou, ela será terrível, diabos!

É preciso agir contra esses "ultras", cujos informantes garantem que está sendo preparada uma "santa insurreição", que eles querem "depurar" a Convenção, que os poderes estão infestados de "novos girondinos e brissotinos que se instalaram na Montanha, mas que não são indulgentes".

Robespierre hesita.

E os patriotas se dividem.

Os mais moderados apoiam Danton e Camille Desmoulins, leem o *Le Vieux Cordelier*, o jornal de Desmoulins.

---

* *Le seul tourment du juste à son heure dernière / Et le seul dont alors je serai déchiré / C'est de voir en mourant la pâle et sombre vie / Distiller sur mon front l'opprobre et l'infamie / De mourir pour le peuple et d'en être abhorré.* (N.T.)

Eles tinham ficado chocados com a execução dos deputados girondinos, com todo aquele sangue derramado.

Eles estão assustados com as palavras dos *cordeliers*, dos *sans-culottes*, que dizem que "enquanto não guilhotinarmos alguns, isso não acabará".

Hébert e os *cordeliers* ficam indignados com a atitude de Robespierre em relação aos indulgentes, em particular a Camille Desmoulins, seu condiscípulo no colégio Louis-le-Grande, amigo de cujo casamento com Lucile fora testemunha. Maximilien, dizem, pensara em casar com a irmã de Lucile.

– Saiba, Camille – ele dissera –, que se não fosses Camille não teríamos tanta indulgência por ti.

Na tribuna do Clube dos Jacobinos, Robespierre, brandindo os números do *Le Vieux Cordelier*, acrescenta que só se podia sentir "desprezo pelas blasfêmias contidas nesses números".

Mas, protetor e altaneiro, continuara:

– Desmoulins não passa de uma criança estouvada, de quem é preciso exigir a prova de seu arrependimento por todos os seus estouvamentos com o abandono das companhias que o perderam.

Quem Robespierre tem em mente? Danton? Fabre d'Églantine, o corrompido, o bandido, que sempre é visto "com o binóculo na mão e que sabe tão bem expor intrigas no teatro"?

Fabre é preso, por envolvimento nos escabrosos negócios da Companhia das Índias.

Billaud-Varenne afirma, com o braço apontando para Danton e Desmoulins:

– Desgraça para aquele que sentou ao lado de Fabre d'Églantine.

Portanto, Desmoulins precisa, acrescenta Robespierre, depois da prisão de Fabre, reconhecer seus erros.

– É preciso queimar os números do *Le Vieux Cordelier* no meio da sala – conclui ele.

Camille Desmoulins não abaixa a cabeça, desafia Maximilien com o olhar e diz:

– Queimar não é responder.

Suas palavras são como uma bofetada em Maximilien.

O Incorruptível se agarra na tribuna como se acabasse de ser golpeado, como se cambaleasse. Sua resposta é impiedosa, ameaçadora:

– Já que Desmoulins assim o quer, que seja coberto de ignomínia! Um homem que se apega com tanta força a escritos tão pérfidos talvez esteja mais do que perdido.

Mas este "repúdio" de Desmoulins por Robespierre não é suficiente para os *cordeliers*.

O fanatismo político também se alimenta de ódios e paixões pessoais, da atmosfera das reuniões no Clube dos Jacobinos ou no Clube dos Cordeliers. Uma exaltação nervosa que, desde 1789, há quase cinco anos, tensiona cada um dos atores como uma corda prestes a se romper.

– Jamais esquecei, *cordeliers* – exclama Hébert –, que é durante a calmaria que o relâmpago é engendrado. Pintaram-nos Camille Desmoulins como uma criança... Cidadãos, desconfiai dos *endormeurs* e sejai sempre a vanguarda corajosa, a sentinela fiel da Revolução. Dizem que os brissotinos foram aniquilados, mas ainda restam 61 culpados a ser punidos... Que o exército revolucionário marche, com a guilhotina à frente, e garanto-vos a abundância.

Bastaria, portanto, fazer cada vez mais cabeças caírem no saco para que a penúria cessasse, para que fornadas de pão se multiplicassem nas padarias.

Aqueles que não partilham deste ponto de vista são *endormeurs*. Maximilien Robespierre mais uma vez fica ressentido por chamarem-no com esse nome, por ser acusado de ser um "ambicioso".

Ele se ergue contra o que sente ser uma injustiça contra si mesmo, mas também contra a política dos comitês e da Convenção.

Como esquecer as vitórias nas fronteiras, na Vendeia, a submissão das cidades rebeldes, os decretos votados pelos membros da Convenção, instituindo o ensino primário, obrigatório e gratuito, opondo-se ao "vandalismo" – palavra inventada pelo abade Grégoire – que, em nome da luta contra o fanatismo, destrói os arquivos, as estátuas, degrada os monumentos, saqueando o patrimônio da nação?

Como esquecer que a Convenção acaba de decretar a abolição da escravatura nas colônias francesas, sem indenização aos proprietários?

É preciso defender dos ultras, dos indulgentes, a política dos comitês da Convenção, a única possível.

Robespierre sobe na tribuna da Convenção em 5 de fevereiro de 1794 (17 pluvioso do Ano II).

Sua voz é a de um predicador que evoca a "justiça eterna" gravada no coração de todos os homens.

– Queremos – diz ele – substituir, em nosso país, a moral ao egoísmo, a probidade à honra, os princípios aos usos, os deveres às conveniências, o império da razão à tirania da moda, o desprezo do vício ao desprezo da desgraça, o orgulho à insolência, a grandeza de alma à vaidade, o amor da glória ao amor do dinheiro, as pessoas boas à boa companhia, o mérito à intriga, o talento ao pedantismo, a verdade ao brilho, o encanto da felicidade ao tédio da voluptuosidade, a grandeza do homem à nobreza dos grandes, um povo magnânimo, poderoso, feliz, a um povo amável, frívolo e desprezível.

Ele tem dificuldade em retomar o fôlego, os olhos fixos, erguidos como se aguardasse um julgamento, um sinal do Ser Supremo no qual acredita.

Depois, como se descobrisse estar suspenso acima daquele abismo de silêncio no qual seu discurso mergulhou a Convenção, ele diz numa voz cortante, encarando os deputados:

– A força do governo revolucionário é ao mesmo tempo a Virtude e o Terror. A Virtude sem a qual o Terror é funesto. O Terror sem o qual a Virtude é impotente.

A guilhotina como máquina capaz de tornar os homens virtuosos.

Alguns dias depois, em 26 de fevereiro de 1794 (8 ventoso do Ano II), Saint-Just toma o lugar de Robespierre.

Este, depois de seu discurso, se encerrara na casa dos Duplay, doente, esgotado, incapaz de dar mais do que alguns passos, mudo.

É o "arcanjo" Saint-Just quem exige à Convenção o sequestro dos bens dos suspeitos, que serão distribuídos aos indigentes.

Esses "decretos de ventoso", votados pela Convenção, são uma manobra para tentar diminuir a influência junto aos *sans-culottes* de todos os *cordeliers*, de Hébert e de Momoro, que não são aplacados.

O general Ronsin e Vincent são libertados, mas isto apenas atiçara sua cólera.

Todos acabam de ficar sabendo que Jacques Roux, o *enragé*, pela segunda vez atentara contra seus dias e sucumbira, morrendo na prisão!

Isto revolta um pouco mais os *cordeliers* contra os indulgentes.

Danton e Desmoulins, acusam eles, exigem medidas de indulgência para os aristocratas, para os girondinos, enquanto Jacques Roux está morto!

Danton aumentara suas propriedades em Arcis-sur-Aube, se tornara um homem rico que queria desfrutar de sua jovem mulher. "Eu a beijo todos os dias", diz ele a quem quiser ouvi--lo, enquanto se morre de fome no Faubourg Saint-Antoine, enquanto Robespierre, depois de dizer que preferia "a felicidade à voluptuosidade", se esconde.

Por doença? Por covardia ou envenenamento?

São os rumores que circulam à boca pequena, dizem os observadores da polícia.

Saint-Just pode muito bem propor a partilha dos bens dos suspeitos, ordenar que cada comuna faça um levantamento dos patriotas indigentes, mas quem acredita que isso mudará o destino dos famintos, dos miseráveis?

Não basta proclamar:

– Que a Europa fique sabendo que não queremos nenhum desgraçado e nenhum opressor em território francês! Que este exemplo frutifique sobre a terra, que ele ofereça o amor de suas virtudes e a felicidade! A felicidade é uma ideia nova na Europa.

Palavras demais!

No Clube dos Cordeliers, Momoro, Hébert, Vincent e Ronsin apelam novamente para uma insurreição contra o Comitê de Salvação Pública.

– A insurreição é uma Santa insurreição, é isto que devemos opor aos celerados.

Carrier, que chega de Nantes, onde "afogara" a contrarrevolução, incita a ficar ao lado da Comuna, para que ela se alie à insurreição dos *cordeliers*.

Estes decidem cobrir a Declaração dos Direitos do Homem e do Cidadão com um véu negro, porque ela não estaria sendo aplicada e estaria sendo constantemente violada.

Será preciso reprimir os *cordeliers*? Ou tentar uma medida de conciliação?

Collot d'Herbois propõe uma "união indissolúvel" entre o Clube dos Jacobinos e o Clube dos Cordeliers.

E o véu que cobre a Declaração dos Direitos é retirado.

Mas o "entendimento" dura apenas algumas horas.

Robespierre reaparece, mais pálido do que nunca, mas com o rosto e a voz afiados. Como uma lâmina.

Saint-Just intervém, denunciando as "facções do estrangeiro e a conjuração urdida por elas na República Francesa para destruir o governo republicano pela corrupção e matar Paris de fome".

Ele critica as "sociedades populares", outrora "templos da igualdade". Agora, há "nessas sociedades funcionários demais, cidadãos demais, e o povo foi excluído".

Por que, portanto, as reuniões, por que seguir com os debates? Basta simplesmente apoiar os comitês, o governo revolucionário.

– As facções são um crime. Não é preciso partido num Estado livre... Existe em Paris um partido, cartazes monarquistas, a insolência dos estrangeiros e dos nobres.

Saint-Just se interrompe, vira-se para Robespierre como se procurasse uma aprovação.

Ambos têm a mesma palidez, Saint-Just menos afetado, juvenil, Robespierre empertigado, como se sua aparência e seu corpo também fossem "incorruptíveis".

– Todos os complôs estão unidos – retoma Saint-Just –, são ondas que parecem se evitar, mas que, no entanto, se mesclam. A facção dos indulgentes, que quer salvar os criminosos, e a facção do estrangeiro, que se mostra vociferante, que aponta a severidade para os defensores do povo. Mas todas essas facções se encontram à noite para combinar seus atentados ou para combater, para que a opinião pública se divida entre elas; depois, para sufocar a liberdade entre dois crimes. Ultras e indulgentes são as duas faces de um único complô.

Na noite de 13 de março de 1794 (23 ventoso do Ano II), Hébert, Vincent, Momoro, Ronsin e outros *cordeliers* são presos. Nem a Comuna, com Chaumette, nem a Guarda Nacional, comandada por Hanriot, protestam.

Elas se recusam a se insurgir contra o Comitê de Salvação Pública e o Comitê de Segurança Geral.

O povo dos *sans-culottes*, esgotado, esfomeado, cético e estupefato, preocupado em conseguir, a cada dia, provisões, não tem mais forças para se erguer.

Ele também desconfia daqueles "faladores" que com frequência fazem festins enquanto o povo morre de fome.

Essas disputas entre as facções parisienses fascinam as cortes da Europa. Que veem nisso o fim do impulso revolucionário.

O livro que acaba de ser publicado pelo jornalista genebrino Mallet du Pan é comentado com paixão.

Ele vivera em Paris entre 1782 e 1792 e colaborara regularmente com o *Le Mercure de France*. Monarquista "constitucional", aconselhara Luís XVI e se refugiara em Berna, antes da tomada das Tulherias, em 10 de agosto, mas continuava a observar os acontecimentos que sacudiam a França e toda a Europa.

Seu livro, *Considerações sobre a natureza da Revolução da França*, afirma que, sobre as ruínas do Antigo Regime, o poder está vago em Paris.

Nenhuma das facções existentes, a dos *sans-culottes*, sejam eles indulgentes ou ultrarrevolucionários, a dos monarquistas, apoiados ou não pelos emigrados e pelo clero, conseguirá tomar o poder.

Elas se entredevoram.

O poder necessariamente cairá, portanto, nas mãos de um general, que brandirá o gládio vitorioso e restabelecerá a ordem aspirada pelos cidadãos daquele país há mais de cinco anos vivendo sob distúrbios incessantes.

Na França, durante a primavera de 1794, raros são aqueles que têm tempo para ler o livro de Mallet du Pan e refletir sobre sua profecia.

11.

Sobreviver, dia após dia, e não pensar no futuro distante: isto é o que obceca e angustia o cidadão neste Ano II da República.

Há fome.

Na frente de qual padaria, de qual açougue será preciso se aglomerar, aguardar várias horas, para conseguir comprar um pedaço de pão, meio quilo de carne?

Nas filas, as pessoas nem viram as cabeças para ver as charretes que conduzem os acusados para o Tribunal Revolucionário, instalado no Palácio de Justiça, na antiga câmara do Parlamento chamada de "sala da Liberdade".

Quais as próximas cabeças que o promotor público Fouquier-Tinville destinará à "navalha nacional"?

Às vezes, alguns se aventuram na sala do Tribunal.

Não abrem a boca. Os cidadãos que assistem às audiências são vigiados por guardas nacionais, oficiais de justiça, e se houver manifestação, são agarrados e entregues imediatamente a Herman ou Dumas, os presidentes robespierristas do Tribunal.

Mas Fouquier-Tinville é o temido.

Ele fascina, com suas sobrancelhas espessas que quase escondem seus pequenos olhos brilhantes. É pálido, veste-se de preto, mas é brincalhão, trocista, o que assusta ainda mais. Ele tem avidez por interrogar, preparar a acusação de um réu. Ele se dedica a suas presas, surpreende-as com seus ditos espirituosos, seus sarcasmos, e pode se tornar furioso, quando "perde um caso".

Ele quer levar cabeças à "janela", "para que rolem para dentro do saco".

Os "suspeitos", ou melhor, os "acusados" e, portanto, os "culpados", nunca faltam no Tribunal Revolucionário.

Os *cordeliers* presos em 13 de março são conduzidos para as prisões superlotadas, onde estão encarcerados 6.247 detentos.

Mas alguns prisioneiros vivem escondidos.

Danton colocou entre os guardas, os zeladores, homens que lhe são dedicados, aos quais recomenda este ou aquele detento, como Beugnot, um moderado que acaba de ser preso e que, colocado na célula do girondino Clavière, vira este apunhalar-se.

Danton quer protegê-lo, pois nesses dias após a prisão dos *cordeliers*, ele imagina e teme que os partidários de Hébert e Momoro invadam as prisões e massacrem os "suspeitos", como em setembro de 1792.

– Se, como é bem possível – diz Danton ao zelador da prisão –, acontecer mais um ataque contra vossa prisão, faça Beugnot descer até a cozinha e o encerre lá, depois, assim que tiver uma oportunidade, deixe-o fugir.

Mas nenhum *sans-culotte* irá ao socorro de Hébert e dos demais *cordeliers*.

Hébert, que era admirado, que, quando estava livre, era temido por sua influência e por suas cóleras, pelo poder do *Le Père Duchesne*, no dia seguinte à sua prisão não passa de um homem sobre quem os jornalistas a soldo e a serviço do Comitê de Salvação Pública ou os do Comitê de Segurança Geral despejam um caminhão de imundícies.

O jornalista Dusaulchoy, que sempre servira os poderosos – de La Fayette a Brissot, e no momento Robespierre –, é o mais encarniçado em caluniar, apropriando-se inclusive do estilo de Hébert.

> Hébert é um vigarista, a trapaça de todos os complôs, um endemoniado, um grande bandido, um grandalhão, um vadio, logo a navalha nacional fará sua barba de maneira adequada... Pois o verso das cartas foi enfim revelado; os guinéus da Inglaterra, os florins da Áustria, proporcionavam todas essas afrontas a esses marotos que se tornaram tão vistosos, sempre com mesa franca, como antigos *fermiers généraux*.

Este jornalista não passa de um porta-voz dos comitês e de Robespierre.

Ele convida todos os cidadãos a se "unirem à Convenção Nacional".

"É ela, diabos, o centro onde tudo deve desembocar."

Para melhor destruir a popularidade de Hébert, ele conta que "o sujeito tinha em sua adega um suprimento de porco salgado, e com isso ria, satisfeito, enquanto morríamos de fome..."

E Dusaulchoy não hesita em falar sobre a esposa de Hébert, uma antiga religiosa.

> É preciso olhar para sua Jacqueline. Imaginai uma freira que abandonou a vida religiosa, feia como o pecado mortal, desagradável, azeda, insolente, em uma palavra, um aborto da natureza.
> Era de se ver, diabos, esta tipa, endomingada, empertigada em suas rendas tão belas quanto as da falecida viúva Capeto.
> Esta pretensiosa foi enclausurada junto com o marido, e orgulhai-vos, cidadãos, se a boa dama fizer uma visita à Santa Guilhotina...

Semelhante artigo sob encomenda antecipa um processo encerrado antes de ter sido aberto, como fora o dos girondinos.

Ele durará de 21 a 24 de março de 1794 (de 1º a 4 germinal do Ano II).

Sobre os bancos do Tribunal se espremem, sentados lado a lado, vinte acusados, habilmente "amalgamados": Hébert e os *cordeliers*, Momoro, Vincent e Ronsin, ao lado de Cloots, o "orador do gênero humano", corrompidos, banqueiros estrangeiros (Proly), agentes a serviço de Dumouriez, e inclusive um espião, que será o único absolvido.

Hébert, ao ouvir o anúncio da sentença de morte, desmaia.

Ele tremerá ao longo de todo o caminho que o conduzirá à guilhotina. Em pé, Cloots grita, interpela os cidadãos, pouco numerosos, que assistem à carroça passar:

– Meus amigos, por favor! Não me confundam com esses velhacos – repete ele.

Antes que sua cabeça seja colocada na "janela", ele tem tempo de dizer:

– Adeus ao gênero humano.

Nas seções *sans-culottes*, afirma-se, para explicar o veredicto, que os *cordeliers* aliados aos corrompidos lideravam a "conjuração", a "conspiração" do estrangeiro, que eles eram cúmplices e pagos por Pitt e Coburgo.

A morte deles, portanto, seria um ato de justiça e proteção.

– Se o inferno está contra nós – diz Couthon –, o céu está a favor, e o céu é o senhor do inferno.

Robespierre explica:

– A República é constituída pela destruição de tudo que lhe é oposto. É culpado em relação à República aquele que se apieda dos detentos! É culpado aquele que não quer a Virtude! É culpado aquele que não quer o Terror.

Quem ouve o discurso de Robespierre sabe muito bem que ele ameaça Danton, Camille Desmoulins e a facção deles, a dos indulgentes.

Depois da execução dos girondinos e dos *cordeliers*, de personalidades tão envolvidas na Revolução como Brissot ou Barbaroux, Hébert ou Momoro, existe o pressentimento de que a morte, inelutavelmente, encerrará a luta contra a facção dos indulgentes.

"A ferocidade entre os patriotas está mais encarniçada que nunca", escreve o livreiro Ruault, que partilha, sem divulgá-las, das ideias dos indulgentes:

> Danton e Camille Desmoulins propõem, hoje, comitês de clemência ao invés dos comitês revolucionários.
> Mas aqueles que dominam o Comitê de Salvação Pública e a Convenção Nacional não lhes dão ouvidos. O cheiro

de sangue que eles espalham os anima. Eles chamam Danton e Camille Desmoulins de contrarrevolucionários. Vejo os dois apenas recuperando o bom-senso... Mas o Comitê de Salvação Pública ainda não se cansou de destruir. Dos doze membros que o compõem, oito são tão exaltados em suas ideias revolucionárias que a razão e a humanidade não conseguem se fazer ouvir em seus ouvidos ou corações. Os quatro homens honestos lá presentes (Carnot, Lindet, Prieur e Jean Bon Saint-André) não se ocupam do Tribunal Revolucionário. Cada um tem seu gabinete, sua tarefa à parte, e raramente conferenciam com Robespierre, Collot d'Herbois, Billaud-Varenne, Couthon, Saint-Just, Barère... Os sucessos de nossos exércitos enchem o coração destes e os encorajam à destruição dos cidadãos; eles atribuem esse sucesso às medidas de hegemonia e crueldade que exercem...

Os membros dos comitês, e sobretudo Maximilien Robespierre, querem que este *Terror* assuste – que "aterrorize" – mas também que esteja sempre associado à *Virtude*.

É preciso que os *sans-culottes*, a multidão de desamparados, operários, indigentes, os cidadãos que tinham sido seduzidos por Marat, os *enragés* e os *cordeliers*, que partilham das "cóleras do Père Duchesne" se convençam de que é possível decapitar Hébert e Momoro e ao mesmo tempo ser severo com os atravessadores.

Por isso, as visitas e revistas domiciliares se multiplicam nesses curtos dias de inverno e, a seguir, de primavera do Ano II.

> Às três horas da tarde os artilheiros reunidos, bem como a cavalaria e diversos destacamentos das forças armadas de reserva marcharam sem barulho, e o Palais Égalité, antigo Palais Royal, foi cercado. Foram visitadas as casas dos fornecedores, donos de restaurantes e vendedores de alimentos. Os cidadãos que lá estavam foram revistados. Às oito horas, as sentinelas foram recolhidas. Ignora-se o número de pessoas presas.

Essas medidas confirmam a ideia de que Maximilien Robespierre é de fato o Incorruptível, o virtuoso em quem se pode confiar.

Nesses primeiros dias de germinal do Ano II (março de 1794), que viram os *cordeliers* ser julgados, condenados e executados, um membro da Convenção confessa:

– Todas as facções, todos os partidos se calam diante de Robespierre. Ele dirige todas as deliberações. A opinião pública o investiu, e apenas a ele. Tudo o que ele diz se transforma em oráculo, tudo o que ele critica se transforma em erro. Se esta situação acabar, jamais, sim, jamais, ele a recuperará.

Robespierre sabe disso.

É aquele o momento de esmagar os indulgentes, os que foram tão próximos, como Camille Desmoulins, os que foram seus aliados, como Danton.

Em 1º germinal do Ano II (21 de março), dia da abertura do processo dos *cordeliers*, ele dissera na tribuna do Clube dos Jacobinos:

– Não é suficiente sufocar uma facção, é preciso esmagá--las todas, é preciso atacar a que ainda existe com o mesmo furor que demonstramos ao esmagar a outra.

Quando Camille Desmoulins se apresenta na casa dos Duplay, pedindo para ver Maximilien, ele, o amigo de colégio, é rechaçado. Desmoulins, desamparado, se afasta, certo de estar condenado. No entanto, quando, desesperado, comunica seus temores a Danton, este dá de ombros.

Ele também ouvira as palavras do Incorruptível denunciando os indulgentes como "bandidos" que gangrenavam os exércitos e se apoiavam em funcionário corrompidos. "E os exércitos serão vencidos."

Mas Danton acredita em sua força, em sua invulnerabilidade.

Ele podia contar com o general Westermann, que vencera os vendeanos, com Tallien, que acabara de ser eleito presidente da Convenção, conhecido por ter aplicado a política do terror na antiga Bordeaux com determinação, com Legendre, um dos vencedores da Bastilha, que fundara o Clube dos Cordeliers e fora eleito presidente do Clube dos Jacobinos. Danton também contava com o realismo de Robespierre.

Os dois homens, nesse 1º germinal, comemoram juntos, se abraçam, e Danton diz a Maximilien:

– Em menos de seis meses, tu também serás atacado, Robespierre, se nos dividirmos.

Danton tem tanta confiança em si mesmo que responde ao membro da Convenção Thibaudeau, que lhe repete: "Robespierre conspira contra ti. Não farás nada para impedi-lo?":

– Seu eu acreditasse nisso, comeria suas entranhas.

E Danton afirma que ninguém ousaria atacá-lo, que condenaria Robespierre à "execração".

Então, de repente, o tribuno se entristece. Ele se lamenta, como se bruscamente entendesse a gravidade do perigo... Mas quando lhe propõem fugir, ele responde:

– Ninguém carrega a pátria na sola dos sapatos.

Depois de pronunciar esta frase numa voz forte, ele murmura num tom cansado:

– Prefiro ser guilhotinado a guilhotinador. De resto, a humanidade me entedia.

Ele não imagina o ódio e o desprezo que Robespierre nutre por ele.

O Incorruptível tenta convencer os membros dos comitês que é preciso acabar com Danton.

– Como um homem a quem toda ideia moral é estranha pode ser o defensor da liberdade – começa Robespierre. – A palavra *virtude* faz Danton rir. Não existe virtude mais sólida, ele diz brincando, do que a que utilizo todas as noites com minha mulher. Essa é a alma ingrata e negra de Danton. Ele proclama para o vício uma tolerância que deve lhe granjear tantos aliados quantos são os homens corrompidos no mundo.

Billaud-Varenne murmura:

– É preciso matar Danton.
E Saint-Just acrescenta:
– Se o guilhotinarmos, também o seremos!

Nesta noite de 9 germinal do Ano II (29 de março), Saint-Just apresenta aos membros do Comitê de Salvação Pública e do Comitê de Segurança Geral a ordem de prisão de Danton, de Camille Desmoulins e dos indulgentes, antes mesmo de ser votado o decreto de acusação.

Todos ficam sabendo que, na véspera, Condorcet, amigo dos girondinos, último dos grandes filósofos, que vivera meses escondido na casa de uma amiga escrevendo seu *Esboço de um quadro histórico dos progressos do espírito humano*, fora preso e se suicidara na prisão de Bourg-la-Reine. Mas quem fica comovido?

Os membros dos comitês, com duas exceções, assinam a ordem de prisão, que sabem valer uma sentença de morte.

O velho arquivista Rühl, membro do Comitê de Segurança Geral, e Robert Lindet, encarregado das questões de abastecimento junto ao Comitê de Salvação Pública, se recusam a assinar.

Ambos tinham avisado Danton da ameaça que pesava sobre sua pessoa. Em vão.

Lindet rejeita a folha com as assinaturas e diz, com orgulho, sabendo correr risco de vida:
– Estou aqui para alimentar os cidadãos, e não para matar os patriotas.

Danton é preso em 10 germinal do Ano II (30 de março de 1794), às seis horas da manhã.

Ele passara a noite "perto do fogo, em seu quarto de trabalho, o corpo inclinado sobre a lareira, desfigurado por suas reflexões. De tempos em tempos ele saía de sua imobilidade para atiçar o fogo com violência, depois soltava profundos suspiros e pronunciava palavras entrecortadas. Às vezes ele se levantava bruscamente, passeava a grandes passos pelo quarto".

Talvez ele acreditasse que o Tribunal Revolucionário não ousaria condená-lo, ele, o homem de 10 de agosto de 1792, e que também não acusaria Camille Desmoulins, o homem do 14 de julho, cujos discursos no Palais Royal inflamavam multidões.

Danton, como Camille Desmoulins e os demais dantonistas, Delacroix, Philippeaux, se deixa prender sem resistência.

Paris, estupefata ao ouvir a notícia, não se mexe.

Alguns membros da Convenção tentam reunir os deputados. Legendre sobe à tribuna da Convenção, pede que Danton e seus amigos sejam ouvidos pela Assembleia:

– Acredito Danton tão puro quanto eu – diz ele. – Em 10 de agosto, o inimigo estava às portas de Paris. Danton veio e suas ideias salvaram a pátria.

Murmúrios, comoção, alguns rebuliços nas bancadas, talvez lançados contra Robespierre. Mas o Incorruptível sobe à tribuna e, numa voz gélida, diz:

– Trata-se de saber, hoje, se alguns homens devem se sobrepor à pátria... Veremos se a Convenção saberá destruir um pretenso ídolo corrompido há muito tempo ou se, em sua queda, ele esmagará a Convenção e o povo francês.

Robespierre olha fixamente para Legendre:

– Digo que quem treme é culpado, pois a inocência jamais teme a vigilância pública.

QUARTA PARTE

1º de abril de 1794-27 de julho de 1794
12 germinal-9 a 10 termidor do Ano II
"O cadafalso te chama"

"Infame Robespierre, o cadafalso te chama,
seguir-me-ás! Povo, morrerei digno de ti!"

Danton em seu processo
13 a 16 germinal do Ano II (2 a 5 de abril de 1794)

"A Revolução está paralisada. Todos os seus princípios
estão enfraquecidos. Sobraram apenas barretes vermelhos
gastos de intriga."
"O exercício do terror embotou o crime
como os licores fortes embotam o palato."

Saint-Just, *Carnets*
Primavera do Ano II

"Fui feito para combater o crime, não para governá-lo.
[...]
Meu legado é a terrível verdade e a morte."

Maximilien Robespierre, discurso na Convenção
8 termidor do Ano II (26 de julho de 1794)

12.

Nesses primeiros dias do mês de abril de 1794, um burguês parisiense escreve que "chove e faz calor, e depois das borrascas o céu límpido é de um azul cintilante. Todas as árvores estão floridas e todos os jardins e todas as árvores não frutíferas estão frondosas. Faz alguns anos que não se vê o ano tão adiantado".

Jamais um mês que começa encarnara tão bem seu nome revolucionário, germinal.

No entanto, os cidadãos, ao invés de estarem em uníssono com a leveza vivaz dessa primavera alegre, estão taciturnos.

Um informante da polícia relata ao Comitê de Segurança Geral que ao anúncio da prisão de Danton, de Camille Desmoulins e de seus amigos, as pessoas dizem na fila que se estende na frente de uma padaria:

– Marat foi feliz em ser assassinado, pois teria sido guilhotinado como os outros.

Há alguns dias Hébert e os *cordeliers* tinham sido decapitados, e amanhã, quem poderia duvidar, Danton e os seus o serão.

Quantos outros ainda, depois desses, serão entregues à "vingadora do povo" e, com o colarinho da camisa rasgado e cabelos cortados, serão presos à prancha, oferecendo suas nucas desnudas à "navalha nacional", à "amável guilhotina", à "mão quente"?

Comentários e perguntas do gênero não são feitos em voz alta. São cochichados.

As pessoas temem os espiões e os informantes, cada vez mais numerosos, pois o Comitê de Salvação Pública decidira criar sua Secretaria de Polícia. Os membros do Comitê de

Segurança Geral ficam ofendidos com este corte de suas prerrogativas, a polícia interna.

Eles desconfiam que os membros do Comitê de Salvação Pública queiram instaurar uma ditadura, a de Maximilien Robespierre.

No próprio âmago do Comitê de Salvação Pública há inquietação com a supremacia de fato do incorruptível.

Carnot, num relatório à Convenção, declara em 1º de abril (12 germinal): "Desgraça para uma República quando o mérito de um homem, quando sua própria virtude se torna necessária".

Robespierre, obviamente, é o visado.

Raros são aqueles que têm a coragem de Carnot.

Em toda parte, nas ruas e nas seções *sans-culottes*, nos comitês e na Convenção, todos estão desconfiados, se encolhem, tremem.

Os deputados, fascinados, ouvem Saint-Just ler na tribuna da Convenção o relatório que será finalizado com a votação do decreto de acusação contra Danton e Camille Desmoulins.

Suas palavras caem como lâminas, mas sua voz é leve, em harmonia com a elegância quase feminina de Saint-Just que, movimentando a mão direita, acompanha suas máximas mais cortantes.

Cada membro da Convenção sabe que ao fim do discurso, e do voto secreto, a morte é a única opção.

Saint-Just o reconhece:

– Há alguma coisa de terrível no amor pela pátria, ele imola sem piedade.

O retrato que Saint-Just pinta de Danton e dos dantonistas é impiedoso.

Danton fora, diz ele, o protegido de Mirabeau, "personagem terrível". Estivera ao lado de Dumouriez, o traidor, o desertor. Tentara salvar os girondinos. Fizera a apologia dos corrompidos, de quem fora cúmplice.

– Homem mau, Danton comparou a opinião pública a uma mulher de vida fácil. Disse que a honra era ridícula, que a glória e a posteridade eram uma tolice. E suas máximas lhe conquistariam a aristocracia.

Saint-Just insiste:
– Estou convencido de que a facção dos indulgentes está ligada a todas as outras, que ela foi hipócrita em todos os momentos, desde o início vendida à nova dinastia.

Danton fora cúmplice do falecido ex-duque de Orléans. E a voz de Saint-Just se torna mais aguda ao concluir, a mão direita sempre enfatizando num movimento vivo cada palavra:
– Que todo aquele que foi criminoso pereça: não se faz República com deferências, mas com um rigor feroz, com um rigor inflexível para com aqueles que traíram.

Muitas palavras, uma forte convicção, mas poucas provas. Mesmo assim, o decreto de acusação é votado.

Somam-se a Danton, e a seus amigos, corrompidos, financistas estrangeiros, e faz-se de Fabre d'Églantine o acusado principal, como se ele fosse o coração da facção dos indulgentes.

Este homem de 44 anos, que fora um jovem poeta, comediante ambulante – como Collot d'Herbois –, autor de teatro, de uma opereta, de um refrão, "Il pleut bergère", era um medíocre desgraçado que a Revolução "empurrara" aos papéis principais.

Ele convocara para os massacres em setembro de 1792.

Enriquecera. Tornara-se multimilionário, vendendo para o exército, a altos preços, sapatos que gastavam em um dia. E fora este homem que Danton, ao se tornar ministro da Justiça, escolhera como secretário, colocando-o ao lado de Camille Desmoulins, secretário-geral do ministério.

Fabre era uma das engrenagens do caso da Companhia das Índias, corrompido e corruptor, denunciando seus cúmplices, sendo que alguns – Chabot, d'Espagnac – são incriminados junto com ele ao lado de Danton.

Este homem, autor do calendário revolucionário, é, aos olhos do "patriota rígido" que é o Incorruptível, a prova de que Danton era de fato um "ídolo corrompido".

Fabre d'Églantine tem "talentos e nenhuma alma". Ele proclama princípios, mas não tem virtude.

– Ele é hábil na arte de retratar os homens, e muito mais hábil em enganá-los – diz Robespierre.

Fabre, no Tribunal Revolucionário, tem direito à poltrona de acusado principal. Danton e os demais ficam sentados em bancos de madeira. Danton seria apenas um conspirador, reles cúmplice de Fabre d'Églantine!

A peça é bem estruturada, e Legendre, que nas horas que se seguiram à prisão de Danton tivera a coragem de tomar sua defesa, fora repreendido pelos jacobinos. Ele se retrata, e sua voz treme. Bastaria um olhar de Robespierre para que ele se sentasse entre os acusados, isto é, os condenados.

– Se cometi um erro – diz Legendre –, afirmo que ele foi involuntário... Confio no julgamento do Tribunal Revolucionário.

Mas Legendre sabe que os quatorze acusados – aos quais logo se juntará o general Westermann – nada podem esperar do Tribunal.

O promotor Fouquier-Tinville, que fora protegido de Danton e de Camille Desmoulins, não ignora que os membros dos comitês prepararam uma ordem de prisão com seu nome e o do presidente do Tribunal, Herman, para se precaverem de qualquer fraqueza do Tribunal para com os dantonistas.

E o próprio Fouquier-Tinville escolhe, entre os sessenta jurados, os sete que lhe parecem os mais impiedosos para com os indulgentes.

Estão todos em seus lugares quando, em 13 germinal do Ano II (2 de abril de 1794), os acusados respondem ao interrogatório de identificação.

Camille Desmoulins é grandiloquente.

– Trinta e três anos, idade de Jesus, crítica para os patriotas.

– Georges Jacques Danton, 34 anos de idade, natural de Arcis-sur-Aube, logo destinado ao vazio e depois ao panteão da história! Pouco me importa! Foi numa época semelhante que instituí o Tribunal Revolucionário: peço perdão a Deus e aos homens por isso. Mas o povo respeitará minha cabeça, sim, minha cabeça guilhotinada.

Danton é debochado, desdenhoso, agressivo, cheio de energia. Ele quer falar, berrar. Ele espera, como fizera Marat, conseguir sublevar, com sua eloquência, os cidadãos sentados na sala. Ele se pretende capaz de arrancá-los de sua passividade, de seu medo. Assim seria, como Marat, absolvido e carregado em triunfo pelos *sans-culottes*.

Ele quer acreditar nisso, finge acreditar nisso, mas na verdade a dúvida o atormenta, e ele se vê, se sabe, perdido.

Os cidadãos mais esclarecidos não têm ilusões.

> Uma anarquia insaciável e a morte pairam sobre todas as cabeças [escreve o livreiro Ruault]. Patriotas, monarquistas, suspeitos, descontentes, nobres, rendeiros, criados, serventes, carvoeiros, sapateiros, banqueiros, deputados, todos morrerão no mesmo lugar do mesmo tipo de morte e pela mesma máquina que cortou a cabeça do infeliz Luís XVI.
> E é porque Danton e Desmoulins quiseram interromper o movimento da guilhotina que eles mesmos perecerão...
> Danton fez sombra a Robespierre, que hoje é o rei da Revolução, o pontífice eterno, o apóstolo da doutrina da imortalidade da alma que ele manda afixar no frontão de todos os templos...
> A anarquia devora seus próprios filhos, ela mata seus irmãos, ela come suas entranhas, ela é, enfim, o mais terrível e o mais cruel de todos os monstros.
> Esse monstro horrível está hoje entre nós, em pleno vigor. Nenhum de nós pode ter certeza de conseguir evitá-lo, pois ele ataca a esmo.

Mas Danton não se submete. Ele interrompe o promotor Fouquier-Tinville, o presidente Herman. Força este a interrogá-lo ao longo de todo o dia 14 germinal.

– Os covardes que me caluniam ousarão atacar-me de frente? – brada ele.

Há deboche em sua fala.

– Fui eu quem instituiu o Tribunal, portanto, devo conhecê-lo! – diz ele ao presidente Herman, que quer dar lições de tramitação.

Pouco a pouco, é possível sentir que os cidadãos na sala aprovam as palavras de Danton.

– Eu, vendido? Um homem como eu é impagável! Danton, aristocrata? Em minha fronte está impresso em caracteres indeléveis o selo da liberdade, o gênio republicano. Tu, Saint-Just, responderás à posteridade pela difamação lançada contra o melhor amigo do povo, contra seu mais ardente defensor... Meu nome está ligado a todas as instituições revolucionárias, recrutamentos em massa, exército revolucionário, comitês revolucionários, Comitê de Salvação Pública, Tribunal Revolucionário. Fui eu que matei a mim mesmo, enfim! E sou um moderado!

Ele se dirige a Cambon.

Este, deputado da Convenção, é o encarregado das finanças, e fala com a eloquência de um natural de Montpellier.

– Acreditas que somos conspiradores, Cambon? – pergunta Danton. – Vejam, ele ri. Ele não acredita.

E Danton acrescenta, virando-se para o escrivão:

– Escreva que ele riu.

Danton conduz os debates, portanto, atropelando Fouquier-Tinville e Herman, que temem que os jurados sejam seduzidos por ele.

O tribuno lembra seu papel decisivo em 10 de agosto de 1792.

– Há dois dias o Tribunal me julga – diz ele. – Amanhã espero adormecer no seio da glória. Jamais pedi misericórdia, e passarei ao cadafalso com a serenidade habitual e tranquilidade na consciência...

Ele se volta para os cidadãos. Está esgotado, mas tem a sensação de ter convencido aqueles *sans-culottes*.

Ele tem um momento de euforia, baixando a guarda.

Ele aceita a proposta do presidente de interromper os debates, adiando para 15 germinal a continuação de sua defesa.

Herman consegue tirar a palavra de Danton.

No dia seguinte, 15 germinal, Danton vê que caíra numa armadilha. Ele se levanta, com Desmoulins. Tem a intuição de que foram tomadas medidas para impedi-lo de falar.

– O povo um dia conhecerá a verdade do que estou dizendo – grita ele. – Esta é uma ditadura, o ditador revelou a verdade. Ele se mostra às claras!

É Saint-Just quem, avisado por Fouquier-Tinville e Herman sobre o alcance das palavras de Danton, intervém junto à Convenção. Ele quer denunciar, segundo suas palavras, uma "nova conjuração".

Haveria, perante o Tribunal Revolucionário, uma "revolta dos culpados". Ele acusa Lucile Desmoulins de ter recebido dinheiro para "instigar um movimento, para assassinar os patriotas e o Tribunal Revolucionário", a fim de salvar seu esposo Camille.

Ao insultar o Tribunal, ao vociferar, "os culpados resistem às leis, confessam seus crimes".

Saint-Just, antes de ler o decreto que proporá para proteger o Tribunal Revolucionário, previne os membros da Convenção.

– Durante o período da pátria em perigo, no grau de majestade em que o povo vos colocou, marcai a distância que vos separa dos culpados.

A ameaça vem à tona. Recusar-se a votar os três artigos do decreto seria reconhecer proximidade com os culpados, portanto ser cúmplice.

Assim, a Convenção aprova o texto apresentado por Saint-Just em nome do Comitê de Salvação Pública e do Comitê de Segurança Geral.

Artigo 1º: O Tribunal Revolucionário continuará o procedimento relativo à conjuração de Fabre d'Églantine, Danton, Chabot e outros.

Artigo 2º: O presidente do Tribunal empregará todos os meios que a lei lhe autoriza para fazer sua autoridade respeitada...

Artigo 3º: Todo acusado de conspiração que resistir ou insultar a justiça nacional será posto fora dos debates imediatamente.

O decreto permite calar Danton e Desmoulins.

Este desmorona.

– Não satisfeitos em me assassinar, ainda querem assassinar minha mulher – grita ele.

Ele acaba de ficar sabendo que Lucile é acusada de fomentar um complô para libertá-lo.

É verdade que, ao lado de Louise Danton, ela irá de um a outro patriota influente para tentar arrancar seu marido da "vingadora do povo".

Mas quem se lembra de amizades passadas? O que existe é a vida e a morte.

– Olhem para esses covardes assassinos – diz Danton –, eles nos seguirão até a morte.

Em 16 germinal, Fouquier-Tinville pergunta aos jurados se eles estão suficientemente informados para dar um veredicto. O presidente Herman acrescenta que, como os acusados se comportaram mal em relação ao Tribunal, "serão colocados fora dos debates", segundo a aplicação do artigo 3º do decreto votado pela Convenção.

Danton tenta protestar, mas o público, novamente amedrontado, se cala. Ouvem-se apenas alguns murmúrios quando Danton exclama:

– Que nos conduzam ao cadafalso! Não discutirei mais minha vida com aqueles que me assassinam. Infame Robespierre, o cadafalso te chama, seguir-me-ás! Povo, morrerei digno de ti!

Quinze condenações à morte.
Elas não serão pronunciadas no Tribunal, diante dos acusados, postos "fora dos debates".
Aqueles "desvairados" são temidos. O veredicto é lido para eles na Conciergerie.
Camille Desmoulins chora.
Danton esbraveja:
– Não estou preocupado com o teu julgamento.
O colarinho das camisas e o cabelo dos condenados são cortados para desnudar suas nucas.
É o dia 16 germinal do Ano II (5 de abril de 1794).
Um dia bonito.

"Danton foi o primeiro a subir na primeira das três carroças que conduziriam o bando à Praça Luís XV, chamada de Place de la Révolution", relata uma testemunha.

> Ele foi obrigado a esperar que as três carroças estivessem cheias para todos marcharem juntos ao suplício.
> O embarque durou mais de uma hora, porque Camille Desmoulins se debateu bastante. Ele não queria deixar que atassem suas mãos, cortassem seus cabelos.
> Os policiais foram obrigados, diz-se, a ajudar o carrasco para vencer a resistência de Camille.
> Enquanto isso, Danton ria na carroça:
> – O que me desaponta – dizia ele ao povo que ladeava os veículos perto da grade do pátio do Palais –, é morrer seis semanas antes de Robespierre.
> Camille finalmente chegou à carroça. Sua camisa estava em farrapos e ele todo ofegante, furioso, maldizendo Robespierre e o Comitê de Salvação Pública e o infame Tribunal às ordens daqueles monstros.
> Depois Camille chorou, murmurando o nome de sua mulher, Lucile, e do filho deles, Horace.
> Fabre d'Églantine se queixava de terem roubado de sua casa um manuscrito que seria plagiado, pois seus versos eram belos.
> – Versos! – exclamou Danton. – Em menos de oito dias terás composto milhares.

Danton, cuja enorme cabeça redonda olhava fixamente para a multidão, ouviu uma mulher gritar "Como ele é feio".
– Não precisa censurar-me por isso agora, não o serei por um bom tempo – responde ele.
Ele de fato tinha a cabeça parecida com a de um leão, da mesma forma que Robespierre tem uma cabeça de gato ou tigre.

Ele repete várias vezes, ao longo de todo o interminável trajeto, realizado em meio a uma imensa multidão, mas silenciosa:
– Levo comigo Robespierre! Robespierre me seguirá.
Ele vê o pintor David que, sentado no terraço de um café, faz um esboço do condenado:
– Lacaio! – grita Danton para aquele que fora seu amigo.
Ele é o último a subir ao cadafalso, por volta das cinco e meia ou seis horas desse 16 germinal do Ano II.
– Minha vez – diz ele, subindo rapidamente a "fatal escada". – É apenas um golpe de sabre – acrescenta, enquanto é amarrado à prancha.
– Vamos, Danton, não fraqueje – resmunga ele depois de murmurar. – Minha bem-amada, não te verei mais...
Então, forçando a voz, ele diz a Samson:
– Não esqueça, acima de tudo, de mostrar minha cabeça ao povo, ela vale a pena.

Samson obedece.
"Apenas a cabeça de Danton foi mostrada ao povo."
Ele era de fato o principal acusado naquele processo, Fabre d'Églantine fora apenas um quebra-luz colocado na frente dos cidadãos para mascarar a eliminação dos indulgentes, dos defensores de outra política, e transformá-los em corrompidos, bandidos e conspiradores que agiam pela família Orléans.

Ao ver a cabeça ensanguentada de Danton, o povo gritou:
– Viva a República!

As sobrancelhas daquela cabeça se moviam com força, os olhos estavam vivos e cheios de luz enquanto o carrasco a passeava ao redor do cadafalso.

Ela ainda parecia ver e respirar, ouvir os gritos da multidão, tanto o corpo que acabava de perder era robusto e vigoroso.

13.

A cabeça de Danton, colocada num saco junto com as dos demais supliciados e seus corpos mutilados, foi depositada num terreno perto do cemitério La Madeleine e depois, ao cair da noite, foi sepultada no ossário de Errancis* ali perto.

O cadáver decapitado de Lucile Desmoulins, a "adorável lourinha", a jovem mãe de 23 anos, de cujo casamento Robespierre fora testemunha – como Pétion e Brissot –, cuja irmã ele pensara desposar, talvez a própria Lucile, aquele corpo tão amado por Camille, exatamente uma semana depois, em 24 germinal do Ano II (13 de abril de 1794), foi jogado no mesmo ossário de Errancis.

Fouquier-Tinville condenara Lucile Desmoulins por participar da "conspiração de Luxemburgo", supostamente reunindo os detentos para que eles se sublevassem e quebrassem as portas das prisões e assassinassem os guardas.

Mas quem podia acreditar na realidade daquele complô?

Dentre os dezenove condenados à morte naquele dia, havia, ao lado de Lucile Desmoulins, a viúva de Hébert, o antigo bispo de Paris, Gobel, que renunciara à sua fé perante a Convenção, e também Chaumette, o procurador da Comuna.

Ninguém estava a salvo de uma acusação completamente inventada. Tanto que a cada dia havia mais mortes.

Fouquier-Tinville pedira ao novo presidente do Tribunal Revolucionário, Dumas, que "pressionasse os falastrões", para que os acusados, como Danton fizera, pudessem "insultar" o Tribunal.

Para que fossem colocados "fora dos debates", como a lei agora autorizava.

---

* Errancis: cemitério parisiense do período revolucionário, espécie de vala comum, cujos ossários teriam sido retirados, durante as obras de remodelação no século XIX, e depositados nas catacumbas da cidade. (N.T.)

Quanto ao relatório de Couthon, de 10 de junho, 22 prairial do Ano II, a Convenção votara uma nova lei, suprimindo qualquer tipo de garantia judicial para os acusados.

Eles são entregues ao Tribunal para ser condenados, e não julgados!

> O prazo para punir os inimigos da pátria deve ser apenas o tempo necessário para reconhecê-los... Se existirem provas, sejam materiais, sejam morais, independente de provas testemunhais, não serão ouvidas testemunhas... A lei oferece como defensores aos patriotas caluniados os jurados patriotas; ela nada concede aos conspiradores.

Assim, o Tribunal Revolucionário só precisa escolher entre a absolvição e a morte.

– Trata-se – diz Couthon –, de exterminar os implacáveis satélites da tirania ou de perecer com a República.

Qualquer cidadão pode se tornar suspeito; portanto, pode ser acusado, portanto, pode ser condenado à morte.

Basta "inspirar o desânimo, tentar depravar os costumes, alterar a pureza e a energia dos princípios revolucionários" para se tornar, apesar da inconsistência das acusações, um inimigo da Revolução.

Maximilien Robespierre, por duas vezes, intervém na tribuna da Convenção, com violência, exigindo que a votação seja unânime, rejeitando as emendas que os deputados querem introduzir com vistas a proteger os membros da Convenção desta "lei de prairial", desta lei do "grande Terror".

Maximilien repele qualquer adiamento, qualquer emenda.

– Peço – diz ele em sua voz aguda – que a Convenção discuta até as oito horas da noite, se necessário.

Os membros da Convenção, paralisados, aterrorizados, votam a lei de morte.

Robespierre, em algumas frases, apaga as diferenças políticas.

– A Montanha não existe mais! – diz ele. – Um montanhês não passa de um patriota puro, sensato e sublime. Só pode haver dois partidos na Convenção, os bons e os maus, os patriotas e os contrarrevolucionários hipócritas.

Não é mais em nome da "política" que se mata, mas invocando a Virtude.

Os homens que sobem ao cadafalso não são adversários, mas bandidos, hipócritas, malfeitores.

A lâmina da guilhotina corta cabeças em nome da Virtude.

Fouquier-Tinville comemora:
– As cabeças caem como chapéus, na semana que vem destaparei trezentas ou quatrocentas.

Nas prisões de Paris se amontoam 7.321 detentos. Em pouco mais de um ano – de 6 de abril de 1793 a 10 de junho de 1794 –, o Tribunal Revolucionário pronuncia 1.251 condenações à morte, enquanto em apenas 47 dias 1.376 cabeças vão "espirrar no saco"!

Vinte e sete *fermiers généraux* são mortos, os odiados preceptores das alfândegas internas do Antigo Regime.

Entre eles, Lavoisier, o famoso químico.

Madame Elizabeth, irmã de Luís XVI, também é morta.

Aqueles são assassinatos por vingança.

Por proposta de Robespierre, cria-se em Orange uma comissão popular para julgar os "federalistas", os "monarquistas" de Vaucluse e de Bouches-du-Rhône. Ela profere 332 condenações à morte.

É o período do Grande Terror, mas Robespierre faz com que a Convenção decrete, em 25 germinal do Ano II (14 de abril de 1794), que o corpo de Jean-Jacques Rousseau seja transferido para o Panthéon.

Começa também o regime da Virtude.

Em 18 floreal (7 de maio), o Incorruptível se dirige à tribuna da Convenção, num passo mais compassado que de costume, como um grande sacerdote se preparando para dar seu sermão, sobre "os Princípios de moral política que devem guiar a Convenção".

– A imoralidade é a base do despotismo – diz ele –, a Virtude é a essência da República.

E "a moral é o único fundamento da sociedade civil". E o "Ser Supremo" é a fonte de toda moral.

Portanto, é preciso lutar contra o ateísmo, contra a "seita dos enciclopedistas".

– Se a existência de Deus, se a Imortalidade da alma fossem apenas sonhos, ainda seriam a mais bela de todas as concepções do espírito humano – conclui Robespierre num tom exaltado.

Ele coloca em votação o artigo 1º de sua lei: "O povo francês reconhece a existência do Ser Supremo e da imortalidade da alma".

Ele determina que festas sejam organizadas, "nos dias de decadi*, em honra ao Ser Supremo, à verdade e à justiça, ao pudor e à frugalidade".

Maximilien Robespierre não ouve as risadinhas dos ateus e dos que temem sua ditadura.

Ele quer ficar convencido, diz ele, de que "o povo francês parece ter-se adiantado em dois mil anos em relação ao resto da espécie humana".

E ele aprova a redação, a impressão e a difusão do *Evangelho da Liberdade*, "dirigido ao Ser Supremo pelos *sans-culottes* da República Francesa".

> Ó pai de Luz, eterna potência, tu que fazes o sol marchar diante da liberdade para iluminar seus trabalhos...
> A França está livre, o céu colocou em suas mãos o raio e o trovão... O Evangelho da Liberdade está no centro do mundo. A França é o terror dos tiranos...

---

* Decadi: último dia da década (período de dez dias que substituía a semana) do calendário republicano francês. (N.T.)

CREDO.
Creio na nova República Francesa, una e indivisível, em suas leis e nos direitos sagrados do homem, que o povo francês recebeu da Montanha sagrada da Convenção que os criou.
Os direitos sagrados do homem sofreram muito nas mãos dos traidores, mas estes caíram sob a foice da guilhotina e foram enterrados...
Que o Povo europeu, saindo de sua letargia culpada, reconheça os direitos do homem, pelos quais os verdadeiros filhos da França juraram viver e morrer:

Tremei tiranos, tremei escravos
Traidores que escaparam a nossos golpes
A França está cheia de heróis
Que saberão morrer como nós.*

Mas Maximilien não se deixa iludir por essas "orações republicanas" por muito tempo.

No seio do Comitê de Salvação Pública, e ainda mais no Comitê de Segurança Geral, ele sente um aumento de suspeição e inclusive de ódio.

Os *cordeliers*, os hebertistas, os dantonistas, os ultrarrevolucionários e os indulgentes, todos aqueles que sobreviveram a Hébert e a Danton, e inclusive a Marat, bem como os herdeiros dos *feuillants*, dos girondinos, dos *enragés*, os ateus, os partidários do confisco das propriedades e dos bens, e aqueles que receiam a ditadura virtuosa do Incorruptível, se erguem contra ele.

Billaud-Varenne declara:
– Todo povo cioso de sua liberdade precisa se manter de sobreaviso para com as virtudes dos homens que ocupam cargos eminentes... O pérfido Péricles, ao conquistar uma autoridade absoluta, se tornou o déspota mais sanguinário...

A tensão é tão grande no Comitê de Salvação Pública que

---

* *Tremblez tyrans, tremblez esclaves / Traîtres échappés à nos coups / La France est couverte de braves / Qui sauront mourir comme nous.* (N.T.)

Saint-Just acusa Carnot, que também denunciara a ditadura de Robespierre.

– Saiba – diz Saint-Just – que me bastariam algumas linhas para redigir tua acusação e mandar-te para a guilhotina em dois dias.

Carnot se vira e olha com desprezo para Saint-Just, Couthon e Robespierre.

– Convido-te a fazê-lo – diz ele a Saint-Just. – Não tenho medo de ti, nem de teus amigos, vocês são ditadores ridículos, triúnviros, vocês desaparecerão!

No entanto, pelo contrário, cada dia que passa parece aumentar a concentração dos poderes em prol do Comitê de Salvação Pública e, no interior deste, nas mãos de Robespierre, de Couthon e de Saint-Just. Vinte e um representantes em missão são chamados para Paris a fim de reforçar a autoridade do comitê.

Tallien, que chega de Bordeaux, Fouché, que assolara Lyon, Barras, que enriquecera pilhando em proveito próprio os "monarquistas" de Marselha e, depois, de Toulon, sabem que Robespierre não desconhece nenhuma de suas ações.

Ele os recebe com a frieza metálica de um cutelo.

Nos departamentos, eles são substituídos por "agentes nacionais" delegados pelo Comitê de Salvação Pública.

E é no Comitê de Salvação Pública que são discutidos e avaliados seus relatórios.

Decide-se pela imposição, em toda parte, do francês sobre os dialetos e as línguas regionais.

Tomam-se medidas para criar um "fundo de mendicidade" que abastecerá os socorros públicos aos indigentes. A assistência médica será gratuita.

Esta política centralizada encontra sua maior vitória nas fronteiras, na condução da guerra.

– Marchamos não para conquistar, mas para vencer – declara Billaud-Varenne na Convenção. – Cessaremos de atacar no momento em que a morte de um soldado inimigo se tornar inútil para a liberdade.

Billaud-Varenne – teria ele lido Mallet du Pan? – teme "a ambição de um chefe empreendedor... A história nos ensina que foi assim que todas as repúblicas pereceram. Quando um povo guerreiro se torna escravo".

O general Hoche está preso, acusado de ter simpatias pelos *cordeliers*. O general Westermann fora guilhotinado como dantonista. Há vigilância sobre os generais que, com o exército dos Alpes, conquistam toda a Savoia, ou com o chamado "exército de Sambre-et-Meuse", sob o comando do jovem general Jourdan, empreendem a reconquista da Bélgica. Ou com o exército que liberta todo o Roussillon.

A pátria ainda estaria em perigo, quando quase todo o território francês já foi evacuado pelo inimigo?

Se a nação agora está em segurança, por que é preciso continuar a matar?

O povo está cansado de ver sangue sendo derramado. Pode-se ler no *La Correspondance politique*:

> Anteontem, 11 floreal [30 de abril], um grande número de acusados estava no Tribunal Revolucionário, e seja por precaução indiscreta, sem dúvida da parte dos carrascos, seja por erro, o instrumento do suplício já fora erguido na Place de la Révolution antes do resultado do julgamento.
> Uma multidão imensa de espectadores se amontoava ao redor do cadafalso e há algum tempo se mantinha à espera, quando chegou a notícia de que o Tribunal acabava de absolver todos os que estavam sendo julgados.
> Um grito se elevou imediatamente em todos os corações: "Viva a República!" A alegria brilhou em todos os rostos, vários cidadãos se apressaram em colocar mãos à obra e desmanchar o cadafalso, todos se felicitaram por terem esperado em vão e se espalharam pelas ruas vizinhas abençoando a justiça.

Mas cabeças continuarão a rolar.

Acusados de tentar entregar a Bretanha aos ingleses, 26 administradores do ministério são guilhotinados em Brest. E é Robespierre quem encarna esta política do Grande Terror que, em nome da Virtude e da necessidade patriótica, mata cada vez mais.

Em 3 prairial (22 de maio), um antigo criado, Admirat, que vive de expedientes, que se arrasta por espeluncas e cafés e que é amante de uma ex-nobre, e talvez mantenha relações com um agente do barão de Batz, tenta em vão matar Robespierre e dá dois tiros de pistola em Collot d'Herbois, confessando imediatamente que era o Incorruptível quem queria assassinar.

No dia seguinte, 4 prairial, uma jovem é presa no pátio da casa dos Duplay, acusada de tentar apunhalar Robespierre. Cécile Renault, este é seu nome, filha de um fabricante de papel do bairro da Cité, é apresentada como uma nova Charlotte Corday.

Na Convenção, Legendre, bajulador, declara que "o Deus da natureza não permitiu que o crime fosse consumado".

Robespierre, extático, acrescenta:

– Quando as potências da terra se unem para matar um frágil indivíduo, ele não deve se obstinar a viver, sem dúvida. Portanto, não temos em nossa conta a dádiva de viver muito mais tempo...

Depois de um silêncio, ele continua como que numa confissão:

– Agarro-me a uma vida passageira apenas pelo amor à pátria e pela sede de justiça. Vivi o suficiente, pois vi o povo francês erguer-se do aviltamento e da servidão aos cimos da glória e da liberdade.

Admirat e Cécile Renault, vestidos com a camisa vermelha dos parricidas, como seus 52 "cúmplices" – que eles nunca tinham visto antes de comparecer ao Tribunal Revolucionário –, são condenados à morte e executados, em 17 de junho (29 prairial).

Dentre os supliciados, encontramos as irmãs Saint--Amaranthe, que tinham um salão de jogos no antigo Palais Royal, onde com frequência era visto o irmão mais novo do

Incorruptível, Augustin Robespierre, homem de prazeres mais do que de virtudes.

O ódio contra Maximilien, "pai" da nação, aumenta ainda mais depois deste simulacro de justiça.

Na Convenção, o deputado por Versalhes, Lecointre, amigo de Danton, escreve em segredo um ato de acusação contra Robespierre e se empenha, com mais outros corajosos, a matar o "novo César" em plena Assembleia.

Robespierre sente o aumento do ódio contra sua pessoa.

O de um Tallien, de um Fouché, de um Barras e de um Fréron, que conspiram.

Aqueles "missionários do Terror", corrompidos, temem tornar-se vítimas de Maximilien, o "ditador virtuoso".

Alguns, como Fouché, são ateus, descristianizadores, zombam do culto ao Ser Supremo que Robespierre quer organizar.

Seria preciso uma religião de Estado na República?

Há também aqueles que suspeitam que Robespierre queira estabelecer a ditadura, tornando-se uma espécie de Cromwell.

Barère, patriota moderado e habilidoso, sob pretexto de denunciar a Inglaterra, cita com abundância os jornais ingleses que falam nos "soldados de Robespierre".

Todos, por motivos diferentes, temem que o "tirano", se não cair, os faça subir na carroça que conduz ao cadafalso.

Fréron, Barras, Tallien e Fouché ficam aterrorizados quando, recebidos por Robespierre, sentem seu desprezo. Seu rosto é "tão impenetrável quanto o mármore gelado das estátuas".

Fouché treme também ao relembrar a pergunta que Robespierre lhe fizera:

– Diga-nos, Fouché, quem te deu permissão para anunciar ao povo que a divindade não existia?

Fouché abaixara a cabeça.

Robespierre, com seus gestos silenciosos, impõe sua autoridade.

Barras vai visitá-lo na casa dos Duplay, e encontra o general Brune descascando legumes com Madame Duplay e sua filha Eleonora, que dizem ser noiva de Maximilien.

Quando o Incorruptível sai de casa, Couthon, Saint-Just e Le Bas o cercam com deferência.

O novo prefeito de Paris, Fleuriot-Lescot, Hanriot, comandante da Guarda Nacional, Fouquier-Tinville, os jurados e o presidente do Tribunal Revolucionário, Dumas, o escoltam.

Os membros da Convenção, mesmo quando contrários a ele, não têm coragem de se erguer contra o Incorruptível, apesar de recusarem sua política do Terror e da Virtude e acreditarem que as vitórias militares – a mais decisiva sendo a de Fleurus, em 26 de junho de 1794, 8 messidor do Ano II, vencida pelo exército de Sambre-et-Meuse – permitiriam afrouxar as amarras que oprimem a nação.

Mas eles não ousam falar, temendo por suas vidas, e elegem, em 4 de junho, por uma unanimidade de 185 votos, Maximilien Robespierre para presidente da Convenção.

O Incorruptível, por algumas horas, apresenta um rosto sorridente, iluminado pela sensação de finalmente ser reconhecido, compreendido.

Breve euforia!

Em 6 de junho, o habilidoso Fouché se faz eleger presidente do Clube dos Jacobinos.

O rosto de Robespierre se fecha.

A eleição de Fouché representa, a seus olhos, um desafio, um escândalo. Sobretudo porque Fouché, simulando aliar-se ao culto do Ser Supremo, declara aos jacobinos:

– Brutus fez uma homenagem digna ao Ser Supremo, enfiando um punhal no coração de um tirano: saibamos imitá-lo!

Não seria um apelo ao assassinato de Robespierre? A prova de que Fouché seria a alma de uma conspiração?

O Incorruptível não tem dúvidas.

Fouché, responde ele, é o homem que em Lyon mandara que a multidão fosse metralhada ao invés de julgar os contrarrevolucionários.

Chegará o momento em que ele precisará responder por seus atos.

Maximilien pressente que essa luta que se inicia contra novos inimigos será a mais dura, a mais sangrenta, talvez a derradeira. Parece-lhe poder dedicar-se a ela ainda mais, em todo caso dar-lhe a mais alta significação, ao celebrar em 20 prairial (8 de junho) a Festa do Ser Supremo.

Ele é o presidente da Convenção.

Ele marcha das Tulherias ao Campo de Marte à frente de todos os deputados.

Ele veste uma roupa azul-celeste com uma echarpe tricolor. Ele segura um buquê de flores e espigas de trigo nas mãos.

A multidão é imensa. As fachadas estão decoradas com flores e folhagens.

A música de Gossec e de Mehul marca o ritmo da marcha.

Robespierre fala, numa voz de predicador.

Na frente da estátua da Sabedoria, ele ateia fogo a bonecos que simbolizam o ateísmo, a ambição, o egoísmo e a falsa simplicidade.

Ele faz as honras da festa. Ele não ouve as zombarias dos membros da Convenção. Nem a voz de Lecointre, que ousa chamá-lo de "tirano". Ele não vê os deputados, que "abandonam a festa e vão se refrescar numa cafeteria".

Ele fala uma segunda vez, faz uma oração ao Eterno, depois assume a frente do cortejo, aberto por uma carroça puxada por bois de chifres dourados.

No Campo de Marte, "hinos, descargas de uma estrondosa artilharia, gritos de 'Viva a República!' encerraram a mais majestosa das festas".

Maximilien Robespierre vive seu sonho. Mas ao voltar para a casa dos Duplay, ele diz:

– Não me tereis por muito mais tempo.

Ele não se deixa enganar pelo que os jornais escrevem por encomenda: "Jamais a alegria foi mais viva e mais sensata de uma só vez. Jamais uma cerimônia pública foi ao mesmo tempo mais animada e mais regrada. O vento fresco do poente que dominou todo este belo dia impediu a sensação de calor ou cansaço".

Dois dias depois, Couthon coloca em votação a lei, chamada de "lei de prairial", que deixa os acusados sem defesa perante o Tribunal Revolucionário.

É o Grande Terror.

A Convenção inclusive decreta que os doze exércitos da República não farão mais prisioneiros.

Decreto que não será aplicado pelos generais, mas que dá a medida da exaltação patriótica beirando o fanatismo, que inclusive renuncia aos princípios de humanidade:

> O regimento de Sambre-et-Meuse
> Marchava sempre aos gritos de liberdade
> Na estrada gloriosa
> Que o conduziu à imortalidade.*

Todos marcham entoando o *Le Chant du départ*:

> A República nos chama
> Saibamos vencer ou saibamos morrer
> Um francês deve viver por ela
> Por ela um francês deve morrer.**

O Comitê de Salvação Pública celebra o sacrifício dos marinheiros do *Vingador do povo* que, na enseada de Brest, possibilitara que um comboio de 150 navios carregados de trigo escapasse da frota inglesa.

Verdade? Lenda, mentira respeitosa? O *Vingador do povo* teria naufragado no momento em que se rendia ao inimigo.

---

* *Le régiment de Sambre-et-Meuse / Marchait toujours au cri de liberté / Sur la route glorieuse / Qui l'a conduit à l'immortalité.* (N.T.)

** *La République nous appelle / Sachons vaincre ou sachons mourir / Un Français doit vivre pour elle / Pour elle un Français doit mourir.* (N.T.)

Portanto, o sonho se desfaz, ou margeia uma realidade contraditória, hostil.

> Robespierre voltou da procissão – a festa do Ser Supremo – [escreve uma testemunha, o livreiro-impressor Ruault] da mesma forma que foi para ela, coberto dos aplausos das pessoas de seu partido e execrações secretas das que têm horror ao sangue humano que ele derrama com mais abundância que nunca depois da lei de 22 prairial.
> O Tribunal Revolucionário, agora, despacha condenados à morte em seis ou sete carroças por vez. Mudaram o cenário dos massacres: é na Barreira do Trono que eles são mortos aos sessenta ou oitenta por vez. Foram construídos corredores subterrâneos para receber o sangue que infectava a vizinhança no calor deste verão [...]
> Vimos perecer nessas últimas semanas o que restava de maior e mais ilustre na França, e também o que havia de mais rico.
> Para chegar ao local de suplício, os condenados precisam atravessar a parte mais populosa e movimentada da cidade: quase não há dia em que os que vêm e vão não reconheçam entre as inúmeras vítimas alguém, um amigo, um parente [...]
> No Tribunal Revolucionário, as pessoas se apresentam em número de cinquenta, sessenta, setenta, sentadas num estrado de cinco ou seis filas. [...] Por formalidade ainda são misturados a esses números alguns indivíduos supostamente culpados de algumas palavras indiscretas, que são absolvidos para simular um ar de clemência e generosidade. [...] Os juízes e os jurados estão a mando absoluto das duas hienas do Comitê de Salvação Pública, Billaud-Varenne e Collot d'Herbois, pois faz algum tempo que Robespierre não comparece às sessões do comitê, e de outra hiena também, Amar, do Comitê de Segurança Geral. [...] O que fazer, portanto, com homens que olham para tudo com desconfiança e não acreditam na boa-fé de ninguém [...]
> O vício dominante de Robespierre não é a crueldade, seu gênio fraco é a ambição. O público lhe atribui preeminência em ferocidade: o público se engana. A mania de Robespierre é acreditar-se capaz de estabelecer e guiar sozinho a

> República: ele não pode ter rivais nesta difícil função [...]
> Robespierre se acredita o homem indispensável, o ditador
> desejado pelos espíritos sábios [...] Mas nenhum cidadão
> tem a garantia de viver dois dias enquanto Billaud e Collot
> dominarem o Comitê de Salvação Pública.
> [...] Collot chegou por volta da meia noite na tipografia para
> fazer mudanças e correções em seus discursos [...]
> Não posso esconder-vos, meu caro amigo [confidencia
> Ruault], que senti uma espécie de tremor ao ver de tão perto
> a figura feroz de Collot, de grandes olhos negros e desvai-
> rados, de sobrancelhas grossas e escuras, de cabeleira basta
> e emaranhada.
> Pensei ver o gênio infernal, o demônio exterminador que
> paira sobre a França.

Robespierre percebe o mal-estar, o medo e a angústia que oprimem o país. Que política escolher?

Hesitante, ele abandona por cerca de vinte dias as sessões do Comitê de Salvação Pública, tanto as relações estão tensas entre os membros do comitê.

De um lado Maximilien e seus amigos, Couthon e Saint--Just. Do outro Billaud-Varenne, Collot d'Herbois, Carnot, opostos entre si, mas todos hostis a Robespierre.

Os ataques são tão violentos, a algazarra tão grande, que as sessões passam a acontecer no primeiro andar, para tentar dissimular as divergências, as disputas que desmembram o comitê.

Robespierre se fecha na casa dos Duplay, incapaz de suportar aquela contestação, aquela tensão.

Em nome do Comitê de Segurança Geral, Vadier, um montanhês, apresenta um relatório sobre uma antiga monja, Catherine Théot, apelidada de *mãe de Deus*, e de um certo dom Gerle, antigo constituinte protegido por Robespierre.

Os dois, sobretudo a *mãe de Deus*, não estariam cons- pirando por instigação de Robespierre, apresentando-o como o Messias?

Maximilien percebe que tentam ao mesmo tempo desacreditá-lo, comprometê-lo e ridicularizá-lo.

Ele, o Messias?

Todos riem às gargalhadas. Mas Robespierre, ao invés de não prestar atenção àquela maquinação, cai na armadilha, fazendo com que o dossiê da *mãe de Deus* lhe seja entregue pelo Tribunal Revolucionário e conseguindo fazer com que o comparecimento de Catherine Théot seja retirado.

Ele pede, inclusive, sem conseguir, a exoneração de Fouquier-Tinville. Estaria ele protegendo a *mãe de Deus*?

Até mesmo seus mais próximos aliados suplicam que ele condene Catherine Théot, que ele se erga contra todas as formas de misticismo.

Ele se cala, mas volta ao Comitê de Salvação Pública.

Lá, fica sabendo, por Saint-Just, que os exércitos de Jourdan obtiveram uma vitória decisiva sobre os austríacos em Fleurus.

Mas este êxito, que prova a eficácia da política do Comitê de Salvação Pública, ao invés de unir seus membros, divide-os ainda mais.

A favor ou contra Robespierre e sua política de Terror e Virtude.

– Querem tornar-me ridículo para me arruinar – diz Robespierre –, mas desprezo todos esses insetos e vou direto ao objetivo: a verdade, a liberdade!

– Ditador! – responde-lhe Carnot, com uma expressão de desprezo e desafio.

Robespierre se levanta num salto e se dirige para a porta, seguido por Saint-Just.

– Salvem a pátria sem mim! – grita ele.

14.

Maximilien Robespierre, nesses primeiros dias de julho de 1794, está obstinado.

Ele não voltará ao Comitê de Salvação Pública.

A Saint-Just, que o pressiona a voltar a participar dos debates, ele diz com desdém que ainda não é o momento.

O Comitê de Salvação Pública e o Comitê de Segurança Geral, bem como o Tribunal Revolucionário, estão infestados de traidores, repete Maximilien, e ele quer denunciá-los, impedi-los de fazer o mal.

– Se a Providência quis arrancar-me das mãos dos assassinos – diz ele –, é para incitar-me a empregar de maneira útil os instantes que ainda me restam.

Ele se interrompe e fica em silêncio por longo tempo, os olhos fixos como se visse à sua frente, tão próxima, a morte. Ele tem a sensação de que o "instante fatal" é para logo. Mas, até lá, ele quer tentar derrubar Fouché, Tallien, Barras e Fréron, homens "cujas mãos estão cheias de roubos e crimes".

Ele quer depurar o Comitê de Salvação Pública e o Comitê de Segurança Geral daqueles que conspiram contra sua pessoa: Carnot, Cambon, Barère, Billaud-Varenne, Collot d'Herbois.

Também é preciso expulsar Fouquier-Tinville do Tribunal Revolucionário.

Mas ele não quer revelar aqueles nomes. Ele sabe, mesmo assim, que seus adversários fazem circular "listas negras" de proscrição que lhe são atribuídas. Com isso, eles esperam que todos aqueles que se sintam ameaçados se unam contra aquele que, a meia-voz, eles chamam de "tirano", "ditador".

Robespierre, no Clube dos Jacobinos, rejeita essas acusações, condena uma conspiração que nasce no estrangeiro.

– Em Londres – diz ele –, sou denunciado ao exército francês como ditador. As mesmas calúnias são repetidas em Paris. Vocês estremeceriam se eu dissesse onde!

Todos os jacobinos sabem que o Incorruptível está falando dos comitês.

– Se me obrigassem a renunciar a uma parte de minhas funções – retoma Robespierre –, ainda me restaria minha qualidade de representante do povo, e eu faria uma guerra mortal aos tiranos e aos conspiradores.

Ele é aclamado. Consegue fazer com que Fouché seja excluído do Clube dos Jacobinos, mas os fios da intriga tecida por Fouché, Barras, Fréron e Tallien se estendem para muito além do Clube dos Jacobinos.

A opinião pública está disposta a ouvir e inclusive apoiar aqueles que dizem querer acabar com o Terror.

As pessoas sentem "náuseas da guilhotina", das seis ou sete carroças que todos os dias atravessam Paris, e nas quais são amontoados dezenas de condenados, sendo 55 num único dia – 8 termidor –, dentre os quais dezenove mulheres.

Numa "fornada" – em 5 termidor –, há o general Alexandre de Beauharnais, enquanto sua esposa Joséphine apodrece na prisão, esperando sua vez. Em 7 termidor, dentre os 36 condenados está o jornalista e poeta André Chénier.

De que serve aquele sangue derramado, visto que os exércitos da República, comandados pelos generais Jourdan, Pichegru e Marceau entram em Bruxelas, em Anvers e Liège? Visto que a última praça-forte francesa – Landrecies – foi abandonada pelos austríacos, que a ocupavam há vários meses?

Se a pátria não está mais em perigo, a guerra é feita por rapina, por pilhagem?

Carnot dá instruções aos representantes do povo no exército de Sambre-et-Meuse: "Não negligenciem as produções de belas-artes que podem embelezar Paris; mandem para cá as maravilhosas coleções de quadros que abundam no país:

os habitantes sem dúvida ficarão felizes de sair perdendo apenas imagens".

Barère aprova um decreto no Comitê de Salvação Pública convidando as tropas a tomarem os "Rubens".

E Carnot, que sonha em invadir a Holanda, pensa na riqueza das Províncias Unidas.

Mas os sucessos militares tornam o Terror e a tensão que ele suscita ainda mais insustentáveis.

Cidadãos se reúnem e organizam, nas ruas, nos pátios dos edifícios: "banquetes fraternos" denunciados pelo robespierrista Payan, um nobre do Dauphiné que se tornara "agente nacional" junto à Comuna de Paris.

Payan fica alarmado com a multiplicação dessas refeições fraternas em locais públicos.

– Os aristocratas – diz ele – ali corrompem os *sans-culottes* pretextando novas vitórias a festejar e os convencem de que é o momento de acabar com o terror. – Só desfrutareis – diz Payan – das doçuras da paz quando tiverdes levado para o caixão todos os pretensos amigos da paz. Longe de nós esse sistema através do qual querem nos convencer que não existem mais inimigos na República!

Barère, por sua vez, se preocupa com esses festins em que os moderados bebem à saúde da República, dizendo:

– Nossos exércitos são vitoriosos em toda parte, só nos resta fazer a paz, viver como bons amigos e acabar com esse governo revolucionário, que é terrível.

Mas a aspiração à paz civil despertada por esses encontros fraternos entre cidadãos não nasce de um complô moderado ou aristocrático.

O cansaço é profundo. E é ainda maior porque os cidadãos mais humildes, os operários, são submetidos ao novo *maximum* de salários imposto pela Comuna.

Um carpinteiro perde cinco libras por dia, um talhador de pedras perde duas libras, um ferreiro das oficinas do exército, cerca de seis libras.

Portanto, ao cansaço se soma o descontentamento, o desencantamento e inclusive o desagrado.

"De que serve o governo revolucionário?", as pessoas se perguntam. E como ainda acreditar nas palavras de uns e outros? O que acontecera com Jacques Roux, Marat, Hébert, Danton, que os *sans-culottes* tinham ouvido, seguido e amado?

Um, desesperado, se suicidara na prisão. Outro fora assassinado. Os dois últimos foram acusados, depois de terem sido a voz da Revolução, de serem corrompidos e traidores da nação. Os restos de Mirabeau, tribuno, herói, vendido à Corte, tinham sido retirados do Panthéon!

Como ainda se entusiasmar por este ou aquele homem, mesmo ele sendo o Incorruptível?

Melhor sentar numa das mesas postas pelos cidadãos na rua, para brindar juntos à paz, durante uma refeição fraternal, desejando não ver mais as carroças passando cheias de homens e mulheres de mãos atadas, cuja cabeça "rolaria e espirraria no saco". Que se acabe o Terror!

E que não se afirme mais – enquanto se vive o *maximum* dos salários, enquanto é perdida a metade do dia, e o pão continua igualmente caro –, que a Virtude reina ao mesmo tempo que a Santa Guilhotina!

Mas como parar aquela máquina infernal que continua a decapitar, na Place du Trône-Renversé, nos limites da cidade, como se as autoridades revolucionárias tivessem consciência de que a "náusea da guilhotina" as repeliria?

Jean Bon Saint-André diz:

– Uma grande tempestade se aproxima.

Hanriot, comandante da Guarda Nacional, assinala que as baixas por doença se multiplicam em diversas oficinas, inclusive nas que fabricam fuzis para os exércitos.

Mesmo assim, Barère declara na Convenção que "somente os mortos não voltam", fazendo com isso, mais uma vez, a apologia do Terror.

Na verdade, os membros dos Comitês entendem que precisam parar de se entredevorar e fazer frente comum ao descontentamento e ao cansaço gerais. Eles insistem, em 22 de julho (4 termidor), para que Robespierre volte ao Comitê de Salvação Pública.

Eles parecem dispostos a se entender com o Incorruptível. Barère é encarregado de apresentar um relatório à Convenção, "sobre os meios de cessar com a calúnia e a opressão sob as quais tentaram colocar os patriotas mais ardentes". Todos entendem que se trata de um passo na direção de Robespierre, o caluniado, o ridicularizado.

Em 23 de julho (5 termidor), Maximilien senta com os demais membros dos dois comitês ao redor da grande mesa verde.

– Somos teus amigos, sempre caminhamos juntos – diz Billaud-Varenne.

À noite, na Convenção, Billaud-Varenne, entusiasmado, anuncia a reconciliação dos patriotas que fazem parte dos comitês.

Robespierre se cala.

Ele ouve, impassível, o fiel Couthon declarar, em 6 termidor (24 de julho), que a "Convenção deve esmagar as cinco ou seis pequenas figuras humanas cujas mãos estão cheias de riquezas da República e pingam o sangue dos inocentes por elas imolados".

No dia seguinte, 7 termidor (25 de julho), Maximilien continua impassível quando Barère faz seu elogio. Mas o Incorruptível parece, a alguns, ser um gato ou um tigre prestes a atacar, com os olhos brilhando de raiva. De fato, Maximilien acaba de ficar sabendo que Saint-Just se comprometera a não mencionar mais o Ser Supremo nem a imortalidade da alma num relatório sobre as instituições.

Maximilien tem a sensação de estar sendo traído por Saint-Just e por Couthon ao mesmo tempo.

Ele está sozinho. Precisa se defender e atacar sozinho.

Em 8 termidor (26 de julho), ele sobe à tribuna da Convenção.

Para dizer aquilo que, há semanas, há meses, oprime sua alma e o sufoca.

Para passar sua visão da Revolução.

Ele quer enunciar seu programa.

E ele sabe que seu discurso pode se tornar, e talvez ele assim o deseje, seu testamento.

O 8 termidor do Ano II (26 de julho de 1794) é um dia tórrido, sob um sol ofuscante e abrasador. Maximilien sobe lentamente os degraus, agarra com as duas mãos o púlpito, começa a falar numa voz ainda mais crispada que de costume.

Cada palavra sua corta o silêncio.

Ele, o homem do Comitê de Salvação Pública, o montanhês, se volta para o Pântano. Ele faz a apologia da Convenção. Condena a Montanha, os comitês, a impotência de ambos.

Ele se vangloria de ter preservado a vida de 73 deputados girondinos. Ele é ao mesmo tempo hábil, criticando a conduta das finanças, da guerra, do Tribunal Revolucionário, e ao mesmo tempo fala com a franqueza de um homem que se põe a nu.

– Preciso abrir meu coração – diz ele. – Todos se uniram contra mim e contra aqueles que tinham os mesmos princípios... Ouço apenas meu dever, vejo o mundo povoado de tolos e de bandidos. Mas o número de bandidos é menor: eles é que precisam ser punidos pelos crimes e desgraças do mundo.

Quem são eles?

Ele não revela nenhum nome, e cada membro da Convenção se sente imediatamente alvo de suspeitas.

– Não quero nem o apoio nem a amizade de ninguém – continua Maximilien. – Não procuro tomar um lado.

Os membros da Convenção, imóveis, ouvem sem interromper o discurso daquele homem que se expõe, e ao mesmo tempo têm a sensação de que ele os ameaça a todos.

– Minha simples existência – diz Robespierre – é para os bandidos e traidores um objeto de pavor.

Sobretudo porque ele não teme a morte.

– Por que continuar numa ordem de coisas em que a intriga triunfa eternamente sobre a Verdade? Como suportar o suplício de ver esta horrível sucessão de traidores? Temi algumas vezes ser conspurcado aos olhos da posteridade pela proximidade impura desses homens perversos.

Murmúrios têm início nos bancos da Convenção.

As vozes ficam mais altas quando Robespierre questiona a própria Revolução.

– Minha razão, não meu coração – diz ele –, está a ponto de duvidar desta República virtuosa cujo plano eu havia traçado... Pois não temos nem mesmo o mérito de ter empreendido grandes coisas por motivos virtuosos.

Os membros da Convenção ficam pasmos com suas confissões, por seu julgamento impiedoso, que só é feito quando se está às portas da morte.

– Não quero nem o apoio nem a amizade de ninguém – acrescenta Maximilien.

A Convenção, fascinada, decide que seu discurso será impresso.

Ela parece, com isso, aprovar e seguir Maximilien Robespierre, entregando-lhe o poder.

De repente, Cambon, o responsável pelas finanças do Comitê de Salvação Pública, se levanta. Ele fora acusado, agora se defende.

– Antes de ser desonrado – diz ele – falarei à França. Um único homem paralisa a vontade da Convenção, e este homem é Robespierre.

Billaud-Varenne intervém por sua vez, pede que, antes de ser impresso, o discurso seja submetido ao exame dos comitês.

– É preciso arrancar a máscara – diz ele. – Prefiro que meu cadáver sirva de trono a um ambicioso do que me tornar, com meu silêncio, cúmplice de seus crimes.

A exasperação e a cólera se apoderam de inúmeros membros da Convenção. Alguém diz que existe uma lista de proscritos e que Robespierre deve entregá-la à Assembleia.

Robespierre nega, mas acrescenta que se recusa a "inocentar este ou aquele".

Charlier, um dos mais ardorosos partidários do Terror, exclama:

– Quando nos vangloriamos de ter a coragem da virtude, é preciso ter a da verdade. Nomeai aqueles que estais acusando!

– Sim, sim, nomeai-os!

– Mantenho o que disse – responde Robespierre.

Amar, do Comitê de Segurança Geral, acusa num tom desdenhoso "o amor-próprio ferido que vem perturbar a Assembleia".

Fréron pede que seja retirado dos comitês o direito de mandar prender os deputados.

Robespierre desce da tribuna. Ele se mantém impassível quando a Convenção ordena que a impressão de seu discurso seja suspensa.

A sessão é interrompida às cinco horas.

Robespierre perde sua primeira batalha. Ele não se preocupa com isso. Naquela noite, ele irá ao Clube dos Jacobinos reler seu discurso. No dia seguinte, a Convenção se curvaria.

Os jacobinos, como ele previra, o aclamam.

– Ao tirar minha carapaça – começa ele –, apresentei-me abertamente a meus inimigos. Não adulei ninguém. Não caluniei ninguém. Não temo ninguém.

Os jacobinos descobrem, na sala do clube, Billaud-Varenne e Collot d'Herbois. Os dois são empurrados, aos gritos de "Para a guilhotina! Para a guilhotina!", e são expulsos.

Maximilien retoma seu discurso, e cada frase é saudada com fervor.

– Fui feito para combater o crime, não para governá-lo – diz ele. – Ainda não é chegado o tempo em que os homens de bem poderão servir impunemente à pátria. Os defensores da liberdade não passarão de proscritos enquanto a horda de bandidos dominar. Cidadãos...

Ele se interrompe, se endireita, como se quisesse oferecer seu corpo a quem o olha.

– Cidadãos... Meu legado é a terrível verdade e a morte.

A noite é agradável e leve depois de um dia sufocante.

Em algumas horas, será a aurora de 9 termidor do Ano II, 27 de julho de 1794.

15.

"A terrível verdade e a morte": as palavras de Robespierre preocupam e angustiam inúmeros membros do Comitê de Salvação Pública e do Comitê de Segurança Geral, do Tribunal Revolucionário e da Convenção.

E como o Incorruptível se recusa a dar os nomes daqueles que tem em vista, o medo se espalha.

Alguns não têm dúvidas do destino que o Incorruptível lhes reserva.

Fouché, ao ir para perto dos deputados do Ventre, a chamada Planície ou Pântano, que ocupam o centro da Convenção e que sentam bem na frente da tribuna, formando um grupo compacto que, com seus votos, pode fazer oscilar a Assembleia – a favor ou contra Robespierre –, não esconde que sua vida está em jogo.

– Tenho a honra de estar inscrito no caderninho de Robespierre, na coluna dos mortos – diz Fouché.

Ele conta com paixão a Boissy d'Anglas, que, desde sua eleição em 1789, para os Estados-Gerais, levava uma carreira prudente e se tornara na Convenção um dos membros mais influentes desse Ventre.

Fouché quer convencê-lo que derrubar o Incorruptível é colocar um fim ao Terror, à lei de prairial que transforma cada cidadão em suspeito e, portanto, em condenado, segundo o bel-prazer do Tribunal Revolucionário.

Barras, Fréron, mas também Collot d'Herbois e Billaud-Varenne, que os jacobinos acabam de expulsar do clube ameaçando com a "navalha nacional", apoiam Fouché.

Boissy d'Anglas reúne seus colegas do Pântano.

Se os montanheses, seguindo Fouché e demais "terroristas", antigos representantes em missão, corrompidos, abandonam Robespierre, se o Incorruptível só está cercado por alguns amigos de confiança e é criticado pelos mais humildes dos cidadãos, esmagados pela miséria, cansados e descontentes, então há futuro para o Pântano, para o Ventre, para a Planície.

Na noite de 8 para 9 termidor, Fouché e Tallien pressentem que os moderados da Convenção, os prudentes e os covardes, os herdeiros dos *feuillants* começam a reerguer a cabeça, dispostos a aproveitar a ocasião de abater Robespierre e suas leis terroristas, se esta se apresentar.

Tallien insiste.

Ele irá à Convenção, dia 9 termidor, com um punhal. Pois não se trata apenas de sua vida, mas também da de Thérésa Cabarrus, sua mulher amada, filha de um banqueiro e armador espanhol, que ele conhecera em Bordeaux.

Ela fora presa porque seu pai era também agiota, corrompido e corruptor, rico e, portanto, suspeito. Tallien conseguira libertá-la, mas, chegando a Paris, ela fora presa de novo, em maio, e não escaparia à Santa Guilhotina se Robespierre e Saint-Just, Couthon, Le Bas e seus partidários da Comuna de Paris continuassem a controlar o poder.

Robespierre precisava cair.

Tallien denuncia o discurso pronunciado na véspera pelo Incorruptível na Convenção e repetido no Clube dos Jacobinos.

Frases hipócritas, apologéticas, anunciando a tirania, diz ele.

São as mesmas acusações que Collot d'Herbois e Billot--Varenne fazem no Comitê de Salvação Pública ao voltarem do Clube dos Jacobinos, no meio da noite. Eles rodeiam Saint-Just, que escreve.

– Rediges nosso ato de acusação? – perguntam eles.

Saint-Just os mede de alto a baixo.

– É isso mesmo, não te enganas, Collot. E tu também – acrescenta ele virando-se para Carnot – não serás esquecido e te verás tratado com maestria – e Saint-Just retoma sua pena, indiferente à raiva dos demais.

Por volta das cinco horas da manhã, ele guarda suas notas, se levanta, impassível, e se afasta num passo tranquilo.

Ele pretende, antes de se instalar o calor que se anuncia sufocante, ir cavalgar no Bois de Boulogne para respirar um ar ainda fresco.

Mas bastam algumas horas, nesse 9 termidor, para que um calor tempestuoso sufoque Paris, sob a espessura sombria de nuvens baixas que às vezes são atravessadas por raios.

No Pavillon de Flore, Billaud-Varenne, Barère, Collot d'Herbois e Carnot vão e vêm, enxugam o rosto, trocam frases, consultam seus relógios.

Eles esperam Saint-Just, que virá ler seu discurso. É Couthon quem chega. O paralítico também está suando. Ele é interrogado, há discussão. Acusam-no de traição, bem como a Saint-Just e ao Comitê.

De repente, por volta do meio-dia, um oficial chega com uma mensagem de Saint-Just.

Collot d'Herbois a percorre com os olhos, solta uma exclamação de fúria e lê em voz alta:

– Vocês feriram meu coração, vou abri-lo por inteiro na Convenção Nacional.

Todos ficam indignados. Correm para a Convenção, já que é nela que ocorrerá a batalha.

É o fim das aparências ou esperanças de reconciliação dentro dos comitês.

Os membros da Convenção decidirão a favor ou contra Robespierre.

– O Ventre está conosco – murmura Fouché.

Mas as tribunas estão cheias de robespierristas. Eles aclamam Robespierre que, vestido com o casaco azul que usara na festa do Ser Supremo, avança na direção de sua cadeira como um sacerdote ao altar.

Saint-Just vai a seu encontro, também com um andar de oficiante, elegante em seu casaco de camurça, seu colete branco e seu calção cinza claro. Será ele quem, por volta da uma da tarde desse 9 termidor do Ano II, subirá primeiro na tribuna da Convenção.

Collot d'Herbois preside a sessão, e já agita a sineta que lhe permitirá interromper os debates e inclusive encobrir a voz do orador.

Saint-Just se prepara para falar. Ele vira o rosto, olha, à sua direita e à sua esquerda, os dois quadros representando Marat e Le Peletier, dois dos "mártires" assassinados. Entre eles, a "Santa Arca" com o texto da Constituição de 1793 – o Ano I –, jamais aplicada.

Saint-Just começa a falar numa voz calma, ponderada.

– Não sou de nenhuma facção – diz ele –, combaterei todas elas...

Aplausos o interrompem, mas eles saúdam a entrada de Billaud-Varenne.

– Alguém, esta noite – retoma Saint-Just –, feriu meu coração. Quero apenas conversar com vocês. Tentou-se espalhar que o governo estava dividido, mas ele não o está, uma única alteração política que relatarei agora ocorreu.

Robespierre faz um gesto de irritação. Parece-lhe que Saint-Just se esquiva. Saint-Just quer evitar o confronto, por prudência, porque tomou consciência da força de seus adversários. Ele quer tranquilizar o Ventre moderado cujos deputados estão de sobreaviso, sem dúvida prestes a se unir a Fouché, Barras e Tallien. Este último salta na tribuna, empurrando Saint-Just:

– Ontem – diz ele, quase gritando –, um membro do governo se isolou e pronunciou um discurso em seu nome, hoje outro faz a mesma coisa, peço que se acabe com isso.

– Sim, sim – repetem várias dezenas de membros da Convenção.

Saint-Just abre a boca, mas Billaud-Varenne se precipita para a tribuna antes mesmo que Tallien tenha descido.

– Espanta-me ver Saint-Just na tribuna depois do que aconteceu – diz ele. – Ele tinha prometido aos dois comitês submeter-lhes seu discurso antes de lê-lo na Convenção, e inclusive suprimi-lo se lhes parecesse perigoso...

Saint-Just se cala, imóvel, impassível, inflexível mas paralisado, mais espectador do que ator.

Billaud-Varenne continua, relata a sessão no Clube dos Jacobinos.

– Houve a intenção de estrangular a Convenção.

Ele aponta para um homem sentado nas tribunas e pede sua expulsão, acusando-o de ser o homem que, no Clube dos Jacobinos, atacara a Convenção.

– A Convenção perecerá se for fraca! – grita Billaud--Varenne.

– Não, não, não – respondem os deputados da Montanha, agitando seus chapéus.

Le Bas quer falar. Collot d'Herbois agita a sineta, o tilintar e os gritos abafam a voz de Robespierre, enquanto Billaud-Varenne ataca o Incorruptível.

Quando Robespierre se dirige à tribuna para falar, a sineta de Collot d'Herbois soa e torna seu discurso inaudível, enquanto ressoam gritos de "Abaixo o tirano!"

Robespierre tenta falar onze vezes, mas o novo presidente da sessão, Thuriot, agita freneticamente a sineta e abafa sua voz.

– Com que direito – lança-lhe Robespierre – o presidente protege os assassinos?

Tallien volta a subir na tribuna.

– Assisti, ontem, à sessão dos jacobinos – grita ele. – Temi pela pátria. Vi formar-se o exército do novo Cromwell e me armei com um punhal para furar-lhe o peito se a Convenção não tivesse a coragem de mandar prendê-lo!

Tallien brande e agita o punhal.

Robespierre berra, mas quem o ouve em meios aos gritos e o tilintar da sineta?

– Pela última vez, presidente de assassinos, me passarás a palavra?

Ele tem o rosto congestionado, continua a falar. Ele se vira para os deputados da Planície, os homens do Ventre.

– Homens puros – começa ele –, homens virtuosos, é a vós que recorro! Concedei-me a palavra que os assassinos me recusam.

Mas como pode ele esperar que aqueles homens que em tudo dele discordam – a invocação da imortalidade da alma, do Ser Supremo, do Terror e da Virtude – o apoiem?

De fato, aquela fora a última chance de Robespierre.

Abandonado pela Montanha, pelos membros dos comitês – Vadier e Barère intervêm por sua vez –, ele está sozinho.

Um deputado de Aveyron, um desconhecido, Louchet, de quem ninguém jamais ouvira falar, se levanta:

– Exijo o decreto de acusação contra Robespierre.

Mãos se erguem para votar o decreto.

Robespierre tenta falar, avança por entre as bancadas. Ele é interpelado:

– O sangue de Danton te sufoca – grita um deputado.

– Não avance – diz Fréron –, aqui sentavam Condorcet e Vergniaud.

A prisão imediata do "monstro" é exigida.

O medo por tanto tempo contido se transforma em raiva.

– Bandidos! Covardes! Hipócritas! – grita Robespierre. – Exijo a morte.

Depois, enquanto ecoam gritos de "Abaixo o tirano! Decreto de acusação!", ele diz:

– Os bandidos triunfam.

Augustin Robespierre se levanta.

– Sou tão culpado quanto meu irmão – diz ele. – Partilho de suas virtudes, exijo o decreto de acusação também contra mim.

Le Bas declara imediatamente:

– Não quero partilhar o opróbrio deste decreto, também exijo sua prisão.

A prisão é votada inclusive por Saint-Just, silencioso, quase ausente, e por Couthon.

– Couthon é um tigre sedento do sangue da representação nacional – grita Fréron. – Ele queria construir com nossos cadáveres degraus para subir ao trono.

Couthon, sentado em sua cadeira de rodas, dá uma risada de escárnio, mostrando suas pernas paralisadas:

– Sim, eu queria subir ao trono.

– Prisão, prisão – todos gritam.

Saint-Just, Le Bas, Couthon e Augustin Robespierre recebem o decreto de prisão, como Maximilien.

Policiais se aproximam.

– A Liberdade e a República finalmente se livrarão de sua ruína – exclama Fréron.

– Sim, porque os bandidos triunfam – repete Robespierre, enquanto os policiais o carregam, com seus quatro companheiros.

Saint-Just coloca, a pedido de Collot d'Herbois, num gesto lento, tranquilo, o texto de seu discurso sobre a mesa do presidente!

O calor é intenso, úmido, pesado.

São quase cinco horas, de 9 termidor.

Robespierre está esgotado.

Ele olha lentamente para seu irmão Augustin, para Couthon, Saint-Just, Le Bas.

Todos na sala do Comitê de Segurança Geral, para onde foram conduzidos, parecem no fim de suas forças.

Robespierre baixa a cabeça depois de encarar por longo tempo Saint-Just que, de braços cruzados, parece indiferente.

Aquele homem tão jovem, tão belo, também teria pensado em abandoná-lo?

Ouve-se um alarido!

Vadier e Amar, numa sala vizinha, decidem dispersar os prisioneiros pelas diferentes prisões de Paris e, esperando a partida, servem-lhes o jantar.

Eles falam pouco.

Uma insurreição como aquela que, em 31 de maio e em 2 de junho de 1793, impusera à Convenção a prisão dos deputados girondinos seria possível novamente?

Robespierre é reticente. Ele não quer violar a lei. A Convenção é a representação do povo soberano.

De repente, um alarme soa.

O Conselho Geral da Comuna, no Hôtel de Ville, deve ter ficado sabendo das prisões. E o prefeito de Paris, Fleuriot-Lescot, é um fiel robespierrista. Ele chama os patriotas a se unirem em armas, mobiliza a Guarda Nacional comandada pelo general Hanriot, também robespierrista.

O prefeito ordena aos zeladores das prisões que não aceitem os prisioneiros que lhes forem apresentados.

Bruscamente, as portas da sala onde Robespierre está são abertas com estrondo. Os guardas da Convenção empurram para dentro da sala, braços atados, Hanriot.

Embriagado, ele discursara a cavalo no Palais Royal para os cidadãos, apelando-os a "exterminar os trezentos celerados que fazem parte da Convenção".

Os guardas não tiveram dificuldade nenhuma em pegá-lo.

Seria o fim? Com a insurreição natimorta, os robespierristas seriam condenados.

Mas os zeladores das prisões obedecem à Comuna, se recusam a receber os prisioneiros que lhes são apresentados. Robespierre é conduzido à prefeitura, ao Quai des Orfèvres. É acolhido com gritos de alegria. Ele está livre. São recém oito horas da noite.

Tudo ainda seria possível?

O vice-presidente do Tribunal Revolucionário, Coffinhal, parte em direção às Tulherias com duzentos artilheiros e guardas nacionais, representando dezesseis seções, apesar da maioria – 32 – ter se recusado a marchar.

Hanriot é libertado, mas o general, ao ficar sóbrio, se recusa a bombardear as Tulherias e vai para o Hôtel de Ville, onde se une aos outros prisioneiros.

Robespierre acaba de chegar. O prefeito precisara arrancá-lo de suas hesitações, de sua passividade, de sua prudência. Pois ele não queria assumir o comando da insurreição.

Por amor à legalidade? Por perspicácia? Para se manter acima das facções?

Por esgotamento nervoso e sensação de que tudo está perdido, de que a morte se anuncia, porque os "bandidos triunfam" e por estar fascinado e atraído por este fracasso – sua morte – que se delineia.

Mas ele não pudera se esquivar ao apelo de Fleuriot-Lescot, do Conselho Geral da Comuna.

"O Comitê de Execução precisa de teus conselhos, vem imediatamente para o Hôtel de Ville", haviam-lhe escrito.

Além disso, como recusar-se àquilo, se a Convenção declara fora da lei todos os partidários de Robespierre?

Portanto, insurreição, conflito armado com a Convenção, obrigação de jogar todas as suas fichas.

É preciso reunir todos os robespierristas.

Couthon será o último a chegar ao Hôtel de Ville. Ele se obstina a não querer sair da prisão de La Bourbe, onde fora aceito.

A todas as solicitações, ele responde ser fiel aos princípios que o Incorruptível lhe ensinara: respeitar a soberania da Convenção.

Augustin Robespierre precisa pegar a pluma e escrever: "Couthon, todos os patriotas foram proscritos, o povo inteiro se ergueu. Seria traição não vir conosco à Comuna, onde estamos no momento".

Maximilien Robespierre e Saint-Just assinam a mensagem ao lado do "jovem Robespierre".

Couthon finalmente chega ao Hôtel de Ville. Maximilien olha em volta para todos os seus partidários presentes na sala.

Nenhum ímpeto, nenhum entusiasmo. Em seus rostos, em suas atitudes, é possível ler confusão, fadiga, até mesmo desespero.

Ordens são expedidas: "Que as barreiras de Paris sejam fechadas. Que todas as tipografias sejam seladas – e que esta ação seja ordenada aos comissários de polícia – e os jornalistas presos, bem como os deputados traidores".

A mensagem conclui com as seguintes palavras: "É o desejo de Robespierre e o nosso".

Mas Maximilien Robespierre não assina o texto que levará o nome de Payan e o do prefeito Fleuriot-Lescot.

Fala-se. Ou melhor, discorre-se sem fim, numa atmosfera irreal.

Diz-se que é preciso "colocar o povo no clima".

Decide-se pela "prisão dos indignos conspiradores", para "libertar a Convenção da oposição em que eles a mantêm".

Saint-Just, em pé, não diz palavra.

Ele observa, na Place de Grève, na frente do Hôtel de Ville, os guardas nacionais e os artilheiros, que vão e vêm, inativos, aos quais ninguém passa ordens.

Inúmeros são aqueles que, depois de horas de espera, começam a abandonar o local.

Ele percebe agentes da Convenção, com seus lenços tricolores, que vêm e vão, anunciando que numerosas seções se aliaram à Assembleia, que a Escola Militar fizera o mesmo, que aqueles que seguem as ordens da Comuna, de Robespierre, são fora da lei, sujeitos a execução imediata, sem julgamento.

Os homens pouco a pouco se dispersam, e apenas um punhado se mantém no local.

É o 10 termidor do Ano II, por volta das duas horas da manhã.

Na sala do Hôtel de Ville, Fleuriot-Lescot elabora a lista dos "inimigos do povo", os quatorze deputados, dentre os quais Tallien, Fouché, Fréron e Carnot, "que ousaram mais que Luís XVI, visto que mandaram prender os melhores patriotas".

Eles são decretados fora da lei.

Ouve-se uma chuvarada, cujas rajadas batem nos vidros, no pavimento da praça, e que cai copiosamente desde a meia-noite, expulsando os últimos guardas nacionais.

Eles são apenas uns poucos quando uma fila de policiais, reunidos pela Convenção, chega à Place de Grève depois de margear o cais. Ela é conduzida por Barras, que assumira o comando, e pelo deputado Léonard Bourdon, que por muito tempo fora amigo de Hébert.

Ela entra com facilidade no Hôtel de Ville, que não é protegido por mais ninguém.

Aos policiais da Convenção se unem os guardas nacionais dos bairros chiques, dos *sans-culottes* da seção de Gravilliers, do *enragé* Jacques Roux.

Vários tiros são ouvidos.

Um policial – Méda ou Merda – estilhaça com um tiro a mandíbula de Maximilien, ou este teria tentado o suicídio?

O Incorruptível, com a bochecha dilacerada, dentes arrancados ou quebrados, não passa de um corpo arquejante que tenta estancar com um pouco de papel o sangue que macula seu casaco azul, sua gravata branca.

Ele é ultrajado, zombado:

– Parece que Vossa Majestade está sofrendo? Então, perdeste a palavra? Não concluis tua moção?

O corpo de Le Bas está estendido no chão. Le Bas conseguira estourar seus miolos.

Augustin Robespierre tentara fugir por uma cornija, ou então se atirara por uma janela, mas não conseguira morrer. Seu corpo quebrado é transportado, e insultado.

Hanriot caíra ou fora jogado num pátio do Hôtel de Ville.

Saint-Just não esboçara gesto algum, nem para fugir, nem para se defender, nem para se suicidar.

É preso sem brutalidade, com se houvesse uma espécie de respeito por aquele jovem singular que não parecia surpreso. Couthon é descoberto escondido embaixo de uma mesa, e é atirado da escada.

Diz uma testemunha:

> Couthon foi o brinquedo do populacho das três horas da manhã até as seis. Eles o seguravam pelos braços e atiravam ao ar, deixavam-no cair dando gargalhadas. Conduziram-no dessa forma, de cambalhota em cambalhota, até o parapeito do cais para atirá-lo vivo ou semimorto no rio, mas a grande maioria gritava para reservá-lo para a guilhotina. Ele foi, portanto, trazido de volta para o Hôtel de Ville, rolando, e atirado ao chão.

Aquela noite violenta, trágica e decisiva, de 9 para 10 termidor do Ano II, fora calma na maioria dos bairros de Paris.

A Opéra e a Opéra-Comique, onde eram encenados *Armide* e *Paul et Virginie*, tinham lotado. Ninguém desconfiava do que acontecia no palco político, na Convenção, no Hôtel de Ville e na Place de Grève.

Os atores daquelas peças inspiravam tédio ou repulsa. Que se acertassem entre si!

Robespierre e os demais prisioneiros – Couthon e Hanriot também estão feridos, Saint-Just não parece enxergar as coisas à sua volta – são levados para a sala do Comitê de Salvação Pública.

Dois oficiais de saúde chegam para tratar Robespierre, que tem a parte de baixo do rosto estilhaçada e as roupas cobertas de sangue.

Depois todos são conduzidos para a Conciergerie. A cada passo daqueles que o carregam, Robespierre sufoca um grito de dor.

Fouquier-Tinville, com a voz hesitante, o rosto de uma palidez de morte, se contenta em averiguar a identidade dos prisioneiros, que serão executados sem julgamento, por serem fora da lei.

Na véspera ainda, Fouquier-Tinville enviara para a guilhotina 44 condenados. Apesar da prisão de Robespierre, conhecida por volta das cinco e meia, as carroças haviam continuado seu trajeto.

– Segue o teu caminho – Fouquier-Tinville mandara dizer ao carrasco.

Dentre os condenados, havia um homem de vinte anos e um ancião de noventa!

Uma testemunha do 10 termidor, ao lembrar dos condenados, escreve:

> A Convenção, ocupada demais consigo mesma, não pensou em despachar prontamente um adiamento para os condenados da manhã de 9 termidor. O povo, intimidado pelos guardas nacionais do general Hanriot, que tinham recebido ordens de executar o julgamento e obrigaram as carroças a continuar seu caminho em direção à Place du Trône-Renversé, não teve coragem de fazer com que parassem.
>
> Que atrocidade morrer no cadafalso no momento em que descobrimos que os monstros que para lá nos enviam estão acorrentados e que logo nele subirão eles mesmos.

Cento e quarenta cabeças irão "espirrar no saco", em algumas horas, entre 8 e 9 termidor.

Agora, 10 termidor, por volta das seis da tarde, Robespierre e 21 de seus "cúmplices" tomam lugar nas carroças.

Os vencedores – Fouché, Barras, Fréron, Tallien, Billaud-Varenne, Collot d'Herbois e os membros do Ventre da Convenção, como Boissy d'Anglas – querem que as execuções sejam efetuadas com grande participação popular. Eles decidem erguer o cadafalso novamente na Place de la Révolution, para que as carroças passem pela Paris do centro, dos bairros "moderados", e que a multidão se amontoe e grite sua alegria ao longo de toda a Rue Saint-Honoré.

Os lugares às janelas são alugados a preço de ouro. As carroças levam uma hora e meia para percorrer todo o trajeto.

Elas são paradas com frequência para deixar a multidão se aproximar, ver e insultar Robespierre, deitado, preso à carroceria.

Uma mulher se precipita e agarra a carroça, gritando a Maximilien:
— Monstro, em nome de todas as mães, te amaldiçoo.

Na frente da casa dos Duplay, as carroças são paradas. Uma criança corre até o açougueiro e volta com sangue de boi, com o qual asperge a porta.

A multidão grita.

As carroças se põem em marcha.

> Cada uma daquelas carroças levava na frente uma grande bandeira tricolor, agitada por um carrasco durante o trajeto [conta uma testemunha]. Era um dia de festa, todas as pessoas chiques estavam às janelas para vê-los passar; aplaudiam batendo palmas. Apenas o Robespierre mais velho demonstrava coragem, indo assim para a morte, e indignação ao ouvir as exclamações de alegria.
> Ele tinha a cabeça enrolada num pano, seus olhos de porcelana normalmente apagados estavam muito vivos e animados nesses últimos momentos.
> Os outros condenados não se mexiam. Pareciam vencidos pela vergonha e pela dor. Estavam quase todos cobertos de sangue e lama. Hanriot tinha um olho para fora da cabeça.
> Poderiam ser considerados uma tropa de bandidos presos num bosque depois de um violento combate.

Às sete e meia, as carroças chegam na Place de la Révolution, antiga Praça Luís XV.

Ela está lotada pela multidão que, sob um céu de verão de um azul intenso, grita de alegria, aplaude.

A multidão vocifera quando o carrasco começa a amarrar – pois é difícil – o paralítico Couthon à prancha.

O corpo quebrado de Augustin Robespierre também é decapitado.

A cabeça de Hanriot, com a testa aberta e o olho direito dependurado sobre a bochecha, rola para dentro do saco.

Saint-Just sobe as escadas do cadafalso num passo firme.

Ele precede Maximilien Robespierre e o prefeito Fleuriot-Lescot, que será o último decapitado.

A multidão berra ainda mais forte, aplaude ao reconhecer o Incorruptível.

> O carrasco, depois de prendê-lo à prancha e antes de fazer a lâmina cair, arrancou brutalmente seus curativos e o aparato que segurava a mandíbula despedaçada de Maximilien. Ele soltou um rugido parecido ao de um tigre moribundo, que foi ouvido até as extremidades da praça [escreve a testemunha].

O carrasco mostra ao povo três cabeças ensanguentadas: a de Hanriot, o general-comandante da Guarda Nacional, a de Dumas, o presidente do Tribunal Revolucionário, e a de Maximilien Robespierre, o Incorruptível, que acreditava no Ser Supremo e na imortalidade da alma.

Na Place de la Révolution, nas ruas vizinhas, a multidão manifesta sua alegria.

"As pessoas se atiram umas nos braços das outras." A testemunha acrescenta: "Ó, Liberdade, eis-te arrancada de teus mais cruéis inimigos. Enfim estamos livres, o tirano está morto".

Com as carroças que há vários dias conduziram em grandes fornadas os cúmplices do tirano até a navalha nacional, ela conta 106 execuções.

"Que carnificina!", exclama ela. "No entanto", retoma imediatamente, "que desgraça imensa que esta jornada de 9 termidor não tenha chegado dois ou três dias antes. Cerca de 140 pessoas teriam sido poupadas".

QUINTA PARTE

10 termidor do Ano II-4 prairial do Ano III
28 de julho de 1794-23 de maio de 1795
"A Revolução foi feita"

"Pareciam sair do túmulo e voltar à vida."

THIBAUDEAU, membro da Convenção
depois do 9 termidor do Ano II

"A Revolução foi feita... A Revolução custou vítimas, fortunas foram destruídas. Autorizaremos investigações sobre todos os acontecimentos particulares? Quando um edifício é concluído, o arquiteto, ao quebrar seus instrumentos, não destrói seus colaboradores..."

CAMBACÉRES, membro da Convenção
depois do 9 termidor do Ano II

"Os membros da Convenção são como criados de revolução que assassinam seus mestres e se apoderam da casa depois da morte deles."

MALLET DU PAN
depois do 9 termidor do Ano II

16.

O corpo de Maximilien foi atirado numa vala comum.

> Viva Deus! Meu caro amigo! A tirania foi posta abaixo há três dias [escreve em 12 termidor (30 de julho de 1794) o livreiro Ruault a seu irmão]. O barulho sem dúvida já chegou até você, pois foi grande e terrível como deveria ser. Toda a França deve estar ecoando-o nesse momento. Robespierre foi, no dia 10, unir-se a Danton pela mesma via que fizera seu colega tomar para descer até os mortos; até mesmo os revolucionários mais ardorosos acharam justo, na ocasião, o uso da admirável lei de talião...

Ruault conta que enquanto Robespierre jazia, com a mandíbula estilhaçada, esperando que o colocassem na carroça que o conduziria à guilhotina, um *sans-culotte* se aproximara e dissera-lhe:

– Aqui estás, tirano dos patriotas! Sentes agora todo peso do sangue de Danton? Ele cai gota a gota sobre tua cabeça.

Quando Barras, Tallien, Fouché e Fréron saem da Convenção, recebem flores. Jovens beijam as abas de seus casacos, alguém grita para Fréron:

– Lembra-te que tens mortos a vingar.

Aglomerações se formam diante das portas das quarenta prisões de Paris, onde estão amontoados 8.500 prisioneiros.

A contagem diária fora suspensa. Os detentos chamam seus guardas, pedem vinho, exigem ser liberados.

Parentes e amigos dos prisioneiros cercam o Comitê de Segurança Geral, solicitam "libertações".

Oficiais atuam como intermediários, pedem de dois a três mil escudos para facilitar uma libertação.

Em poucos dias, cerca de quinhentos suspeitos são soltos.

– Pareciam sair do túmulo e voltar à vida – diz Thibaudeau, o membro da Convenção que, prudentemente, durante o Terror se fizera esquecer no Comitê de Instrução Pública e reaparecia agora que a cabeça de Robespierre rolara para dentro do saco.

Há vários como ele.

Sieyès, um dos deputados dos Estados-Gerais mais influentes, também se retirara durante os meses de sangue.

"Sobrevivi", murmura ele, estremecendo ao lembrar do olhar de Robespierre para ele, considerando-o "a toupeira da Revolução, que está sempre agindo nos subterrâneos da Convenção, mais perigoso para a liberdade do que aqueles cuja lei fez justiça até aqui".

Sieyès – como Thibaudeau – se unira ao Ventre, o Pântano cujo voto, em 9 termidor, fizera Robespierre cair. Ali são encontrados homens que, como Boissy d'Anglas, Cambacérès e Durand-Maillane, querem acabar com o Terror, sem no entanto voltar para o Antigo Regime.

– Derrubamos a feudalidade – diz Boissy d'Anglas –, a igualdade reina na República.

Naturalmente, o confisco dos bens nacionais deveria ser mantido sob a "garantia do compromisso público".

Mas os Barras, Fouché, Tallien e Fréron que haviam sido representantes em missão "terroristas" em Bordeaux, Lyon, Marselha e Toulon, que partilham das ideias dos deputados do Ventre, também precisam fazer esquecer que suas mãos mergulharam no sangue de inúmeras vítimas e que, ávidas, com frequência se apossaram dos bens dos "aristocratas".

Aqueles terroristas foram todos "desonestos". Temeram em Robespierre menos o "tirano dos patriotas" do que o Incorruptível.

Eles precisam se separar de Barère, de Billaud-Varenne, de Collot d'Herbois, de Vadier, de Amar e de todos os antirrobespierristas que quiseram a queda do Incorruptível porque ele invocava a Virtude, o Ser Supremo e a imortalidade da alma, mas eles querem continuar sendo montanheses, jacobinos, preocupados com o retorno dos aristocratas.

> Você encontrará as coisas bastante mudadas, bastante melhoradas desde a morte de Robespierre [escreve Ruault].
> Acho apenas que os monarquistas ou os aristocratas se tornaram um pouco insolentes demais. Fui insultado ontem na rua na qualidade de patriota por um desses senhores que saíra da prisão na véspera...

Mas os antigos terroristas, preocupados em fazer esquecer seu passado, precisam desses "senhores".

Tallien, que conseguira a libertação de Thérésa Cabarrus, logo chamada de Nossa Senhora de Termidor, vai quase todos os dias à prisão de Luxembourg:

> O povo para lá acorre às multidões [escreve uma testemunha], enche Tallien de bênçãos, abraça-o, abraça aqueles que acabam de ser libertados. Fiquem tranquilos, meus amigos, diz Tallien àqueles que ainda não conseguiu tirar da prisão. Não será preciso suspirar pela liberdade por muito tempo. Apenas os culpados não receberão esta dádiva. Voltarei hoje, voltarei amanhã e trabalharemos dia e noite até que os patriotas injustamente presos sejam devolvidos a suas famílias.

Legendre, membro da Convenção, antigo açougueiro, tribuno que fora amigo de Danton, "visita incessantemente as prisões, ouve os detentos, derrama lágrimas, devolve-os às suas famílias e, se repele alguns, logo volta para eles, ralhando e chorando ao mesmo tempo. Ele parece expulsá-los da prisão".

Aqueles que começam a ser chamados de "termidorianos" conquistam para si, portanto, uma clientela.

Os parentes dos detentos, os jovens que são chamados de *muscadins*, porque têm cheiro de almíscar [*musc*], enchem as tribunas da Convenção, aplaudem quando o deputado Lecointre denuncia a "cauda de Robespierre": Barère, Billaud-Varenne, Collot d'Herbois, Vadier...

A Convenção declara essas denúncias caluniosas, mas nas Tulherias, no Carrousel, no antigo Palais Royal e inclusive na Place de la Bastille, grupos se formam.

Queixam-se que uma denúncia tão grave seja tratada tão levianamente... Chegam inclusive a dizer que forçarão a Convenção a concluir aquela questão.

Nada, portanto, parece poder impedir a divisão dos vencedores de Robespierre, que se inicia entre agosto e setembro de 1794 (termidor e frutidor do Ano II).

Um patriota lúcido como Ruault só pode lamentar-se, expressando uma opinião "razoável", republicana, tão presente no início da Revolução, mas que pouco a pouco se retirara da vida pública, incerta e suspeita aos olhos dos "ultrarrevolucionários".

> Oh, como as paixões individuais são terríveis e vergonhosas numa revolução [escreve Ruault]. Elas enviam ao cadafalso os homens mais enérgicos, mais capazes de conduzir a seu fim esta mesma revolução; esses homens apaixonados e delirantes matam uns aos outros pela mão do carrasco, se enfraquecem em sua própria causa e desonram esta impressionante e sublime aventura da história humana.
> O que dirão os povos, o que pensarão os reis, ao receber essas terríveis notícias, ao ler as loucas e sangrentas páginas de nossa Revolução?
> Os amigos da liberdade, os filhos da pátria choram, e no entanto não perdem as esperanças do sucesso das questões públicas...

De fato, Ruault e cada cidadão têm consciência, depois de 9 termidor e apesar de o governo continuar a declarar-se revolucionário, a República entra numa nova fase.

A atmosfera de Paris está diferente.

Um dos primeiros estrangeiros, Henri Meister, chegado na capital na carruagem de Genebra, fica surpreso de poder entrar na cidade "sem ser parado em nenhuma barreira, sem passar pela menor dificuldade, sem responder a nenhuma pergunta".

Ele repara que é possível ver novamente "alguns veículos particulares, dos ministros – diplomatas – estrangeiros; dos membros do Comitê de Salvação Pública, que têm, cada um, um transporte a sua disposição, pago pela República; de alguns empreendedores e de suas amantes".

Ele vai ao teatro, onde são encenadas, sob aclamações, apenas peças que estigmatizem o "tirano" Robespierre. O público exige vingança contra os "cavaleiros da guilhotina", os "bebedores de sangue".

Contam-lhe que "os patriotas se calam porque a aristocracia os chama de Robespierres".

Os trechos que fazem eco às paixões e aos acontecimentos do momento são ovacionados:

> Exterminai, grande Deus da terra onde estamos,
> Quem quer que, com prazer, espalhe o sangue dos homens.*

Ele vê, na frente de um teatro, um cocheiro que abre a porta de seu veículo e se inclina diante do passageiro que acaba de recompensá-lo, e ouve este mesmo cocheiro dizer obsequiosamente: "Obrigado, meu senhor".

Meister percebe que esta palavra, nunca mais utilizada nos últimos cinco anos, se espalha novamente. Os "senhores" são retomados, os "cidadãos" são esquecidos.

Todos os dias, Meister lê jornais ou panfletos que condenam Maximilien, o "Impostor que ditava há cinco anos a ruína da liberdade, para quem os crimes nada representavam, desde que fossem meios de chegar à tirania. Os celerados que com ele tinham urdido as tramas mais atrozes não existem mais..."

---

* *Exterminez grand Dieu de la terre où nous sommes / Quiconque avec plaisir répand le sang des hommes.* (N.T.)

Há apelos para acabar com a "cauda de Robespierre".

Os jornais saúdam a libertação dos suspeitos, a abolição da lei de 22 prairial, a prisão do promotor público do Tribunal Revolucionário, Fouquier-Tinville, contra quem se anuncia um verdadeiro processo.

Ao mesmo tempo, os suspeitos de robespierrismo são perseguidos.

Em 9 de agosto, em Nice, os representantes em missão Saliceti e Albitte decretam a prisão do general Bonaparte, por recaírem sobre ele "fortes motivos de suspeita de traição, de dilapidação".

Bonaparte mantinha boas relações com Augustin Robespierre, por certo tempo representante em missão. Isto bastara para fazer de Bonaparte um suspeito de robespierrismo.

Ele se defende com força, escrevendo do Fort-Carré de Antibes, onde fora encarcerado: "Não estive sempre apegado aos princípios? Tudo perdi pela República. Desde então, servi em Toulon com alguma distinção e mereci, no exército da Itália, o quinhão de glórias que ele adquiriu. Não se pode contestar, portanto, meu título de patriota."

Em 20 de agosto, Bonaparte é libertado. Mas ele sente que ainda recaem suspeitas sobre si, enquanto o general Hoche, que fora preso durante o governo de Robespierre, obtém, junto com a liberdade, o comando do Exército das Costas de Cherbourg, que luta contra os *chouans* e os vendeanos.

Apesar das mudanças, da depuração, do cerco aos robespierristas feito nos departamentos por novos representantes em missão, o país está extenuado.

O suíço Mallet du Pan escreve: "A nação parece esgotada, como uma louca que volta à razão com sangrias, banhos e dieta!"

O antigo girondino La Révellière-Lépeaux acrescenta: "À febre sucede uma completa prostração".

As chagas não se fecharam. Ainda supuram. Os bairros chiques, sobretudo o Faubourg Saint-Germain, estão desertos.

Nos palacetes particulares, com frequência é possível ler, num letreiro dependurado na fachada: "Propriedade nacional à venda".

Essas residências foram pilhadas, às vezes transformadas em gabinetes e corpos de guarda pelas seções da Comuna.

> Tudo aquilo que um dia esteve no interior das casas parece estar exposto simultaneamente na rua. A capital do mundo parece um imenso brechó... A cada passo [continua o suíço Meister] encontramos pessoas de ambos os sexos, de todas as idades, de todas as condições, carregando algum pacote embaixo do braço; são porções de café, açúcar, queijo, óleo, sabão, que sei? Muitas vezes se trata do último móvel, da última roupa que um infeliz consente em se desfazer para comprar o alimento de que necessita para si próprio ou para sua infeliz família... O que mais me chocou, de maneira geral, em Paris, foi uma estranha característica de incerteza, de desequilíbrio em quase todos os rostos, um ar inquieto, desafiador, atormentado, até mesmo desvairado e convulso.

Neste embotamento de Paris e do país, os membros do centro da Convenção – o Ventre – fazem campanha – nos jornais, em seus discursos – pela "União e Confiança", como diz Cambacérès:

– Não nos culpemos por nossas desgraças ou faltas... A Revolução foi feita... Ela custou vítimas, fortunas foram destruídas. Autorizaremos investigações sobre todos os acontecimentos particulares? Quando um edifício é concluído, o arquiteto, ao quebrar seus instrumentos, não destrói seus colaboradores. Enquanto o povo e a Convenção se unirem, os esforços dos inimigos da liberdade morrerão a seus pés. O navio da República, tantas vezes fustigado pela tempestade, chega à costa... Deixemo-lo entrar no porto, abrindo caminho, feliz, por um mar obediente.

Mas a pacificação esperada por Cambacérès e os membros do Ventre não é desejada por todos. Para um jornalista como Mallet du Pan, "os membros da Convenção são como criados de revolução que assassinam seus mestres e se apoderam da casa depois da morte deles".

Sem dúvida Mallet du Pan é monarquista, genebrino, mas artesãos, serviçais e operários, humildes, portanto, viram amigos "espirrar no saco", depois de serem condenados por Fouquier-Tinville. E são os humildes que representaram cerca de dois terços das vítimas do Tribunal Revolucionário.

Os sobreviventes exigem vingança.

São eles os que cantam, chamando Robespierre e os jacobinos:

> Quer se pegue isto
> Quer se pegue aquilo
> A guilhotina resolve
> A guilhotina te esperava, claro que sim!*

Outra canção é entoada pelos "senhores" da "juventude dourada", chamados de "fátuos", "colarinhos pretos", "meias brancas", "jacobinos brancos" e sobretudo *muscadins*.

Eles clamam, avançando em pequenos grupos armados com porretes chumbados, querer o *Despertar do povo*.

> Povo francês, povo de irmãos,
> Podes ver sem tremer de horror
> O crime hastear os estandartes
> Da carnificina e do terror? [...]
> O dia tardio da vingança
> Enfim empalidece vossos carrascos.**

Nos primeiríssimos dias que se seguem à execução de Robespierre, os *sans-culottes* interpelam esses "senhores", os *muscadins*. Eles os chamam de covardes, pois grande parte são procuradores refratários, desertores, foragidos, que se desligaram das oficinas de guerra "e cuja mão é mais como a do

---

* *Qu'on attrape ci / Qu'on attrape ça / La guillotine arrange ça / La guillotine t'attendait oui-da!* (N.T.)

** *Peuple français, peuple de frères, / Peux-tu voir sans frémir d'horreur / Le crime arborer les bannières / Du carnage et de la terreur? [...] / Le jour tardif de la vengeance / Fait enfin pâlir vos bourreaux.* (N.T.)

pintor miniaturista do que como a do ferreiro ou do limador".
Outros trabalham nos transportes ou nos gabinetes.

A maior parte desses colarinhos pretos são funcionários dos tribunais, dos espetáculos, das lojas, dos bancos, das administrações públicas.

Entre eles há letrados, juristas, poetas jornalistas, vaudevilistas, escrivães de cartório e advocacia. Depois comediantes, vendedores, pequenos funcionários, pequenos comerciantes, especuladores, corretores, financistas. Todos com apenas um desejo: não ir para os exércitos, evitar ser "mobilizado".

Eles se reúnem em torno de Fréron, que todos os dias publica um artigo violento no *L'Orateur du peuple*. Que com frequência troca a pluma pelo porrete, faz a caça aos *sans--culottes*.

Os *muscadins* e seus leitores são seus soldados, que, por sua origem social, sua maneira de falar e vestir, são o oposto dos *sans-culottes*.

Pouco a pouco, eles saem vencedores nos confrontos que os opõem.

O quartel-general dos *muscadins* é o Palais Royal, que volta a se tornar o lar do luxo, da elegância, do jogo, da agiotagem, das moças bonitas.

Eles se encontram no Café de Chartres e no Café de Canonniers. Ali são aclamados Fréron, Tallien e sua Nossa Senhora de Termidor, Thérésa Cabarrus.

Eles molestam os vendedores da imprensa jacobina, queimam seus jornais, e vão ganhando coragem, todos os dias fazendo manifestações nas Tulherias, nos teatros.

Só atacam se estão em grande número, insultando os atores, acusados de terem sido "terroristas". Eles batem nos homens, chicoteiam as mulheres.

Depois se afastam, cantando, girando seus porretes, com as pernas apertadas em calções tão justos que "daria na mesma andar nu".

"Eles pululam por toda parte", diz um relatório de polícia. Sua maneira de falar os distingue.

Eles saracoteiam numa atitude arrebatada repetindo numa voz lânguida *Minha palav-a de hon-a*.

Sem os "R", a letra maldita que lembra a palavra Revolução.

Eles atacam, em quatro contra um, os *te-o-istas*. Eles fazem a corte às *ma-avilhosas*, que parecem nuas em vestidos de gaze, chamados de "sistema de nudez gazeada".

"Seria preciso retirar-lhes pouquíssimas roupas para torná-las parecidas à Vênus dos Médicis."

Essas ma-avilhosas começam a usar perucas loiras trançadas com arte.

"As mulheres do povo as ridicularizam, levantam a mão para desfazer o arranjo."

Mas os *muscadins*, esses *inc-íveis*, as perseguem e fustigam, depois se pavoneiam na frente das ma-avilhosas. Eles usam um casaco apertado, verde garrafa, ou "cor de cocô", com dezessete botões de madrepérola para lembrar o *órfão do Templo*, aquele Luís XVII cujo destino comove.

O menino de nove anos vive, desde o fim de outubro de 1793, vigiado pelo sapateiro Simon.

Encerrado numa das grandes salas da torre principal do Templo, ele é obrigado a fazer suas necessidades num canto da peça, cujo lixo só é retirado uma vez por mês.

Malnutrido, enegrecido pela fumaça de um velho aquecedor cujo fogo ele alimenta, sujo, trocando de roupa apenas a cada quatro semanas, seu destino melhora um pouco depois do 12 termidor.

É tarde demais, ele não passa de uma criança corroída por uma doença óssea, "seu peito também está violentamente atacado, seu estômago está contraído, ele respira e digere com dificuldade. O infeliz filho real aos poucos desce à cova", escreve uma testemunha.

Para os *muscadins*, Luís XVII é apenas um símbolo, dezessete botões de madrepérola, um elemento de suas roupas, como as perucas empoadas, feitas com os cabelos dos guilhotinados.

Eles usam um chapéu de duas pontas em meia-lua, e seus rostos emergem de uma espécie de cone de musselina cor de ferrugem, cuja crista acaricia o lábio inferior e que é chamado de "gravata escrofulárica".

O colarinho de veludo preto que evoca a morte do rei, as grandes abas pontudas e cruzadas, a parte inferior reta em formato de rabo de bacalhau, o calção apertado que é amarrado logo abaixo dos joelhos com um arranjo de fitas, as meias em várias cores, os sapatos abertos que só escondem os dedos do pé e, no olho, um monóculo enorme e insolente, todo esse traje os opõe aos *sans-culottes*.

Para uns, o almíscar, a limpeza meticulosa, a extravagância elegante, requintada, e para os outros, diz um *muscadin*, "as maneiras grosseiras e a sujeira oficial da roupa dos jacobinos, o cinismo imundo dos terroristas".

Os inc-íveis têm orgulho de terem sido presos sob o Terror:

> Eu usava pó e minha roupa de baixo era fina
> E meu encarceramento dizia que eu era *muscadin*.
> Sabemos que não faltava muito
> Para ir à carroça ou no mínimo ao cárcere.*

Agora, vingança.

A mão do *muscadin*, clareada com pasta de amêndoa, parece uma mão de mulher, mas ela maneja o "porrete chumbado", o "espanca-canalha".

Para controlar a rua parisiense, por tanto tempo ocupada pelos *sans-culottes*, pelos jacobinos, e antes deles pelos *enragés*, pelos hebertistas e pelos maratistas, a "juventude

---

* *Je mettais de la poudre et mon linge était fin / Et mon écrou porta que j'étais muscadin. / On sait qu'il n'en fallait alors pas davantage / Pour aller en charrette ou tout au moins en cage.* (N.T.)

dourada" é bastante útil a Fréron, a Tallien, a Barras, a Fouché, aos antigos terroristas que romperam com a Montanha e que preocupam Billaud-Varenne, que ousa dizer no Clube dos Jacobinos:

– O leão não morre ao cochilar. Ao despertar, extermina todos os seus inimigos.

Os *muscadins* respondem cantando *O despertar do povo*. Fréron e Tallien não tentam saber quem eles são.

– Fingíamos não perceber – conta um deles – que éramos todos ou quase todos promotores insubmissos. Pensávamos que serviríamos com mais utilidade à coisa pública nas ruas de Paris do que no exército de Sambre-et-Meuse, de Rhin-et-Moselle ou de Pyrénées-Orientales. Quem propusesse enviar-nos para reconhecer o terreno nas fronteiras era muito mal recebido, acredite.

No entanto, apesar dos bandos da juventude dourada que começam a frequentar as seções da Comuna de Paris e ali fazem decisões serem adotadas, constrangendo os jacobinos a se calar, os termidorianos mais lúcidos estão preocupados.

O *maximum* dos preços dos víveres não é mais respeitado. O pão sobe. E os camponeses se recusam a entregar seus grãos.

"A aristocracia comercial ergue a cabeça com audácia", diz um relatório policial.

Em Marselha, os representantes em missão mandam prender um professor que chama os patriotas para novos "massacres de setembro".

Numa *Mensagem à Convenção*, os jacobinos de Dijon exigem um "retorno à política de Robespierre".

O "leão" jacobino despertaria, conforme o desejo de Billaud-Varenne?

Em 14 frutidor (31 de agosto), o depósito de pólvora instalado na planície de Grenelle explode e devasta de maneira terrível os arredores. O abalo é tão grande que é sentido do Faubourg Saint-Germain até Passy e além... Duas horas depois do acontecido, são retirados às centenas os mortos e moribundos. Estima-se que cerca de duas mil pessoas perderam a vida e que mais de mil ficarão aleijadas para o resto das suas... Em 10 de agosto, a loja de salitre da abadia de Saint-Germain havia explodido.

Paris inteira está assustada.

Seriam desastres? Seriam crimes?

Na noite de 24 frutidor do Ano II (10 de setembro de 1794), Tallien é atacado e ferido por um agressor, que consegue fugir. Seria um "cavaleiro da guilhotina", um jacobino?

Talvez seja preciso tranquilizar o povo *sans-culotte* que se cala, mas que pode voltar a reclamar e cujos murmúrios já podem ser ouvidos aqui e acolá.

Os jacobinos pedem a traslado do corpo de Marat para o Panthéon. A Convenção hesita, mas, prudente, decreta que isso seja feito.

Com solenidade, em 21 de setembro, aniversário de Valmy e da proclamação da República de 1792, Marat é conduzido ao Panthéon. É o último dia do Ano II.

No dia seguinte, 1º vendemiário, tem início o Ano III.

17.

É o outono de 1794, mas esses meses de vendemiário e brumário do Ano III tilintam um frio glacial que anuncia um inverno rigoroso.

Ao esperar por horas a fio na frente das padarias, das lojas de víveres, sente-se estar em frimário e nivoso (novembro-dezembro).

Com os lábios rachados, os dedos congelados, não chega nem a haver protesto contra os preços do pão, da carne, da madeira, do carvão, das velas e do sabão, que subiram mais de um terço desde a queda de Robespierre.

Ninguém respeita o *maximum* dos preços, e logo – em 24 de dezembro – ele será abolido. Os preços subirão mais ainda, e felizes os dias em que o padeiro assava várias fornadas. Pois faltam grãos. A Inglaterra aperta o cerco ao bloqueio. E os camponeses não confiam mais no *assignat*, moeda cujos bilhetes perdem a cada dia seu valor, eles guardam seus grãos, esperando a próxima alta, exigem ser pagos em moedas de ouro, ou trocam seus sacos de cereais por carne ou bens. A troca vale mais que o pagamento em *assignats*.

Mas o operário, por sua vez, nada tem para vender e trocar além de sua força e sua habilidade. Jamais houve tantos braços que não sabem a que se dedicar. O trabalho é raro.

Em 6 de dezembro, o Comitê de Salvação Pública decide que a República não empregará mais trabalhadores pagos por dia. Nos dias que se seguem, grande número é dispensado. Eles são convidados a sair de Paris, a ir procurar trabalho nos departamentos. Em 12 de dezembro, eles protestam contra essas decisões. Mas o Comitê de Salvação Pública não cede. Os manifestantes, além disso, são pouco numerosos, mais prostrados e desesperados do que decididos.

Eles vão engrossar as filas dos indigentes, daqueles que quando uma patrulha indaga, à noite, um "Quem vem lá?", respondem "Barriga vazia".

Essas são palavras de impotência, de ceticismo, de desespero.

"A opinião pública flutua incerta acima de coisas e pessoas", escreve a testemunha sensata e ponderada que é o livreiro Ruault. A aflição, diz ele, não atinge apenas os humildes, destinados à penúria e à indigência, mas também os patriotas esclarecidos e ricos.

Sangue demais foi derramado. Lutas demais até a morte foram travadas entre revolucionários. A pergunta que desde então persegue muitos cidadãos é:

> Devemos amar ou trair o jacobinismo? O jacobinismo foi útil ou nocivo para o estabelecimento da República? Esta é a discussão na ordem do dia, que fermenta todas as mentes de um canto a outro da França. Parece certo, no entanto, que a República foi fundada pelos jacobinos. Aqueles que amam esta natureza do governo não devem detestá-los.

Mas, dentre os jacobinos, é preciso escolher.

> Seja como for [continua Ruault], os verdadeiros republicanos não darão desgosto nenhum a Robespierre... Ele era covarde, ele se escondia do perigo, ele traía, ele entregava, ele abandonava seus amigos. Robespierre era ambicioso, ciumento, vingativo num nível vil e odioso... Não é o caso de Georges Danton, oposto em tudo a Maximilien Robespierre. Danton não era um homem comum, com sua eloquência colossal... Danton deve ser odiado pelos monarquistas, mas falo aqui enquanto republicano...

Mas o Ano III, desde esses primeiros meses de vendemiário e frimário, não é favorável às opiniões comedidas, nem à justa apreciação do papel dos jacobinos.

Nas ruas, os *muscadins* e seus porretes chumbados – espanca-canalhas – fazem a caça aos jacobinos, aos "cristeiros" – da crista da Montanha –, à "cauda de Robespierre" e inclusive aos "sapos do Pântano".

Os jornais antijacobinos se multiplicam, e a fortuna de Thérésa Cabarrus os financia. Seus artigos, como os inúmeros panfletos, cobrem os membros da Convenção que, apesar de terem contribuído para a queda de Robespierre, continuam se dizendo jacobinos, montanheses, patriotas republicanos.

Lê-se que Barère, "servil e repugnante", usa botas de couro humano, curtidas em Meudon!

Que Billaud-Varenne é um "tigre" que precisa ser esquartejado! Os jacobinos, os *sans-culottes*, não tinham, em setembro de 1792, comido os corações das vítimas dos massacres assados numa grelha?

Collot d'Herbois é "sepulcral".

Carrier não passa de um "aquático", que em toda sua vida só teria feito o bem para os peixes do Loire, atirando-lhes os condenados dos afogamentos.

"Dai-nos essas cabeças, ou tomai as nossas", conclui um libelo.

A juventude dourada, Tallien e Fréron, se saciam com essas palavras, com esses desejos de vingança que despertam e alimentam. Eles se reúnem nos cafés do Palais Royal ou ainda nos bailes mais inesperados.

Há danças no cemitério Saint-Sulpice onde, na entrada, uma tela rosada, com a inscrição Baile dos Zéfiros, encima uma caveira e dois ossos cruzados gravados na pedra. Os casais rodopiam sobre as sepulturas.

No Baile das Vítimas só são admitidos aqueles e aquelas que perderam algum parente no cadafalso.

Todos chegam com a nuca raspada, exposta para o carrasco, um fio vermelho em torno do pescoço, e se cumprimentam com a saudação "à vítima", imitando o movimento de uma cabeça que cai sob o cutelo.

Eles se encontram nos "salões", onde se amontoam os emigrados que a nova legislação autorizara a voltar para a França e os novos senhores do poder, os termidorianos.

"As graças e os risos que o Terror colocara em fuga estão de volta a Paris. Nossas lindas mulheres de perucas loiras são adoráveis, os concertos públicos ou de clubes são deliciosos", lê-se no *Le Messager du soir*. "Os homens de sangue, os Billaud, os Collot e o bando dos *enragés* chamam esta reviravolta de 'a contrarrevolução'."

Toda uma nova sociedade surge. Os termidorianos mantêm laços com antigas condessas, viúvas, esposas ou filhas de emigrados.

Há os "pretendentes de mulheres nobres" e aqueles que preferem as atrizes.

"Os espetáculos estão cheios de prostitutas, concubinas de deputados que exibem descaradamente as joias roubadas dos palacetes dos emigrados", constata Mallet du Pan.

Os montanheses se dão conta que a opinião pública lhes escapa e, com ela, o poder. Collot d'Herbois tenta resistir. Ele alertara os jacobinos.

– Celerados prometeram nossas cabeças a suas concubinas. Estais em tal situação que é nos lugares mais desprezíveis que se conspira contra vós. É nos budoares impuros das cortesãs, na casa de viúvas do estado-maior dos emigrados e no meio das orgias mais nojentas que o grande futuro da República oscila.

Gracchus Babeuf, antigo escrivão encarregado de examinar os "terriers" – os direitos feudais dos senhores –, que exigira em 1790 a abolição da maior parte das taxas e impostos, encarcerado, contrário a Robespierre, mas sempre fiel a seu sonho igualitário, escreve em seu jornal – sem dúvida financiado por Fouché –, *Le Tribun du peuple*:

> Franceses, voltastes para o reinado das vadias; as Pompadour, as Du Barry, as Antonieta revivem e são elas que vos governam. É a elas que deveis em grande parte todas as calamidades que vos afligem e a deplorável retrogradação que mata vossa Revolução...
> Por que calar por mais tempo que Tallien e Fréron decidem o destino dos humanos, deitados preguiçosamente em edredons e rosas, ao lado de princesas?

Mas o *Le Tribun du peuple* é um jornal efêmero, Gracchus Babeuf e aqueles que o seguem ou inspiram têm pouca influência.

Como o ex-duque Antonelle, antigo oficial, que abraçara a causa do Terceiro Estado. Ele fora jurado do Tribunal Revolucionário; preso, libertado com a queda de Robespierre, "epicurista, libertino, uma cabeça exaltada em todas as acepções do termo", ele se espanta com o papel que Tallien e Fréron atribuem aos *muscadins*.

Eles não apenas fazem uma caça aos jacobinos como ocupam as tribunas da Convenção, depois de proibir o acesso dos *sans-culottes*. E eles protestam, ameaçam. Eles são o exército termidoriano.

Antonelle escreve: "É um verdadeiro frenesi esta juventude frívola que se inflama como que para uma cruzada... Curiosa homenagem à humanidade, à virtude, à justiça, os furores desenfreados dos jovens de colarinho preto!"

Eles são os senhores da rua. Agridem os pedestres isolados que lhes parecem pertencer à "infernal sociedade", o Clube dos Jacobinos.

"Basta ter um ar jacobino para ser injuriado, insultado e até mesmo espancado", confirma um relatório da polícia.

Na noite de 19 brumário, grupos de jovens armados de bastões e sabres se reúnem nos arredores do Palais Égalité, antigo Palais Royal, e da igreja Saint-Roch. Ouvem discursos. São uma centena – sendo que alguns não chegam aos dezessete anos.

Eles atacam o Clube dos Jacobinos, na Rue Saint-Honoré. Atiram pedras nas janelas, o que provoca pânico nas tribunas.

– Querem nos matar, querem nos espancar – gritam as mulheres, fugindo.

– Celerados, bandidos, é preciso degolá-los – responde a pequena multidão que atinge com golpes de sabre a cabeça e os ombros daqueles que saem do clube.

— Ei, pequena, eu te conheço — diz um dos jovens chutando a cidadã Caudry, natural de Nantes.

Ela é cercada por duzentos homens armados com bastões que "tentaram levantar sua saia e chicoteá-la".

Em 20 brumário (10 de novembro de 1794), uma nova escaramuça opõe, nas imediações do clube, jacobinos e juventude dourada.

No dia seguinte, 21 brumário, espalha-se o rumor de que os jacobinos preparam uma marcha contra a Convenção.

Fréron está no Palais Royal, discursando para grande número de *muscadins*:

— Enquanto os jacobinos discutem se vos degolarão na rua ou em casa, aproveitemos para impedi-los, ainda é tempo! Marchemos em colunas cerradas, surpreendamos a besta em sua toca e deixemo-la para sempre incapaz de nos prejudicar. Bravos jovens, marchemos!

Eles são cerca de dois mil a se dirigir para o Clube dos Jacobinos, gritando "Viva a Convenção! Abaixo os jacobinos!", tentando forçar as portas da sala, entrando nela pelas janelas.

Os jacobinos estão em desvantagem. Abandonam carmanholas e barretes vermelhos e fogem pela Rue Saint-Honoré, insultados, sob escarros e pranchadas de sabre ou porrete.

Em 22 brumário (12 de novembro), a Convenção decreta o fechamento do Clube dos Jacobinos.

A "infeliz jacobinalha" é dispersa. A "infernal sociedade" é fechada.

Os panfletos termidorianos fazem troça: "Vigorosos atletas dotados de largas mãos agarram as jacobinas chorosas e, sem piedade por suas virtudes, sem preocupação pelo frio, destapam seus traseiros sufocados".

Estavam vingando as freiras do Hôtel-Dieu que tinham sido chicoteadas pelas mulheres do povo, em 7 de abril de 1791...

Uma era da Revolução se encerra.

O Clube dos Cordeliers tinha sido atingido mortalmente pelo Clube dos Jacobinos.

Este fora aniquilado por sua vez. Da mesma forma que Robespierre se unira a Danton na morte.

A via estava livre para os termidorianos.

Dizem que a própria Thérésa Cabarrus, Nossa Senhora de Termidor, Nossa Senhora do Bom Socorro, que se tornara esposa de Tallien, fechara as portas do Clube dos Jacobinos. Na verdade, foi um comissário da polícia que colocou um cadeado na porta da Rue Saint-Honoré. Mas a lenda, depois da cena das "jacobinas açoitadas na bunda", é simbólica.

O jornalista Claude Beaulieu, monarquista, preso durante o Terror, destinado à guilhotina, salvo pela queda de Robespierre, comenta, sarcástico:

– Era assim que se decidia o destino da França e inclusive da Europa, pois era justamente disto que se tratava.

Agora os termidorianos podem agir sem entraves. As medidas se sucedem.

Os deputados girondinos sobreviventes são acolhidos na Convenção. Em seus olhos e em suas palavras brilha o desejo de vingança e revanche.

– Vossa cova foi aberta, desgraçados – dizem eles aos montanheses do Comitê de Salvação Pública. – Debatei-vos em vão na beira do túmulo... Não haverá paz para a pátria enquanto vossa odiosa existência macular a natureza.

Carrier recebe um decreto de prisão, por seus "crimes" de Nantes.

Depois dele, os "grandes culpados" são visados.

No *Le Patriote*, jornal termidoriano, pode-se ler:

> Qual foi o mais sanguinário
> Billaud, d'Herbois ou Barère?
> Qual dos três está em apuros
> Billaud, Barère ou d'Herbois?
> Qual merece o cadafalso?*

---

* *Lequel fut le plus sanguinaire / De Billaud, d'Herbois ou Barère? / Lequel des trois est aux abois / De Billaud, Barère, ou d'Herbois? / Lequel mérite l'échafaud?* (N.T.)

Em 27 de dezembro, os três, em companhia de Vadier, são acusados. A participação ativa deles, decisiva para a queda de Robespierre, apenas retardara o fato.

A paixão política, a vontade de acabar com os homens que apenas quiseram condenar o "tirano" Robespierre, e não uma política, é tal que se esquece o que se deve ao Comitê de Salvação Pública.

As decisões tomadas pela Convenção no campo da instrução pública (criação das grandes escolas, École Normale, Conservatoire des Arts et Ateliers, École Centrale des Travaux Publics – futura École Polytechnique), o relatório Lakanal, que institui uma escola pública para cada mil habitantes, são fruto dos Comitês de Instrução, que se reuniram e trabalharam durante o período terrorista.

O mesmo em relação aos sucessos militares – toda a margem esquerda do Reno é conquistada, por Kléber e Marceau; os Países Baixos, ocupados por Pichegru; a frota holandesa, presa nas geleiras em Texel e capturada pela cavalaria de Pichegru –, resultantes das medidas tomadas por Carnot, no Comitê de Salvação Pública. Depois da reconquista de Condé--sur-l'Escaut, não há mais nenhuma praça francesa nas mãos do estrangeiro.

A coalizão começa a se desfazer. A Dieta do Império Germânico se pronuncia a favor da abertura das negociações.*

O agente inglês Wickham, que acaba de chegar na Suíça, não consegue impedir esta evolução.

Os sucessos da Convenção nas fronteiras enfraquecem vendeanos e *chouans*. O general Hoche começa a negociar, a pacificar a Vendeia.

Em 2 de dezembro (12 frimário do Ano III), a Convenção "promete perdão e esquecimento a todas as pessoas dos distritos do Oeste, das costas de Brest e de Cherbourg, conhecidas

---

* Dieta: a assembleia política do Império Germânico. (N.T.)

como rebeldes da Vendeia e *chouans*, que depuserem as armas durante o mês seguinte ao presente decreto".

O bispo Grégoire exige a liberdade total de cultos, opondo-se, assim, a Marie-Joseph Chénier, que quer organizar no lugar e no espaço das cerimônias cristãs um "culto decadário".

Mas o povo esmagado pela miséria, o povo que tem fome, murmura, segundo um relatório da polícia, "que seria muito melhor que lhe conseguissem farinha do que decidissem sobre festas".

A farinha, o pão, a carne, os víveres essenciais para a sobrevivência durante o inverno cruelmente gélido do Ano III, isto é o que preocupa os termidorianos.

Por terem organizado, seguido ou sofrido desde 1789 todas as "jornadas revolucionárias", eles sabem por experiência própria o papel da escassez e da miséria na explosão de cólera do povo. Eles tentam apagar o pavio que ouvem crepitar.

Fréron, com os fundos do Comitê de Segurança Geral, faz seus jovens partidários convidarem alguns *sans-culottes*. Serão escolhidos os do Faubourg Saint-Marceau e do Faubourg Saint-Antoine. O vinho abundará junto com as boas palavras.

Fréron doutrina suas tropas.

– Digam-lhes que querem desviar-vos, que tentam levar-vos a excessos, digam-lhes que tudo o que os malfeitores tentam inspirar-vos de ódio e amargura para com os comerciantes não passa de uma armadilha à sua boa-fé. Digam-lhes que o encarecimento dos víveres vem do encarecimento da mão de obra. Que o comerciante que paga muito mais caro que seus irmãos, os operários, precisa necessariamente vender mais caro. Que eles próprios exijam, com razão, um salário muito mais alto para seus trabalhos. Que eles devem ter cuidado com tudo o que tentam insinuar-lhes. Que o menor movimento nesse momento tempestuoso poria a pátria a perder...

Se não há farinha ou aumento de salários, devem ser instituídas festas, para tentar dissimular o fato de que a política seguida pelos termidorianos, com o apoio dos deputados girondinos – Isnard, Louvet, Lanjuinais – que novamente frequentam a Convenção, "faz a Convenção retroceder".

Assim, em 20 vendemiário do Ano III, organiza-se a transferência em grande pompa do corpo de Jean-Jacques Rousseau para o Panthéon.

O Jean-Jacques tão querido pelo coração de Maximilien!

Um decreto, votado em 10 de janeiro de 1795 (21 nivoso), institui que o 21 de janeiro, "dia da justa punição de Luís Capeto, último rei dos franceses, será festa nacional anual".

Comemora-se também, todos os anos, o 9 termidor.

A festa que celebra a morte de Luís XVI correu bem.

Nesse 21 de janeiro de 1795 (2 pluvioso do Ano III), os *muscadins* fazem, no pátio do Palais Royal, um auto de fé de um boneco representando um jacobino.

As cinzas do boneco são recolhidas num penico e jogadas no esgoto de Montmartre, ornado de letreiro com o seguinte epitáfio:

> De jacobino tive o nome
> Minha urna foi um penico
> E este esgoto meu Panteão.*

É possível ler no *Le Messager* do dia seguinte: "Algumas gracinhas colocadas no fundo do pote espalhavam um cheiro repulsivo, mas todos diziam que o jacobino é que empestara as matérias fecais e que era o cheiro das virtudes jacobinas que exalava pelos ares".

---

* *De Jacobin je pris le nom/ Mon urne fut un pot de Chambre/ Et cet égout mon Panthéon.* (N.T.)

18.

No inverno e na primavera de 1795, de janeiro a abril, os termidorianos não se contentam em dizer, todos os dias, palavras grosseiras sobre todos os suspeitos de serem jacobinos, "bebedores de sangue", "cavaleiros da guilhotina". Os *muscadins* os perseguem. Os "terroristas" são mortos nas prisões de Lyon. Em todo o vale do Reno, bandos da "Companhia de Jesus" assassinam em pleno dia os "mathevons" (os jacobinos) e seus cadáveres são jogados no Reno.

Eles são mortos em Nîmes, em Marselha, em Toulon.

Nesta última cidade, os *sans-culottes* assassinam sete emigrados que acabam de voltar, conforme autorizado pela lei. A repressão é impiedosa. Os representantes em missão distribuem armas aos bandos monarquistas da "Companhia do Sol". Um desses emigrados confidencia, durante um jantar, a Benjamin Constant, recém-chegado da Suíça:

– Ah, se eu fosse um grande juiz da França, mandaria executar oitocentas mil almas.

Ele espera, depois de punir os regicidas, os moderados, todos os "oitenta e novistas" que estão na origem do mal, o retorno dos tempos antigos.

– Varreremos as imundícies constitucionais – diz ele.

Nas seções em que os termidorianos tomaram o poder, ouvem-se as mesmas palavras.

– Castiguem esses tigres – diz-se na seção do Temple.

Rovère, membro da Convenção, deputado de Vaucluse, regicida, que durante suas missões em seu departamento fizera uso do Terror para perseguir seus inimigos pessoais, muda de lado, como Tallien, Fouché, Fréron e Barras. Ele se torna um ardente termidoriano e, em 22 de fevereiro, na Convenção, exige a repressão dos "bebedores de sangue".

– Se não punirdes esses homens, não haverá um francês que não terá o direito de fazê-lo – declara ele.

"Em Paris, eles ainda não são massacrados, mas não se deve desanimar", exclama, amargo, o livreiro Ruault.

As cenas que ele testemunha o deixam revoltado.

> Jovens que se autointitulam *Juventude francesa* ou *Juventude de Fréron* correm os prédios públicos, as praças, os cruzamentos para destruir os barretes da Liberdade. Eles entram nos cafés e perguntam de maneira categórica se há jacobinos. Ontem eles entraram aos bandos de vinte e trinta nos cafés de nosso subúrbio, aterrorizando esses locais de reunião.
> Meu Deus, quando isso acabará? Que partido podem tomar os patriotas de boa-fé? Ora vencedores, ora vencidos, serão eles eternamente o joguete da intriga e das paixões dos líderes das iniciativas? Seria desejável que houvesse um homem que acabasse com tudo isso de uma só vez.

Inúmeros são aqueles que, como Ruault, pensam neste homem que poderia surgir, impor o restabelecimento da ordem e colocar um fim às violências e ao caos.

Por que não um dos generais vitoriosos? Alguns se preocupam com esta possibilidade.

Por que não o general Hoche? Ele acabara de abrir negociações com Charette, o chefe dos vendeanos, em La Jaunaye, perto de Nantes. As concessões feitas aos vendeanos são consideráveis. A República concederia indenizações a todas as vítimas da guerra, participaria da reconstrução das aldeias, os bens confiscados seriam devolvidos, inclusive aos emigrados e aos herdeiros dos condenados à morte. A liberdade de culto na Vendeia estaria garantida. Os jovens seriam dispensados do serviço militar. E todos poderiam ficar com suas armas.

Por que não o general Pichegru, que comandara o exército de Rhin-et-Moselle, cujas vitórias aos poucos fazem surgir uma República Batava, "república irmã", que serviria de muralha à República Francesa?

A Convenção se entusiasma!

– A República, depois de recuar seus limites até o Reno, ditará as leis à Europa – declara Merlin de Thionville, membro da Convenção, antigo jacobino que se tornara "barriga dourada", "jacobino abastado" e... termidoriano.

O grão-duque da Toscana, Ferdinando II, assina a paz com a República Francesa.

Ele é irmão do imperador germânico Francisco II. E este é sobrinho de Maria Antonieta, cujo filho, o pobre Luís XVII, agoniza na prisão do Temple.

Na Basileia, o representante da Prússia também assina a paz e reconhece à França o direito de abrir negociações com o Sacro Império Romano Germânico para a anexação da margem esquerda do Reno!

Sucessos militares decisivos, sucessos políticos imensos; as monarquias se curvam perante a República.

Carnot, no seio do Comitê de Salvação Pública, fora o "organizador da vitória". Quando tentarem acusá-lo, prendê-lo, condená-lo, uma voz anônima lembrará disso à Convenção. Desistirão de persegui-lo, ele não será associado a Barère, Billaud-Varenne, Collot d'Herbois e Vadier, os "grandes culpados".

Um dos generais em Paris, então?

Por que não Marceau, comandante do exército do Norte?

Mas ninguém pensa naquele general de 26 anos, Napoleão Bonaparte, a quem acaba de ser retirado o comando do exército da Itália, por suspeição de "robespierrismo".

Oferecem nomeá-lo general de artilharia, na infantaria da Vendeia. Ele recusa a oferta e se instala em Paris, com seu sabre batendo nos flancos de sua sobrecasaca gasta, pobre e cheio de ambição.

Sim, por que não um homem novo para acabar com aqueles tempos de violência e intrigas?

"Pois a situação parece feita para desestimular as boas pessoas de, no futuro, tomarem algum partido nos assuntos públicos e para incitá-las a deixar os loucos avançarem sozinhos e sem companhia..."

Nesse 6 de março de 1795, Ruault conclui: "A natureza atual das coisas produz um grande e inevitável abalo. Mas nada vislumbro em todo esse caos. Tornei-me ateu em matéria de revolução, é dizer tudo em duas palavras."

Como é que os cidadãos não estariam todos, como o livreiro Ruault, cheios de ceticismo e incredulidade ao ficarem sabendo, no mês de fevereiro de 1795, que a Convenção decidira "despanteonizar" Marat, que no mês de setembro ela própria, em grande pompa, acompanhara até o Panthéon?

Os grupos *muscadins* vão aos teatros, aos cafés, inclusive às casas e às praças, quebrar os bustos do Amigo do Povo.

No dia seguinte a seu assassinato por Charlotte Corday, recitava-se:

– O coração de Jesus, o coração de Marat.

Os termidorianos, depois da morte de Robespierre, tinham aceitado a ida de Marat para o Panthéon.

Mas cinco meses depois, os bustos quebrados de Marat vão para o esgoto! Ele é "o evangelista dos massacres de setembro de 1792, o chefe dos homens de sangue, o homem que exigia duzentas mil cabeças".

No palco dos teatros, um ator declama:

> Dos louros de Marat não sobrou folha alguma
> Que não reproduza um crime ao olhar estarrecido.*

O *Le Messager du soir* se enfurece contra o "cínico repugnante que vivia publicamente com moças miseráveis encontradas nas ruas mais sujas, que um homem honesto não tocaria com a ponta do sapato. [...] Por que semelhante ser não morreu de podridão? [...] Os celerados deveriam morrer da mesma forma que viveram, na lama. Nossos pais enterravam na lama os assassinos e os homens imorais, e nós lhes ergueremos altares?"

---

* *Des lauriers de Marat, il n'est point une feuille / Qui ne retrace un crime à l'œil épouvanté.* (N.T.)

A juventude dourada se inflama. Seiscentos jovens, manejando o porrete chumbado, fazem a ronda dos bares para quebrar os bustos de Marat, invadem a sala da Convenção, gritando:

– Abaixo os malditos bebedores de sangue! Abaixo os malditos celerados! Abaixo os malditos comedores de homens! Abaixo todos esses malditos bandidos! Jogaremos todos no esgoto!

Eles são aplaudidos.

Incrível, a Convenção!, zombam alguns patriotas. Um pandemônio dos "barrigas douradas", "barrigas podres".

Os *sans-culottes* continuam apegados à lembrança de Marat, o amigo do povo.

Alguns murmuram que é preciso "pregar sua sublime moral". E que talvez não tenham sido cortadas cabeças suficientes!

Um relatório da polícia aponta que o "público começa a se cansar da conduta dos jovens. Ele se espanta que o governo pareça aprová-los".

Outro espião da polícia assinala que os jacobinos tentam levar o "povo pequeno" à revolta.

> Eles percorrem os porões, as tavernas e as oficinas para sublevar a classe operária e crédula do povo contra os que eles chamam de "milhão dourado", os *muscadins*, os comerciantes e a juventude de Fréron... Os homens simples têm a fraqueza de dar crédito a essas horríveis calúnias. Há ódios, partidos, divisão. Os malfeitores esperam se livrar da vigilância inoportuna dos jovens que os perseguem, fazendo-os enfrentar os homens honrados e trabalhadores que, sob o nome de *sans-culottes*, eles ainda esperam enganar, para reinar novamente sob o nome deles.

Mas não é preciso imaginar "intrigas" jacobinas para explicar a cólera que cresce no povo humilde.

Eles estão desprovidos e passam fome.

Pouco importa que eles ignorem que Gracchus Babeuf, num *Projeto de mensagem do povo francês a seus delegados*, clame por uma insurreição pacífica dos "barrigas vazias" contra os "barrigas podres e douradas".

Que um jornal efêmero, que tomou o título da publicação de Marat, *L'Ami du peuple*, prega "a guerra social contra o milhão dourado".

Os *sans-culottes*, os operários, suas mulheres, todos aqueles que em vão procuram pão, pois este está faltando em Paris, em Lyon, sabem que os "barrigas podres" vivem no luxo.

Murmura-se, nas filas enormes que se formam na frente das padarias, que a ração de pão passou para meio quilo por dia. Que a municipalidade de Paris só tem em estoque, em fins de março, 115 sacos de trigo.

Isto é o que importa: o pão!

Mallet du Pan assinala: "A massa do povo, que se tornou indiferente à República e à realeza, só se interessa pelas prerrogativas locais e civis da Revolução".

Querem pão!

Os manifestantes gritam quando suas delegações são recebidas na Convenção:

— Pão, pão, pão!

Um *sans-culotte* dos subúrbios grita aos deputados:

— Estamos às vésperas de lamentar todos os sacrifícios que fizemos pela Revolução.

Outro acrescenta:

— Se os ricos comessem como nós, há muito a Convenção não existiria!

Eles veem o luxo estampado, impudico, arrogante.
Danças, ostentação. Gula.

"Os garçons da Maison Égalité – o Palais Royal – dizem que nunca houve tantas despesas."

As fortunas não são ganhas apenas nas casas de jogos cada vez mais numerosas, onde o ouro abunda. A corrupção se torna generalizada.

Alguns tomam parte nos negócios dos fornecedores encarregados de prover as tropas com víveres, uniformes e munições.

Mas o soldado está malvestido, malcalçado, mal-alimentado, pois o pagamento é sobre a qualidade e a quantidade do que está inscrito nos registros e contratos.

"O luxo voltou aos exércitos", observa Hoche. "Semelhantes a paxás, nossos generais têm oito cavalos em seus carros."

Em Paris, as ma-avilhosas ostentam seu luxo nos salões. Uma testemunha escreve:

> A insolência do luxo, dos adereços, ultrapassa em Paris tudo o que o tempo da monarquia oferecia nesse gênero de mais imoral. Recentemente, a mulher de um deputado chamado Tallien pagou doze mil libras por um vestido grego.

Fréron exigira, no dia seguinte ao 9 termidor, "a libertação do cidadão Vilkers, que sempre lhe forneceu suspensórios muito elegantes"!

Madame Tallien, em seu vestido grego de doze mil libras, pode dizer que "Paris está feliz".

Ela não ouve os gritos desesperados das mulheres dos subúrbios:

– Peguem fuzis e matem-nos, ao invés de nos deixarem morrer de fome!

Outras, ao saber que acaba de ser decretada a prisão de Billaud-Varenne, Collot d'Herbois, Barère e Vadier, e que Carrier fora decapitado, gritam:

– Chega de baionetas, queremos pão!

Boissy d'Anglas, o deputado do centro, chamado de *Boissy-fome* por ser o encarregado das provisões, é acusado. Uma multidão vai à Convenção para interpelá-lo, intimá-lo a dar farinha às padarias, para que estas possam tirar suas fornadas.

As portas da Convenção são forçadas aos gritos de "Pão! Pão!"

É o dia 12 germinal do Ano III (1º de abril de 1795), o primeiro motim da fome.

Os deputados montanheses – que são chamados de "cristeiros" – estão desorientados.

– Meus amigos – diz um deles –, vocês querem pão e a liberdade dos patriotas, vocês os terão, mas desapareçam, porque estamos sufocando!

Tumulto. Homens "com o peito aberto e os braços nus" gritam:

– Queremos pão e a caça aos *muscadins*! Abaixo a juventude de Fréron! Abaixo os monarquistas do Café de Chartres!

Quando um deputado começa a falar, sua voz é encoberta:

– Sem pão, sem palavra!

– Vinguem-nos do exército de Fréron, dos senhores com porretes!

Nas ruas, faz-se a caça aos jovens de "cabelos trançados". Aqueles que convidam os *sans-culottes* a se dispersar recebem vários tapas na cara.

Pouco a pouco, no entanto, nas ruas vizinhas à Convenção e na sala desta, há hesitação. Não se sabe que partido tomar. Não há chefe. Não há alvo. Simplesmente peticionários que reclamam pão!

De repente, o "batalhão dourado" entra na Assembleia, armado de fuzis, chicotes, bastões, e acompanhado por alguns policiais.

Ele é guiado por Legendre, membro da Convenção, e por volta das sete horas da noite "as fúrias e os sediciosos" são expulsos da Convenção. Nos arredores, canta-se o *Le Réveil du peuple*. As tribunas se enchem com o "povo das pessoas honestas"! Assim que a sessão é reiniciada, decide-se prender os membros – uma dezena – que pareceram aprovar os sediciosos.

As tribunas aplaudem e aclamam Tallien que lhes pede para "ajudar a Convenção com sua energia".

Os "barrigas douradas" saem vitoriosos com tanta facilidade, na noite de 12 germinal, que o montanhês Barère se pergunta se os manifestantes não foram "reunidos a cinco francos por cabeça" pelos termidorianos para estes terem um pretexto de esmagar os montanheses.

Barère não tem tempo de investigar e apresentar provas.

Sem discussão, a Convenção decreta que Billaud-Varenne, Vadier, Barère e Collot d'Herbois serão deportados imediatamente para a Guiana.

O general Pichegru, que estava em Paris, é encarregado da execução do decreto.

Ele precisará tomar a frente do destacamento de trezentos jovens e policiais, pois os *sans-culottes* se reúnem e tentam parar os veículos onde foram colocados os prisioneiros.

Pichegru desobstrui o combate usando baionetas.

Na noite de 13 germinal, ele se apresenta à Assembleia.

– Representantes, vossos decretos foram executados – diz ele.

Ele é aclamado e admitido com honras na sessão.

Pela primeira vez um general é ovacionado e honrado no coração da República.

Como um "salvador".

19.

Bastam alguns dias para que a Paris dos subúrbios, flagelada pela fome e em busca de pão, brade novamente, maldizendo os "barrigas douradas", os "barrigas podres", os "ricos e os deputados" que acabam de aclamar o general Pichegru.

Nos muros do Faubourg Saint-Antoine e do Faubourg Saint-Marcel cartazes exclamam: "Povo, acorda!"

A Convenção volta a se preocupar.

Os relatórios dos "moscas", os espiões da polícia, recolhem, nas filas mais longas que jamais se formaram em frente às padarias, palavras ameaçadoras:

> O 9 termidor deveria ter salvado o povo, mas o povo é vítima de todas as manobras. Nos prometeram que a supressão do *maximum* – do preço dos víveres – recuperaria a abundância, mas a penúria está no auge. Onde estão as colheitas? Por que os *assignats* estão desvalorizados? É preciso empregar todos os meios possíveis para satisfazer a terrível miséria do povo.

A escassez se transforma em fome e os suicídios de mulheres famintas que não conseguem alimentar seus filhos se multiplicam.

"Logo veremos apenas cadáveres ambulantes ocupados em prestar as últimas homenagens àqueles que os precedem nas sepulturas", escreve um observador da polícia.

A comida é tão rara que se vende peixe podre na Place Maubert. E a fome deixa as pessoas loucas!

Um padeiro da Rue Saint-Denis é preso por "se gabar de ter cagado em seu pão, e, no exame deste, de fato encontrou-se merda"!

"Caso patológico e extremo, mas não há trigo nos dois pedaços que nos dão, que são um amontoado de farinha feita com vagem cinza, aveia e feijões: são da cor do couro cozido."

Enquanto isso, os doceiros vendem brioches, pastéis e bolos!

– Estamos empanturrados, estufados de brioche e não temos pão – se surpreende, escandalizado, um frequentador do Palais Royal e seus cafés.

Os *muscadins* da juventude dourada se fartam. São vistos nas confeitarias, se pavoneiam nos restaurantes. *Au veau qui tète,* À la *marmite perpétuelle*, nos quinze restaurantes do Palais Royal.

Pagam até cinquenta libras por um jantar.

Elegantes equipagens conduzidas por cocheiros de libré transportam as ma-avilhosas cobertas de enfeites. Uma delas pagara cem francos por um chapéu, para que a modista lhe reservasse a exclusividade até a hora do concerto, que por sua vez não passa de uma exibição de elegância.

Ou vai-se ao teatro assistir a ovacionada peça *Os jacobinos do 9 termidor*, que parodia os costumes da "infernal sociedade". Cada ator declama diante de um público extasiado, entusiasta, suas "qualidades" de jacobino: assassino, carniceiro, bebedor de sangue, cavaleiro da guilhotina, falido, envenenador. A sala repete em coro:

Bom! Bom! É um bandido!
É um excelente jacobino.*

Mas na porta Saint-Martin, nos cais, na Place de Grève, aglomerações se formam, ameaçadoras.

A Convenção reage, decreta o desarmamento "dos homens conhecidos nas seções por terem participado dos horrores cometidos sob a tirania".

Eles são punidos. Tornam-se os novos suspeitos, vítimas do *Terror branco*.

Em algumas cidades, são massacrados. Assim teriam morrido diversas centenas de pessoas – quase mil por dia – em Lyon, Marselha, Tarascon, Saint-Étienne, Bourg-en-Bresse, Lons-le-Saunier.

---

* *Bon! Bon! C'est un coquin! / C'est un excellent Jacobin.* (N.T.)

O massacre [escreve o livreiro Ruault] foi recebido na Convenção com um sangue-frio que caracteriza o espírito que a governa hoje em dia... Desta vez não foram notados arrepios e movimentos de indignação... E isso não é tudo. Os monarquistas e os devotos insultam publicamente aqueles que tomaram o partido da liberdade republicana. Mereceis, dizem eles em voz alta, o destino a que fostes reduzidos e que ainda vos ameaça.

Matastes ou deixastes matar vosso rei; garantistes seu suplício com vossa presença armada na Guarda Nacional. Perecereis todos de uma morte lenta ou infame, assim como a horda de assassinos que o condenaram. Aqueles que sobreviverem a vós se retratarão, com a corda no pescoço, em 21 de janeiro. Eles instituirão neste dia uma festa fúnebre para apagar, se possível, a vergonha de seus irmãos.

Assim são, mais ou menos, os discursos feitos por grupos nas esquinas, à noite, e nos mercados.

A estes, os monarquistas, respondem os *sans-culottes* dos subúrbios.

– É o milhão dourado que reina hoje em dia. Os celerados que dizem não querer sangue sufocam as crianças no ventre de suas mães e fazem-nas morrer de fome.

Cantarola-se:

Ah, os belos senhores, realmente!
Mas o povo os aguarda!*

Mulheres pilham, na Rue de Sèvres, veículos que transportam grãos. Barras, que acaba de ser encarregado de garantir o reabastecimento de Paris, é impotente para encontrar camponeses que aceitem trocar suas colheitas por *assignats*, que desvalorizam a cada dia.

As agitações chegam a Rouen, Amiens.

Ouvem-se gritos de:

– Querem nos obrigar a exigir um rei?

Às vezes, repete-se:

---

* *Ah les beaux messieurs vraiment! / Mais le peuple les attend!* (N.T.)

– Pão, e um rei!

Em Paris, cidadãos exigem "pão e a Constituição de 93", o texto "sagrado" do Ano I da República, que justamente a Convenção acabara de decretar inaplicável. Ela encarregara uma comissão, cujo relator é o moderado Boissy d'Anglas – "Boissy-fome" – de redigir uma nova.

Os cidadãos, preocupados em conseguir pão, não prestam atenção a essas manobras jurídicas.

Um espião da polícia escreve:

> O povo cansado de tudo isso não leva mais nada a sério. Ele perdeu toda confiança. Os assuntos públicos não passam, para ele, de um fardo e um caos insuportáveis. Grita-se de todos os lados que isso deve acabar, não importa como! Tal é o espírito público em Paris; acredito que seja mais ou menos o mesmo em todos os departamentos. A liberdade logo estará longe. Poder-se-ia acreditar, em 1789, que tudo acabaria assim?

Mas "a fome é subversiva".

> Não ouso relatar [escreve Ruault] todas as palavras, todas as "maledicências" que emanam dos grupos, das longas filas que se formam todos os anoiteceres, todas as noites nas portas das padarias para conseguir-se, depois de cinco ou seis horas de espera, ora duzentos gramas de biscoitos por cabeça, ora de pão velho, cem gramas de arroz...

Uma voz raivosa diz na penumbra:
– Que o sangue seja derramado, o dos ricos, dos monopolistas e dos especuladores. No tempo de Robespierre a guilhotina funcionava, comia-se o que se queria...

Todos sentem que o caos não pode durar por mais tempo, que é preciso de fato "acabar com ele", que a violência mostra seu rosto ensanguentado.

Em 7 de maio de 1795 (18 floreal do Ano III), o procurador do Tribunal Revolucionário do Ano II, Fouquier-Tinville, seu presidente Herman e quatorze jurados são guilhotinados.

E a Convenção se prepara para nova prova de força.

Ela reorganiza a Guarda Nacional, afastando os *sans-culottes* em proveito dos jovens "dourados", criando companhias de elite vestidas num uniforme especial e armadas a suas próprias custas.

Mas a juventude dourada não se alista, execra a disciplina.

O jornal termidoriano *Le Messager du soir* condena "esses jovens que só tem energia contra os malfeitores e os terroristas nos espetáculos, onde têm garantia de poderem se pronunciar sem perigo".

É preciso, portanto, apelar às tropas regulares, que um decreto autoriza a serem estacionadas nas periferias de Paris. Mas cavaleiros, soldados de infantaria e carabineiros pouco a pouco são dominados pela atmosfera rebelde dos subúrbios.

As mulheres os acusavam:

– Vocês comem o pão dos deputados e dos *muscadins*? Vocês têm a barriga cheia? Deem-nos pão e ficaremos em casa!

Duas divisões de polícia são chamadas, e mantidas afastadas do "populacho" que corrompe os soldados mais decididos.

O clima fica tenso porque reina a incerteza. O medo de ser varrido por uma daquelas bem conhecidas jornadas revolucionárias oprime os membros da Convenção, que delas participaram em outros tempos, ou delas foram vítimas.

Eles sabem que o povo os odeia, inveja suas "barrigas douradas", despreza suas "barrigas podres".

Nem a juventude dourada está segura, cada vez mais permeada por ideias monarquistas.

Quanto ao exército, ele é a favor da ordem republicana, e os soldados mal alimentados não gostam nem dos *muscadins* nem dos "barrigas douradas".

Resta apelar ao desejo de vingança contra os terroristas.

Isnard, um antigo girondino, em missão em Bouches-du-Rhône, onde reina o Terror Branco, convoca ao assassínio:

– Se vocês não tiverem armas, usem bastões! Se não tiverem bastões, desenterrem as ossadas de seus parentes e ataquem os terroristas.

Em 19 de maio de 1795 (30 floreal do Ano III), o apelo de um desconhecido no palco do Théâtre de la Gaîté responde-lhe:

> Desperta, povo de irmãos
> E ataca os horríveis tiranos
> Que sem piedade de tua miséria
> Fazem-te definhar, a ti, a teus filhos.
> Desperta, repito
> Com o trovão, arma tua mão.
> Ele já retumba sobre suas cabeças
> E logo os esmagará.*

Corre o rumor de uma insurreição para o dia seguinte, 20 de maio de 1795, 1º prairial do Ano III.

De fato, o alarme soa às cinco horas da manhã desse 1º prairial. Mulheres correm pelas ruas, arrastando mais mulheres, entram nas casas e nas oficinas, intimam as que hesitam, como a artista da Opéra-Comique, a cidadã Gonthier:

– Vem, Gonthier, se fores boa cidadã, vem conosco. Toma, olha para meu filho, ao invés de leite, só mama sangue de minhas tetas!

Às dez horas, um bando de quatrocentas mulheres, precedidas por tambores que batem a convocação geral, marcha até a Convenção.

Elas gritam:
– Pão! Pão! E a Constituição de 93!

Algumas tinham sido chicoteadas, insultadas pelos *muscadins*, sobretudo quando das violências que conduziram ao fechamento do Clube dos Jacobinos.

---

* *Réveille-toi peuple de frères / Et frappe ces affreux tyrans / Qui sans pitié de ta misère / Te font languir, toi, tes enfants. / Réveille-toi je le répète / De la foudre, arme ton bras. / Elle gronde déjà sur leurs têtes / Et bientôt elle les écrasera.* (N.T.)

— Mas esta noite — dizem elas —, as gravatas dos *muscadins* sairão por um bom preço. Teremos belas camisas. Veremos a constituição de seus corpos. Suas cabeças farão um belo objeto na ponta das lanças!

Grupos de homens se unem a elas nas Tulherias.

— É a luta entre os mãos pretas e os mãos brancas — gritam eles —, os canalhas precisam rebentar.

As portas da sala da Convenção são forçadas, a multidão irrompe sala adentro.

— Ali estão os patifes! — diz uma das mulheres apontando para os deputados.

Ela é vendedora de tabaco no corredor que conduz à sala de sessões.

— Conheço eles — grita ela. — São os celerados que nos fazem morrer de fome. Eles frequentam os restaurantes. Daremos um jeito nisso.

Policiais e militares tentam resistir à turba, repeli-la. Em vão.

— Pão! Pão!

Os soldados são empurrados, insultados.

— Abaixo as dragonas, não há mais autoridade, o povo está insurrecto. Não há mais necessidade de ordem, o povo comanda.

Outro *sans-culotte* grita:

— Degolemos todos esses canalhas! É preciso bater o ferro enquanto ele ainda está quente. Hoje é o dia da grande tempestade, não podemos falhar.

As horas passam, a tensão aumenta. Alguns *muscadins* tentam repelir os manifestantes; a princípio conseguem, mas são rechaçados por sua vez.

Boissy d'Anglas ocupa a poltrona da presidência.

Há tiros aos pés da tribuna.

Um deputado, Féraud, avança e tenta impedir um novo grupo de entrar na sala. Ele é derrubado a golpes de tamanco, carregado para fora do local e morto por um vendedor de vinho que "corta sua cabeça como um rábano", pega-a pelos cabelos e joga-a para a multidão que a carrega na ponta de uma lança até a Assembleia e a mostra a Boissy d'Anglas que, rosto pálido, a saúda.

Féraud fora confundido com Fréron.

Sua cabeça é passeada pelo Carrousel.

São onze e meia da noite, e grita-se:

– Os *muscadins* estão acabados! Fréron está morto! Temos sua cabeça! Triunfo para os patriotas!

Na sala da Convenção, a "crista" da Montanha, uns poucos deputados – Romme, Duquesnoy, Goujon –, se decide a agir, a apresentar decretos que serão aprovados.

Breve sucesso. Uma pequena tropa armada com baionetas e sabres, conduzida por Legendre e composta de "bons cidadãos", dispersa os "cristeiros", e a multidão que não opõe resistência deixa a Assembleia.

– Não consigo entender como eles conseguiram desaparecer de maneira tão instantânea – diz La Révellière-Lépeaux.

Com o medo ainda rondando suas barrigas douradas, os termidorianos, Fréron, Tallien, Barras e Legendre, berram:

– Abaixo os assassinos! Vingança imediata!

Decreta-se a prisão dos deputados da crista da Montanha, que tinham se posicionado a favor dos revoltosos.

A juventude dourada é reunida.

São duas horas da manhã de 2 prairial do Ano III (21 de maio de 1795).

Nada está decidido quando tem início a segunda jornada insurrecional.

É possível ouvir, relata uma testemunha, os "ferozes gritos" dos insurgentes. Eles ocupam o Hôtel de Ville, confraternizam com os artilheiros que o defendiam.

Eles gritam "pão e a Constituição de 93", mas, sem agir, incertos, enviam peticionários à Convenção, imaginando terem vencido a partida, enquanto Barras, Tallien e Fréron reúnem tropas sob o comando de diversos generais – Dubois, Montchoisi, Menou.

Os insurgentes ficam surpresos quando as primeiras granadas explodem nos subúrbios.

Mas em 3 prairial, terceira jornada insurrecional, os *sans-culottes* conseguem castigar e expulsar dos subúrbios uma tropa de *muscadins* que para lá se aventurara, imaginando vencer com facilidade.

O pânico é grande em suas fileiras.

– Meus amigos – grita um deputado –, está tudo perdido! Os revoltosos levaram a melhor. A Convenção não existe mais. Pensai em vossa segurança. Parti se não quiserdes cair sob os golpes dos celerados.

Segundo ele, a Convenção estaria ameaçada pelos canhões comandados por um negro de São Domingos, Delorme, figura enorme, com uma barriga considerável, odiado pelos *muscadins*, que o chamam de "monstro vomitado pela praia africana" e de devasso cercado por um harém.

Delorme quisera abrir fogo sobre a Convenção, acendendo o pavio de um canhão, mas um *sans-culotte* se precipitara para apagar a chama.

No dia seguinte, no alvorecer de 4 prairial do Ano III (23 de maio de 1795), o martelar dos cascos dos cavalos nas ruas, as vozes dos oficiais dando ordens e o rangido das rodas dos canhões acordam os cidadãos do Faubourg Saint-Antoine. Eles descobrem massas compactas de soldados cercando o bairro.

Os generais Menou e Montchoisi seguem à frente de seus homens. As mulheres do subúrbio se reúnem, marcham em direção aos soldados, falam com eles, tentam convencê-los a deixar as fileiras e unirem-se a elas, como sempre acontecia, desde as jornadas de julho de 1789, quando as guardas francesas que apontavam seus canhões para a Bastilha se misturaram aos revoltosos. O mesmo se dera em todas as jornadas revolucionárias subsequentes.

As mulheres gritam em suas vozes agudas, como que chamando socorro.

Mas os dragões as repelem, seguem as ordens, e um dos soldados diz àquelas mulheres que gesticulam:

– Quando estou em serviço, falo apenas com meu sabre.

Pânico, fuga, desespero.

Barricadas são erguidas. Em uma delas está o negro Delorme, que os soldados convidam a render-se. Ele se recusa a fazê-lo.

O general Menou avança, interroga-o:

– És republicano, cidadão?

– Sou.

– Devolve teu sabre aos exércitos da República.

Delorme hesita, gagueja. Tenta várias vezes dizer:

– Tens pão para me dar?

Menou se aproxima sem responder, e Delorme estende seu sabre.

A seguir, o subúrbio inteiro capitula.

A alguns passos daquelas barricadas, que os cidadãos cercados de soldados desmancham, se erguia a Bastilha.

Os cidadãos e as guardas francesas a haviam conquistado, abrindo o caminho para a Revolução.

Isso há muito mais de seis anos.

Mas nesse início de prairial do Ano III, pela primeira vez, os soldados se recusam a pactuar com os insurgentes.

O exército da República reprima uma insurreição popular, a última revolta *sans-culotte*.

SEXTA PARTE

4 prairial do Ano III-
13 vendemiário do Ano IV
23 de maio de 1795-5 de outubro de 1795
"Esta Vendeia se espalha por toda parte
e a cada dia se torna mais assustadora"

"Devemos ser governados pelos melhores, isto é, por aqueles que possuem uma propriedade."
"Um país governado pelos proprietários está na ordem social, aquele em que os não proprietários governam está no estado natural, isto é, na barbárie."

Boissy d'Anglas
5 messidor do Ano III (23 de junho de 1795)

"A Guarda Nacional será composta apenas por pessoas que com certeza terão algo a perder numa reviravolta, enquanto aquelas que a formavam até então tinham tudo a ganhar."

Benjamin Constant
10 prairial do Ano III (29 de maio de 1795)

20.

Os 120 mil soldados que em 4 prairial do Ano III (23 de maio de 1795) cercaram e depois ocuparam o Faubourg Saint-Antoine acampam há vários dias no bairro.

Patrulhas percorrem as ruas, entram nas sedes das seções, vasculham, jogam ao chão lanças, sabres e fuzis, vigiam as assembleias gerais durante as quais os "cidadãos honestos" apontam os "tiranos", os "revoltados", os *sans-culottes* que os fazem tremer há mais de dois anos, que os obrigaram ao silêncio, que os insultaram, bateram, expulsaram das seções e muitas vezes os prenderam e os "terrorizaram".

Agora eles é que são, desde 24 e 25 de maio, carregados e trancafiados.

Os soldados maltratam-nos, empurram-nos às coronhadas, ameaçam-nos com baionetas, obrigam-nos a ficar em filas e os levam para as prisões.

Cerca de dez mil *sans-culottes* são presos.

Os policiais e soldados que em 1º e 2º prairial, quando a insurreição parecia prestes a vencer, pactuaram com os insurgentes, são procurados.

Eles são licenciados e encarcerados. E os operários, artesãos e trabalhadores são expulsos da Guarda Nacional.

"Esta classe útil de cidadãos que vive apenas do trabalho de suas mãos não deve ser distraída de seu trabalho diário", diz-se.

Além disso, esta "classe" não tem dinheiro suficiente para pagar seus equipamentos. Aquele era um lugar para os burgueses que se armarão e equiparão às suas custas, e serão cavaleiros, artilheiros, lanceiros da Guarda Nacional.

O suíço Benjamin Constant, que acaba de chegar a Paris, acompanhado por sua amante Germaine Necker – a filha do antigo ministro de Luís XVI –, que se tornara Madame de

Staël, escreve: "A Guarda Nacional será composta apenas por pessoas que com certeza terão algo a perder numa reviravolta, enquanto aquelas que a formavam até então tinham tudo a ganhar."

Benjamin Constant começa a escrever uma brochura, que faz o elogio dos vencedores de prairial, intitulada *Da força do atual governo e da necessidade de juntar-se a ele*.

É o que pensa o general de brigada de 26 anos Napoleão Bonaparte, sem colocação desde que o comando do exército da Itália lhe fora retirado.

Ele é visto, macilento e magro em seu traje puído, malcortado, frequentando os gabinetes do ministério da Guerra, explicando que é um general de artilharia, que não pode aceitar comandar, no Oeste, uma unidade de infantaria, como lhe propõem.

Além disso, o que havia para fazer lá, visto que o general Hoche reunira em La Prévalaye, perto de Rennes, 121 chefes monarquistas – Cadoudal, Frotté, d'Andigné – e duas dezenas de chefes *chouans* tinham assinado com ele um acordo de paz?

Bonaparte ouve em resposta que os espiões da República em Londres estão convencidos de que os emigrados, transportados por navios ingleses, desembarcarão em massa na quase ilha de Quiberon.

Mas Bonaparte teima, recusa sua nomeação, sabe continuar suspeito de robespierrismo. Ele não fora preso quando da queda do tirano? Os vencedores de prairial querem que aqueles dias terminem o que fora começado em 9 termidor. Eles querem limpar a casa.

Eles têm medo, nesse mês de maio de 1795. Eles concordam com a análise de Mallet du Pan: "Se os jacobinos tivessem tido chefes com alguma habilidade e em vez de matar um deputado, o infeliz Féraud, tivessem matado dez, a Convenção sucumbiria para sempre".

É preciso, portanto, castigar, condenar, aprisionar, executar, até mesmo massacrar, como nos departamentos do Sul, onde, em Marselha, 88 "terroristas" são degolados na prisão.

A Convenção Nacional [escreve Fréron no L'Orateur du peuple] deve, portanto, acelerar a punição aos deputados jacobinos, Romme e seus cúmplices, que se uniram aos revoltosos e os encorajaram. Em toda parte as pessoas se perguntam por que seu sangue impuro é respeitado por tanto tempo enquanto o dos celerados subalternos foi derramado sem contemplação. Que eles pereçam e que seu sangue finalmente vingue a França e consolide o reino da liberdade pura e sensata.

Napoleão Bonaparte, com seus cabelos pretos malpenteados, mal-empoados, enquadrando seu rosto ossudo, a pele tão amarela que parece bistre, observa e escuta.

Ele mora com seu jovem irmão Luís, e com seus ajudantes de ordens, num pequeno apartamento mobiliado que aluga no Hôtel de la Liberté, na Rue des Fossés-Montmartre.

Às vezes ele é atormentado por remorsos.

Talvez não devesse ter rompido o noivado com Désirée Clary, jovem marselhesa cuja irmã mais velha, Julie, casara com José Bonaparte.

Ele estaria ao abrigo da necessidade, enquanto agora arrastava sua miséria pelos gabinetes e salões onde se amontoava uma multidão de homens e mulheres elegantes, inc-íveis e ma-avilhosas.

Ele volta para o Hôtel de la Liberté, amargurado.

Escreve um romance curto, *Clisson et Eugénie*.

Os dias se sucedem e ele não consegue nada. Num passo rápido, percorre as ruas, volta aos gabinetes, invejoso daqueles generais, Hoche, Marceau, Jourdan, Pichegru, que são honrados porque vitoriosos e não são suspeitos de robespierrismo.

No Oeste, Hoche parece conseguir pacificar a Bretanha depois da Vendeia.

No Leste e no Norte, as Províncias Unidas são obrigadas a firmar, em Haia, um tratado de paz. E elas precisam pagar uma indenização considerável para a República, de cem milhões de florins, e manter um exército de 25 mil soldados. Todo esse dinheiro corre para aqueles que detêm o poder em Paris.

Eles compram os bens nacionais. Enriquecem com o abastecimento dos exércitos.

Barras reina no Palais du Luxembourg. Ele é o "rei da República". Madame Tallien é sua amante oficial. Mas outras mulheres jovens, a cidadã Hamelin, Madame Récamier e a viúva de um general guilhotinado durante o Terror, Joséphine de Beauharnais, uma *créole* ainda bela, apesar de ter mais de trinta anos, dividem seus favores.

É na antessala de Barras que o general Bonaparte espera, na qualidade de solicitante. Ele também mendiga junto a Fréron e Boissy d'Anglas, os novos senhores da República.

Boissy d'Anglas o recebe e explica que um "país governado pelos proprietários está na ordem social, aquele em que os não proprietários governam está no estado natural, isto é, na barbárie".

Bonaparte pensa o mesmo. Ele está à espreita como um lobo esfomeado por dinheiro, mulheres, cargos, glória.

Ele descreve a seu irmão José esta Paris, onde

> o luxo, o prazer e as artes são retomados de maneira surpreendente. Ontem representaram *Fedra* na Opéra, em benefício de uma antiga atriz. A multidão era imensa desde as duas horas da tarde, apesar de os preços terem sido triplicados.
>
> Os veículos e os elegantes reaparecem, ou melhor, como num longo sonho, não se lembram de jamais terem cessado de brilhar.
>
> As mulheres estão em toda parte: nos espetáculos, nos passeios, nas bibliotecas. No gabinete do sábio você vê lindas pessoas. Apenas aqui, de todos os lugares da terra, elas merecem segurar o leme; também os homens estão loucos, só pensam nelas e só vivem por e para elas.
>
> Uma mulher precisa de seis meses de Paris para saber o que lhe é devido e qual seu império...
>
> O conforto, o luxo, o bom-tom, tudo voltou; as pessoas lembram o terror apenas como um sonho.

Mas o "rei da República", Barras, e Fréron e Tallien, e Sieyès, eles ainda têm a memória assombrada por pesadelos. Eles querem acabar com os montanheses.

Todos os membros ainda livres dos grandes comitês do Ano II são presos, com exceção de três deles, dentre os quais Carnot, o "organizador da vitória".

Quarenta e três deputados são encarcerados, julgados perante o Tribunal Criminal que substituiu o abolido Tribunal Revolucionário.

A própria palavra "revolucionário" aliás, é, por decreto da Convenção, proscrita.

E é diante de uma comissão militar que são julgados os suspeitos. Serão 36 condenados à morte, doze à deportação.

Mesmo levando-se em conta o Terror Branco que derrama sangue nas províncias, a repressão é comedida, se comparada ao Grande Terror do Ano II.

Billaud-Varenne e Collot d'Herbois são embarcados para a Guiana. Barère foge, escapando à deportação. Mas outros deputados – Rühl, Maure – se suicidam quando presos.

Quanto aos deputados julgados, seis deles são condenados à morte pela Comissão militar.

Assim que a sentença é pronunciada, sob aplausos da juventude dourada, os montanheses se passam de mão em mão facas e punhais.

Três deles – dentre os quais Romme – morrem. Os três outros são transportados moribundos para o cadafalso e decapitados.

"Todos ficaram espantados com a coragem dos seis malfeitores", comenta um jornalista.

Mas nenhuma "emoção" popular acompanha o gesto daqueles cujos apoiadores chamam de "mártires de prairial".

A rua pertence à juventude dourada, cujo "monarquismo" começa a preocupar os "reis da República".

Eles não querem o retorno do Terror ou uma restauração monárquica. Mas os *muscadins* pisam na insígnia tricolor, abatem as árvores da Liberdade.

E festejam quando a Convenção ordena que a edificação dos antigos jacobinos da Rue Saint-Honoré seja demolida e que em seu lugar seja construído um mercado.

As danças, a arrogância, os aplausos dos *muscadins* em torno das ruínas do Clube dos Jacobinos fazem os vencedores de prairial pressentir que precisarão enfrentar uma nova batalha.

"Depois de 9 termidor", escreve Thibaudeau, "a luta continuou entre terroristas e termidorianos." Estes haviam triunfado, mas um novo inimigo se apresentava: "O monarquismo que se acreditara morto com os terríveis golpes que lhe haviam sido dados".

Mas ele está renascendo, desejado pela juventude dourada, e por inúmeros deputados do Pântano, o Ventre da Convenção.

É por esta Paris que perambula, inativo e impaciente, o general de brigada Napoleão Bonaparte. Ele sonha ser enviado em missão para Constantinopla, para reorganizar o exército turco.

Mas sua esperança é uma miragem que logo se dissipa.

> Eu [escreve Napoleão a seu irmão José], muito pouco apegado à vida, encaro-a sem grande interesse, encontrando-me constantemente na situação em que nos encontramos às vésperas de uma batalha, convencido pelo sentimento de que, quando a morte está perto para tudo terminar, preocupar-se é loucura. Tudo me faz desprezar a sorte e o destino. Se isso continuar, meu amigo, acabarei não desviando quando uma carruagem passar.
> Minha razão às vezes fica surpresa, mas este é o declive que o espetáculo moral deste país e o hábito das vicissitudes produziram sobre mim.

21.

É o fim do mês de maio de 1795, mês de prairial do Ano III, e porque os *sans-culottes* foram vencidos, perseguidos, muitas vezes presos e às vezes massacrados, alguns ousam proclamar-se monarquistas.

A palavra "revolucionário" é proscrita. Pode-se dar sua opinião sobre os "anos de sangue" durante os quais, além de "terrorizar" os "cidadãos honestos" ameaçando-os com a "navalha nacional", fora concebida e votada a Constituição de 1793, que Boissy d'Anglas diz até os dias correntes não passar da "organização da anarquia".

Ninguém mais chama Boissy d'Anglas de *Boissy-fome*!

Ele é o relator de uma comissão de onze membros encarregada de preparar uma nova Constituição.

É o fim das belas declarações de 1793, que evocavam apenas os "direitos" e nunca os "deveres".

A nova Constituição não falará em direito de assistência e em direito de insurreição.

Boissy observa:

– Quando a insurreição é geral, ela não precisa de apologia, e quando ela é parcial, é sempre culpada!

Então por que fazer referência a ela num texto constitucional? O indivíduo é que é a fonte do "bem", e não a ação coletiva ou o Estado.

"Fazei constantemente aos outros o bem que gostaríeis de receber", isto é o que a nova Constituição deve afirmar. E repetir que é sobre a "manutenção das propriedades" que repousa toda a ordem social.

Boissy d'Anglas escreve em seu relatório de 23 de junho de 1795 (5 messidor do Ano III):

> Devemos ser governados pelos melhores, isto é, por aqueles que possuem uma propriedade, que são apegados à tran-

quilidade que a conserva e que devem a esta propriedade e ao conforto que ela proporciona a educação que os tornou aptos a discutir com sagacidade e justiça... Um país governado pelos proprietários está na ordem social, aquele em que os não proprietários governam está no estado natural, isto é, na barbárie.

Os onze membros da comissão são, todos, deputados do Ventre da Convenção, muitos são antigos girondinos, moderados, como Pierre Claude François Daunou, sacerdote e professor de teologia antes de 1789, depois sacerdote jurado. Ele se recusara a votar o processo e a morte do rei.

A Constituição de 1793 é para ele a "Constituição do Faubourg Saint-Antoine". Ele usa sua pluma em nome da comissão dos onze para redigir o novo texto constitucional.

Ele rejeita a ideia de que o poder executivo, que será composto por cinco membros, possa ser eleito pelo povo:

– O povo poderia indicar um Bourbon! – exclama ele.

Os cinco membros que comporão este *Diretório* da República serão indicados por dois *conselhos*, um, o dos *Quinhentos* (*a Imaginação*) terá o direito de propor as leis, o outro, o dos *Anciãos* (*a Razão*), com duzentos e cinquenta membros, de votá-la.

Serão os Anciãos que, de uma lista de quinhentos nomes propostos pelos Quinhentos, escolherão os *Cinco Diretores*. Estes – renováveis em um quinto a cada ano – usarão uma roupa agaloada, como "protesto", diz Boissy d'Anglas, "ao *sans-culottismo*".

Para votar, em escrutínio secreto, o cidadão precisa ter 21 anos completos e pagar uma "contribuição direta, fundiária ou pessoal": o sufrágio não é mais universal, portanto, mas "censitário". Os soldados que lutaram pelo estabelecimento da República estão dispensados destas condições. Mas "os serviçais remunerados ligados ao serviço da pessoa ou da casa, bem como os loucos, os falidos e os acusados, não podem ser eleitores".

Os onze membros da comissão estão inquietos. Eles querem que seu "filho", a Constituição – "o filho de onze pais", dizem os jornais –, proteja o país de um "poder executivo forte" como o conhecido sob a monarquia, mas também sob a Convenção.

Eles desconfiam do poder de um só, quer se trate de um homem ou de uma Assembleia, como fora a Convenção durante o Terror.

E eles também avaliam o ódio do povo pelos "barrigas podres", os "barrigas douradas", pois a miséria e a fome continuam presentes, sufocando os mais humildes.

O "fornecimento" com a colheita de 1795 – abundante – demora para ser operado.

Um mosca da polícia diz num relatório de frutidor do Ano III (agosto de 1795) que "os estômagos vazios chamam para a reunião geral e soam o alarme da Constituição".

Querem expulsar os membros da Convenção, seja a qual clã pertençam.

– Esses patifes não serão reeleitos – dizem.

Pior: o povo está tão exasperado que grita "Viva o rei!"

Essas palavras que fazem tremer os regicidas são ouvidas em Chartres, onde um representante em missão é cercado por uma multidão que grita "Viva o rei! Viva o rei!"

O representante é forçado a assinar um decreto que tabela o pão a três soldos. À noite, ele se suicida.

A tropa precisa intervir, iniciar uma batalha para restabelecer a ordem e dispersar os rebeldes, matando uma dezena deles.

Os jovens que outrora seguiam Fréron e quebravam seus porretes chumbados nas costas dos *sans-culottes* soltam gritos de "Viva o rei!" contra a Convenção, da qual desconfiam.

Eles acham que ela administra os *sans-culottes*. Ela não celebrava o 14 de julho, decretado dia de festa nacional?

Ela não cantava a *Marselhesa*? Não reunia ao redor de Paris inúmeras tropas?

Contra quem aqueles soldados poderiam agir, se não contra esta juventude dourada que Tallien, Barras e Fréron tinham utilizado e que agora os preocupava?

Pois os *muscadins* estão ociosos.

> Paris apresenta [escreve uma testemunha] um fenômeno bastante estranho. É o de um grande número de jovens que com frequência, sem outro nome que aquele que usurpam e sem outros recursos conhecidos que os do jogo, têm uma despesa anual de duzentos a trezentos mil francos. A esses aventureiros se juntam pessoas de qualidade, mas difamadas, que, achando a ocupação boa o suficiente, se dedicam ao mesmo tipo de atividade.

Eles vivem, portanto, de "agiotagem", do jogo, e se encontram no Palais Royal.

E vivem de expedientes, num luxo precário. O que serão amanhã?

Eles sonham com um rei.

> As esperanças mais malucas se manifestam de todas as partes [lê-se no jornal *Le Moniteur*]. Veremos quem tirará mais prontamente e mais francamente a máscara. Até parece, a ler-se os escritos que são publicados, a ouvir-se as conversas de pessoas que se acreditam a sós, que a República acabou. Porque a Convenção, auxiliada, inclusive empurrada, pelo zelo e pela energia dos bons cidadãos, obteve uma grande vitória sobre os terroristas, sobre os sucessores de Robespierre, parece que só lhe resta proclamar a realeza...

Os relatórios da polícia indicam que a "gente miúda sem recurso sente muito a falta do Antigo Regime".

Num jornal intitulado *Le Ventriloque ou Ventre affamé*, lê-se: "Quando havia um rei minha barriga jamais fora reduzida à fome que agora sente, e minha barriga conclui que é melhor um rei do que uma Convenção".

Nos teatros, os jovens exigem que se cante o *Le Réveil du peuple*, e não a horrível *Marselhesa*.

Eles entoam:

– Façamos uma hecatombe com esses horríveis canibais.

Um bando se reúne embaixo das janelas da casa de um dos onze membros da Comissão, o antigo girondino Louvet, homem moderado, que durante o processo do rei votara a favor da consulta ao povo.

Ele fica indignado:

– Onde estamos? Um cidadão pacato perturbado no asilo de seu lar! Um representante do povo coberto de injúrias e violentamente ameaçado! Onde estamos? Os *chouans* terão vencido? As tropas inglesas estarão dentro de nossos muros?... Será preciso, para não ser terrorista, reunir-se em bandos, ir assustar em suas casas e nas ruas os cidadãos pacatos, arrancar cartazes de nossos irmãos dos exércitos e ameaçar de morte quem ousar cantar uma canção que não seja a sua? Não me sinto, confesso, com forças para levar a esse ponto o amor pela paz e pela tranquilidade pública.

Mas Louvet, como os demais membros moderados da Convenção, não quer ser degolado pelos "monarquistas" de regresso. E todos os republicanos, inclusive aqueles que tinham sido vítimas de Tallien e Fréron, de Barras e Legendre, quando das jornadas de prairial, estão dispostos a se reunir, a esquecer seus ódios, para fazer frente aos monarquistas.

> Para mim [escreve o livreiro Ruault], acredito que não haja muitas tropas perto de Paris e dentro de Paris; os ladrões e os *chouans* podem chegar tão perto que estaríamos na mais infeliz situação se não houvessem forças habituadas a vencer para rechaçá-los. Esta Vendeia se espalha por toda parte e a cada dia se torna mais assustadora.

Louvet exclama, dirigindo-se aos jovens que os termidorianos utilizaram contra os *sans-culottes* mas que agora lhes parecem ameaçadores, com seus refrões monarquistas:

– Miseráveis, ponderai. Cem mil republicanos podem facilmente ser desmobilizados dos exércitos. Que o sentimento de nossa existência vos torne sensatos. Obedecei às leis ou temei que a Convenção Nacional fale, e não sereis mais...

Mas a juventude dourada continua se manifestando, gritando que a Convenção ainda mantém em seu seio "degoladores" e "bebedores de sangue".

Merlin de Thionville, membro da Convenção, que votara pela morte do rei, combatera os vendeanos, enriquecera e, ao lado do general Pichegru, tomara a frente dos bandos da juventude dourada, em 1º germinal, para fazer os revoltosos voltarem para seus subúrbios, escreve: "Ficai convencidos de que se permitirdes em Paris o retorno de um rei, todos os soldados, cujos espíritos e intenção conheço, disputarão a honra de vir aniquilar-vos, a vós e a vosso rei".

Esse rei não é mais Luís XVII.

O filho de Luís Capeto morrera em 20 prairial do Ano III (8 de junho de 1795). Todos aqueles que o viram ao longo dos meses precedentes tinham ficado assustados com seu corpo disforme que era uma chaga só.

Barras – o "rei da República!" – ficara impressionado com "seu rosto deformado e pálido", seus joelhos, seus tornozelos, suas mãos inchadas, seu olhar inocente de criança de dez anos expressando sofrimento e desespero. Barras pedira que o quarto em que Luís XVII era mantido fosse limpo, que o deixassem passear, que o tratassem.

Mas nenhum dos termidorianos tinha dúvidas sobre o fatal desenlace da situação.

No entanto, ao anúncio da morte de Luís XVII, eles deixam espalhar-se o rumor – e sem dúvida o favoreçem – de uma fuga de Luís XVII.

Era a maneira daqueles regicidas, que temiam uma restauração, incomodarem o tio de Luís XVII, o conde de Provença, regente do reino, instalado em Verona, que assim que ficara sabendo da notícia da morte de Luís XVII se proclamara

Luís XVIII, mas decidira que, enquanto estivesse obrigado a viver no exílio, seria chamado de "conde *de Lille*", nome de uma propriedade que tinha nas proximidades de Toulouse e que se chamava "*Isle* Jourdain"...

O conde de Artois se torna Monsieur, irmão do rei, e já sonha em um dia suceder ao irmão mais velho. Mas o conde de Artois aplaude a *Proclamação de Verona*, que Luís XVIII torna pública.

Esta anuncia o retorno completo do Antigo Regime.

Luís XVIII quer "o restabelecimento da religião católica e de nossa antiga Constituição. Minha máxima é tolerância para as pessoas, intolerância para os princípios".

As três ordens (clero, nobreza, Terceiro Estado) devem ser restabelecidas, junto com os parlamentos, bem como todos os símbolos – a bandeira branca com flores de lis, é claro – da autoridade real, sendo o soberano de direito divino.

Luís XVIII promete a punição dos regicidas, culpados de um crime que também constituía um sacrilégio.

Os "monarquistas do interior estão desesperados", escreve Mallet du Pan. Eles percebem que os regicidas, julgando-se "imperdoáveis", se tornarão mais do que nunca adversários de um retorno dos Bourbon.

É o caso de Tallien. Ele não quer ser enforcado pelo rei restaurado. O advento de Luís XVIII e sua proclamação de Verona "acabam de pender a balança", continua Mallet du Pan, "a favor do governo republicano".

Tallien, Barras, Fréron e a Convenção decidem reforçar as tropas estacionadas nos arredores de Paris.

Elas são aproximadas de Paris. Instalam-se na Porta de Sablons, atrás de Chaillot, perto do Bois de Boulogne.

Os protestos das seções onde os "monarquistas" e a juventude dourada são maioria confirmam, aos olhos dos "republicanos", a realidade do perigo de uma restauração.

Uma ordem é dada à polícia: "Vigiar com atenção diversos sujeitos frequentadores do Café de Valois e do Jardin

Égalité, cujas uniformidade e singularidade das roupas fazem considerá-los suspeitos".

Os jovens "dourados" que tinham servido os termidorianos agora são seus inimigos.

Os *sans-culottes* se alegram com isso.

Um tenente de Gracchus Babeuf, o *partageux*, o apóstolo "comunista" do *Manifesto dos Iguais*, escreve o seguinte a seu correspondente parisiense:

> Não deixeis de me mandar notícias. Oh, as que me destes e que recebi esta manhã me agradaram. E agora sinto um apetite atroz por mais. Mandai mais, sou insaciável... Duzentos *muscadins* presos, anunciais? Que assim seja.
> Provareis o mesmo, senhores, e vossos cafés, vossas roupas quadradas, vossos chapéus à la *Coburgo*, vossa unhas verdes não vos protegerão! Que cara decepcionada e lívida deviam ter! Ah, pensai que tudo vos era permitido, senhores da juventude dourada! Vamos, nada de indulgência, que se curvem à igualdade. Ninguém tem o direito de passar dos limites.

Fréron faz o elogio de Rouget de l'Isle e da *Marselhesa*.

O jornal *Le Moniteur* escreve: "A realeza, a execrável realeza, acreditai então que se possa restabelecê-la tão facilmente? Será para dar-nos um rei que abatemos Robespierre? Pretexto disparatado que talvez encubra intenções que serão facilmente desveladas".

Denuncia-se "um punhado de facciosos, de monarquistas, de emigrados".

A polícia constata que um emigrado, o conde de Antraigues, coloca à disposição de Luís XVIII as redes monarquistas que ele constituíra no verão de 1789 e que tinham agido a favor da Inglaterra, da Áustria, da Espanha e da Rússia.

"Agências" monarquistas, uma chamada *Souabe*, outra *La Manufature*, infiltram seus espiões em todos os comitês, nas engrenagens governamentais, e mantêm Antraigues informado.

O general Pichegru é abordado, em 29 termidor do Ano III (16 de agosto de 1795), por um livreiro suíço, Fauche-Borel, agente de Luís XVIII.

O rei propõe a Pichegru o bastão de marechal, o castelo de Chambord e o governo da Alsácia se ele se colocar a serviço da monarquia e, por garantia de sua aliança a Luís XVIII, entregar a praça de Huningue ao príncipe de Condé.

Pichegru ouve, hesita, diz que precisa pensar.

Sem conhecer os detalhes da proposta, Carnot e Tallien desconfiam de Pichegru e avaliam os perigos que os ameaçam.

No Oeste, Charette rompe a trégua, como Cadoudal.

Ele diz a seus companheiros:

– Não pensem que virei republicano ontem! Enfrentei a República com uma mão nas costas, enfrentarei os ingleses com uma mão na coxa.

Pois uma frota inglesa desembarcara em Carnac 3.500 emigrados e 1.500 prisioneiros franceses recrutados à força.

Charette se une a eles depois de massacrar, à guisa de declaração de guerra, duzentos prisioneiros "azuis" e uma centena de soldados republicanos surpreendidos por confiarem na trégua.

Um segundo corpo expedicionário monarquista de dois mil homens desembarca em Quiberon.

Mas em algumas semanas, Hoche, comandante do exército do Oeste, repele sistematicamente esse "exército" heterogêneo de cerca de quinze mil homens para a quase ilha, forçando-os a baixar as armas e fazendo doze mil prisioneiros.

Tallien se apressa em acabar com essas "quiberonadas", que têm, para os termidorianos regicidas, a vantagem de reunir à sua volta o bloco republicano, dos partidários de Babeuf aos antigos girondinos e boa parte dos moderados da Convenção.

Tallien impõe às comissões que julgam os emigrados uma severidade exemplar.

Chouans, vendeanos e emigrados são condenados à morte. Serão 750 execuções, dentre as quais, 428 de fidalgos emigrados.

Uma última tentativa de desembarque de quatro mil homens, sob o comando do conde de Artois, ocorre na ilha de Yeu.

Hoche impede sua junção às tropas de Charette, que responsabiliza Artois pelo fracasso e escreve a Luís XVIII: "Sire, a covardia de vosso irmão estragou tudo".

Na verdade, o conde de Artois dependia dos ingleses, que tinham pressa em afastar-se para reembarcar as tropas fadadas à derrota.

"Eis portanto, Monsieur Pitt, o resultado de três anos de trabalhos", escreve Hoche num relatório de 22 de julho de 1795. "Não é tão fácil vencer os republicanos em seu território quanto em vosso gabinete..."

Em Paris, a vitória sobre os emigrados e esse ressurgimento do "terror" intensificam as oposições entre monarquistas e republicanos.

Sobretudo porque, para garantir uma maioria no Conselho dos Anciãos e no Conselho dos Quinhentos, e portanto eleger um Diretório com cinco republicanos, os membros da Convenção, através de dois decretos – de 5 e 13 frutidor do Ano III (22 e 30 de agosto de 1795) – decidem que dos 750 membros dos conselhos a serem eleitos, os eleitores só escolherão 250, os demais lugares – *dois terços* – caberão aos membros da Convenção.

Os decretos dos *dois terços* são uma verdadeira demonstração de força parlamentar que revolta os moderados, tentados pela monarquia, e a juventude dourada, que esperava conquistar o controle do Diretório na eleição.

Pois a Constituição precisa ser aprovada por plebiscito, como os decretos dos dois terços.

Os monarquistas apelam para que se vote a favor da Constituição e contra os decretos, contra aquela Convenção que "flutua sobre os esgotos da França e as cloacas estrangeiras" e cujos membros querem se perpetuar.

Ah! Pelo menos por pudor, touros insaciáveis
Vocês engordaram, voltem para seus estábulos!*

É o que se lê no *Le Messager du soir*.

Tallien denuncia os "miseráveis panfletistas a soldo", esses "insetos políticos", esses *muscadins* que manifestam um "abastardamento da espécie humana", com uma "paralisia iniciada no órgão da fala".

Os *muscadins*, os monarquistas, reagem, dirigindo-se a Tallien e Barras:

– Por que as tropas ao redor de Paris? Estamos sitiados ou na véspera de está-lo?... Somos *chouans* porque usamos um colarinho preto aberto?

O referendo permitiria apontar o lado vencedor? Os resultados serão proclamados em 1º vendemiário do Ano IV (23 de setembro de 1795).

A Constituição é aceita por 1.057.390 *sim* contra 49.978 *não*!

Há cinco milhões de abstenções!

Os decretos dos *dois terços* conseguem 205.498 *sim* e 107.978 *não*!

O país real não quer mais os membros da Convenção ligados a anos sangrentos e que representam o Terror, seja vermelho ou branco.

Eles são rejeitados, mesmos tendo conseguido, graças aos decretos dos *dois terços*, se prolongarem nos conselhos.

Mas poderão eles resistir à cólera que sua demonstração de força legislativa despertou?

Perturbações já estouram aqui e acolá.

Em Dreux, um representante à frente de duzentos homens derrota uma tropa de rebeldes, dos quais dez são mortos e trinta feitos prisioneiros.

---

* *Ah! du moins par pudeur taureaux insatiables / Vous êtes engraissés, regagnez vos étables!* (N.T.)

Não seria o sinal de um retorno aos métodos terroristas?

Comissários da seção Le Peletier vão a todas as demais seções de Paris para ler a petição que pretendem apresentar à Convenção.

"Esta infeliz pátria apresentará, em breve, apenas um deserto coberto de ossos humanos?", dizem eles.

"Veremos renascer os dias de horror e carnificina que vivemos?"

"Os cadafalsos voltarão?"

"Veremos mais uma vez os velhos e as crianças tragados pela corrente?"

"Ouviremos de novo o ressoar dos fuzilamentos de Collot?"

22.

Chuva e vento nesse início do mês de vendemiário do Ano IV.

É o fim de setembro e, ao cair da noite, bandos de jovens percorrem as ruas próximas ao Palais Royal gritando "Abaixo os dois terços!" – aqueles decretos "celerados" que permitirão posicionar nos dois conselhos da nova Constituição uma maioria de membros da Convenção.

Mas esta juventude dourada precisa enfrentar aqueles que os jovens de colarinho verde ou preto chamam de "terroristas", e que Barras, Fréron e Tallien agora chamam de "patriotas".

Fréron fora inclusive ao Faubourg Saint-Antoine para recrutar com belos discursos e punhados de *assignats* os mesmos homens que, quando das jornadas de insurreição de prairial, ele mandava a juventude dourada perseguir e chamava de "bebedores de sangue", "assassinos de setembro" ou "sôfregos de guilhotina".

A Convenção inclusive revoga os decretos sobre o desarmamento dos terroristas.

E ela encarrega Barras – que tivera um papel decisivo durante o 9 termidor, que fora "terrorista" quando, ao lado de Fréron, fora representante em missão em Bouches-du-Rhône, em Marselha e Toulon – do comando das tropas de Paris. Barras não fora oficial do Antigo Regime? Não era ele um regicida, o que fazia dele um adversário convicto dos monarquistas? Com seu grande sabre, que carrega com orgulho, ele tem a postura marcial de um chefe de guerra.

Seu conselheiro, Pierre François Réal, que fora hebertista, escreve pensando em Barras, a quem serve com dedicação: "A salvação da pátria dependerá da formação do poder executivo. É preciso que sejam homens ardendo de patriotismo, inimigos natos de qualquer tirania, que mataram Capeto e Robespierre".

Mas Barras e os termidorianos republicanos são atacados com violência pelas seções parisienses cheias de monarquistas, como a de Le Peletier, que toma a defesa daqueles que se erguem contra os "dois terços", contra a Convenção.

> Ousai chamá-los de conspiradores, de anarquistas, de assassinos! Mas olhai para vós mesmos. Vossas roupas estão manchadas com o sangue da inocência. Milhares de vossos eleitores degolados, cidades destruídas, o comércio aniquilado, a probidade proscrita, a imoralidade, o ateísmo, o banditismo divinizado, a anarquia e a fome organizadas, o tesouro público dilapidado, esta é vossa coragem!

As seções se preparam, sem sombra de dúvida, para uma insurreição contra a Convenção, o que abriria as portas a Luís XVIII, que quer punir os regicidas.

"Não há nada melhor a fazer", escreve Barras, "para combater semelhantes adversários, do que opor-lhes seus inimigos naturais, os patriotas encarcerados em consequência da reação de termidor."

A Convenção liberta os "revoltosos de prairial", sendo que 1.500 deles, "durões", se constituem em três batalhões de voluntários: os "patriotas de 1789".

Esses "batalhões sagrados" reforçarão os seis mil homens do exército do Interior, encarregado de proteger a Convenção.

Mas Barras, que o comanda, não confia no general Menou. Este ex-barão, que soubera controlar o Faubourg Saint-Antoine, em prairial, era um moderado. Suas simpatias recaíam sobre as seções "monarquistas". Menou preferia antes negociar com elas, que conseguem reunir cerca de trinta mil homens, a enfrentá-las.

Barras forma seu estado-maior, portanto, com generais que perambulam por Paris, inativos, e são suspeitos de robespierrismo, de jacobinismo.

Assim, ele se cerca de Brune, Carteaux, Dupont e daquele general de artilharia que conhecera quando do cerco a Toulon: Napoleão Bonaparte.

Há vários meses Bonaparte oferece seus serviços, obstinado, esperando horas em antessalas, e consegue, apesar de não passar de um oficial sem fortuna, sem glória, sem afetações, vestido num uniforme puído e de um tecido de má qualidade, ser convidado por Thérésa Tallien, a amante de Barras.

O corso de olhar insistente e ardente tem uma irmã, Pauline, por quem Fréron está apaixonado a ponto de querer casar com ela.

Mas o Comitê de Salvação Pública, num decreto, "retira Napoleão Bonaparte da lista de oficiais generais empregados, dada sua recusa de apresentar-se ao posto que lhe foi designado".

Pois Bonaparte não quisera aceitar o comando do exército do Oeste.

Ele sonha em ir ajudar o sultão a reorganizar o seu exército.

Ele não passa, de fato, de um general sem emprego entre tantos outros: 74 suspeitos são riscados como ele dos registros do exército ativo.

Mas Thérésa Tallien e Fréron confirmam que esse general de 26 anos tem uma personalidade singular. E Barras se lembra da "bateria de homens destemidos", de onde Bonaparte, sob fogo inimigo, dirigira os tiros de canhões contra os fortes de Toulon. Barras admirara a inteligência daquele oficial de artilharia e seu sangue-frio.

Assim, Barras oferecerá a Bonaparte o posto de segundo-comandante do exército do Interior.

– Dou-vos três minutos para pensar – diz ele a Bonaparte.

Num piscar de olhos Bonaparte responde, numa voz seca, que aceita.

– Mas aviso – acrescenta ele – que se eu pegar na espada, ela só voltará para a bainha quando a ordem for restabelecida, custe o que custar.

Aquilo parece difícil.

Na noite de domingo, de 12 para 13 vendemiário do Ano IV (noite de 4 para 5 de outubro de 1795), ouve-se em todos os bairros os tambores batendo a convocação geral.

As seções "burguesas", "monarquistas", como a de Le Peletier, convocam para se resistir aos comitês da Convenção que, ao criarem os batalhões de "patriotas de 89", rearmaram os "bebedores de sangue".

Essas seções se armam, e os trinta mil homens que elas reúnem são colocados sob as ordens do general Danican, que, oficial do Antigo Regime, entrara para a Guarda Nacional em 14 de julho de 1789 e lutara na Vendeia como general de brigada.

Ele denunciara as atrocidades cometidas pelos republicanos. Desde então, era suspeito de "monarquismo".

O general Danican assume o comando do exército das seções apenas em 13 vendemiário.

Ele não percebe que tudo está em jogo na aurora desta segunda-feira de vendemiário. Bonaparte fica sabendo que, no Camp des Sablons, haviam sido posicionados quarenta canhões. Ele encarrega Murat, chefe de esquadrão, de partir com trezentos cavaleiros do 21º regimento de caçadores, de se apoderar daquelas peças de artilharia e trazê-las para Paris, onde seriam colocadas ao redor das Tulherias, ocupando todas as ruas.

Os cavaleiros de Murat, ao chegar ao Camp des Sablons, enfrentam uma coluna de secionários vindos, eles também, para se apoderar dos canhões. Mas eles são obrigados a recuar diante dos trezentos cavaleiros que levam, rapidamente, as peças de artilharia até as Tulherias.

Às seis horas da manhã, nessa segunda-feira 13 vendemiário, o general de artilharia Bonaparte, em quem Barras confia, coloca os canhões nas extremidades das Tulherias, que se torna assim uma fortaleza.

Eles são posicionados da Place de la Révolution, antiga Praça Luís XV, ao Palais Égalité, antigo Palais Royal, ao longo de toda a Rue Saint-Honoré.

Outros são colocadas lado a lado na margem esquerda, da Pont de la Révolution à Pont National. As tropas da Convenção não correm mais o risco de ser cercadas e submergidas pelo número de secionários. Eles impedem a comunicação das tropas de Danican de uma margem a outra do Sena.

Assim, por volta das dez da manhã, quando Barras inspeciona os postos de defesa, ele constata a eficácia, o olho de águia daquele general Bonaparte, que já parece cativar os soldados que há poucas horas não o conheciam.

Bonaparte anda a cavalo, vai de um posto a outro, para apenas alguns minutos, escuta os relatórios dos oficiais. Ele repete querer rajadas de tiros e promete que bastam alguns minutos para varrer as tropas adversárias.

O general Danican não tomara a iniciativa, parecendo contar com o número de que dispunha.

No entanto, dos trinta mil secionários, contam-se apenas sete ou oito mil decididos a lutar. Eles são mais numerosos que os soldados do exército do Interior. Mas estes dispõem da artilharia.

Ao longo de toda a manhã, os *sans-culottes* dos subúrbios, os "durões", se unem a eles, querendo uma revanche sobre esses secionários e essa juventude dourada que os venceram nas jornadas de prairial, humilharam e depois perseguiram.

Barras, Tallien e Fréron sabem que, aos olhos das tropas republicanas, os *sans-culottes* são uma caução revolucionária.

Ora, o que o general Danican exige, numa mensagem à Convenção, é que sejam mandados embora.

"A paz pode ser estabelecida num piscar de olhos", escreve Danican por volta das três da tarde de 13 vendemiário, "se a Convenção Nacional desarmar aqueles que os comitês armaram na véspera."

Barras nem responde à proposta do general Danican.

O tempo passa. Os lados se medem, armas baixas. Chove.

Quando a garoa cessa, o general Danican se movimenta pela Rue Saint-Honoré, logo repleta de secionários. Eles formam uma massa compacta ao redor da igreja Saint-Roch.

De repente, por volta das quatro e meia, ouve-se um tiro, sem dúvida vindo de uma das casas, na direção dos secionários, que respondem com uma saraivada. Os soldados logo reagem, com a confiança de velhas tropas preparadas por meses de combate.

Eles atiram, escreve uma testemunha, "como se estivessem numa festa".

Napoleão Bonaparte garante que os tiros de fuzil tinham sido disparados do Hôtel de Noailles, onde os secionários haviam penetrado.

"As balas chegavam até os degraus das Tulherias", diz ele. "Ao mesmo tempo, uma coluna de secionários surgiu pelo Quai Voltaire, marchando pela Pont Royal. Então ordenamos às baterias que atirassem."

Nas ruas, sob os tiros dos canhões, há uma debandada de secionários. Aqueles que se reúnem nas escadarias da igreja Saint-Roch são apanhados. A igreja é tomada.

A coluna que avançava pelo Quai Voltaire é dispersada.

Napoleão, que se dirige pela Rue Saint-Honoré ao edifício dos *feuillants*, tem seu cavalo morto sob si.

Os soldados se precipitam para ajudá-lo a levantar. Ele levanta ileso. Dá ordens de varrer as ruas com tiros, depois com armas brancas.

Bastam algumas granadas para que a centena de homens que resiste no Théâtre de la République seja expulsa.

"Às seis horas, tudo tinha terminado", diz Bonaparte.

Ele é cercado pelos membros da Convenção, que vêm felicitá-lo por ter "salvo a República".

Ele ouve os discursos de Barras e Fréron, que na tribuna da Convenção fazem seu nome ser aclamado.

Ele escreve a seu irmão José: "Finalmente tudo terminou, meu primeiro gesto é pensar em dar-te notícias minhas. Como sempre, não estou ferido".

Mas os elogios que lhe são feitos têm uma contrapartida.

Ele é o *general vendemiário*, aquele que disparara tiros de canhão nos secionários e acabara com a insurreição desejada e organizada pelos monarquistas, que dela participaram. Estes esperavam que ela abrisse a via para a restauração. Bonaparte está do lado dos regicidas, de Barras, de Tallien, de Fréron, e também, apesar dos termidorianos terem derrubado o Incorruptível, do lado de Robespierre.

A ele serão atribuídos os mortos cujo sangue mancha as escadarias da igreja Saint-Roch.

Quantos são eles, os cadáveres puxados pelas carroças? Trezentos de cada lado?

Uma testemunha, sem complacência pelos monarquistas, o livreiro Ruault, esboça um quadro bem mais sombrio desse 13 vendemiário.

"Estima-se", escreve ele, "que pereceram cerca de oito mil pessoas: o 10 de agosto saiu menos caro."

Ele conta como, depois que dois artilheiros foram mortos por tiros secionários,

> uma primeira carga de tiros derrubou uma centena de homens. Ela foi seguida por mais quatro ou cinco que varreram a rua inteira. Cerca de oitocentos homens da mais bela juventude, da mais bela burguesia, foram mortos em menos de dois minutos.
>
> O barulho do canhão que surpreendeu a todos no bairro, o medo da morte, fez entrar na igreja Saint-Roch uma multidão considerável de homens, mulheres, crianças, que por curiosidade o movimento das tropas atraíra para a rua, bem como aqueles que iam trabalhar. Pensavam ali encontrar um abrigo seguro e sagrado. Mas cerca de trezentos granadeiros da Convenção avançam por entre os mortos da Rue du Dauphin, sobem os degraus da Saint-Roch, entram na igreja, matam e mutilam a golpes de sabre e baioneta todos, ou quase todos, que tinham se refugiado naquele local. No dia seguinte se contaram cerca de quatro mil mortos, de todas as idades, de ambos os sexos, espoliados de suas roupas,

inclusive aqueles que tinham perecido na Rue du Dauphin e na Rue Saint-Honoré.

Números imensos. Sem dúvida multiplicados por boatos, mas revelando, para além de sua discutível exatidão, o choque sentido por um republicano patriota, antigo jacobino, mas homem moderado.

Ruault se questiona, relê Maquiavel, "pois estamos no caso formulado por Maquiavel de que o sistema republicano é inexequível na França e fazemos loucuras há três anos, mas loucuras de um gênero muito estranho... Um povo republicano como o nosso é um verdadeiro tufão, uma besta enorme, uma divindade maléfica, um mar que devora todos aqueles que ousam subir a bordo..."

O que ele vira em 13 vendemiário reforça sua visão pessimista. Pois a carnificina continuara na Rue de Richelieu, no Quai Voltaire.

> Depois do canhoneio, a tropa de linha fuzilou todos os que conseguiu fuzilar até a meia-noite.
> Ela atirava para cima, para baixo, para todos os lados, seguida pelas moças da vida do bairro, que a ajudavam, rindo enquanto despojavam os mortos e carregavam-nos até o pátio do Palais Royal.
> Os vencedores e suas garotas colocaram à venda, no dia seguinte, os despojos dos parisienses e os venderam.

A revolta, portanto, é esmagada sem piedade. Nos dias que seguem, no entanto, a repressão é leve. Barras, Tallien, Fréron e os membros da Convenção desconfiam dos "patriotas de 89", que para esses termidorianos republicanos são aliados efêmeros.

Eles são dispensados, recebendo *assignats*, sendo pagos para acabar de caçar das ruas, a golpes de porrete, a juventude dourada, sendo proibidos de ter um papel político.

Os "durões" se põem em ação.

Os protestos e as súplicas dos *muscadins* não servem de nada.

"Então, por um homem usar na roupa um colarinho preto", pode-se ler num libelo, "ele será por isso mesmo proscrito? E por quem? Por essa classe abjeta, vil e desprezível de seres sem moral, sem propriedade, vendidos ao partido que os paga, vagabundos que a polícia jamais deveria perder de vista."

Os membros da Convenção, mesmo assim, convidam os militares que garantem a manutenção da ordem a "fazer uma limpa" nesses jovens quase sempre "insubmissos" e a lembrar-lhes seus deveres.

"Vamos", comanda o ministério aos soldados, "percorrei todos os cantos sob vossa vigilância. Arrancai da vergonha e da ociosidade, do crime de rebelião, essa juventude insensata que, em meio à indiferença, esquece que tem uma pátria a defender, direitos a manter e louros a dividir."

As limpas no Café de Chartres se multiplicam, bem como nos teatros e em todos os locais públicos.

Os jovens se refugiam nas casas de jogo, "abafadores" clandestinos ou tolerados pela polícia.

Os "abafadores" se multiplicam no Boulevard des Italiens, apelidado de Pequena Coblença.

A juventude dourada se dissipa em jogos, salões, mundanidades.

Ela é a principal vítima de vendemiário.

Assim, Paris muda enquanto Barras triunfa, empurra Bonaparte para os braços de Joséphine de Beauharnais e faz dele um general de divisão, primeiramente segundo-comandante do exército do Interior, depois comandante-chefe, sucedendo ao próprio Barras.

Os dois são criticados. Barras, visconde de Fox-Amphoux, personifica a corrupção do poder.

Canta-se:

> Se sua púrpura é o salário
> Lário, lário, lário

> Dos crimes de vendemiário
> Fox-sifú!
> Ele não tem quarenta anos
> Mas para as almas danadas
> O crime não espera
> O número de anos.*

As "pessoas honestas" consideram Bonaparte "jacobino em excesso", condenam o "general vendemiário".

Mas Napoleão Bonaparte dá de ombros:

– Prezo o título de general Vendemiário – diz ele –, que será, no futuro, meu primeiro título de glória.

Ele é um novo homem, que surge enquanto os membros da Convenção, apesar do decreto dos dois terços ter encontrado uma maneira para prolongar sua vida política, estão cansados.

– Quatro anos sob o jugo constante dos assassinos esgotaram nossas faculdades físicas e morais – diz o montanhês Dubreuil.

– Está na hora de abandonarmos o lugar – acrescenta Merlin de Thionville.

Eles se sabem rejeitados, odiados, desprezados, pois a escassez e a miséria continuam oprimindo os moradores dos subúrbios.

O povo nem sonha mais com o restabelecimento do *maximum* do preço dos víveres. O que se pode fazer contra a aliança dos mais ricos?

Pois o povo constata que os "barrigas podres" da Convenção são indulgentes para com os "barrigas douradas" que "fizeram" vendemiário.

Um relatório da polícia aponta:

> Nos subúrbios, diz-se que as revoltas de prairial eram menos culpadas do que as de 13 vendemiário, visto que as pri-

---

* *Si sa pourpre est le salaire / laire, laire, laire / Des crimes de Vendémiaire / Fox-s'Amphoux! / Il n'a pas quarante ans / Mais aux âmes damnées / Le crime n'attend pas / Le nombre des années.* (N.T.)

meiras exigiam apenas pão e as segundas queriam atacar e aniquilar a representação nacional, e mesmo assim as de prairial sofreram com uma severidade muito maior... Os patriotas de prairial iam às carradas ao cadafalso, e os rebeldes de 13 vendemiário apiedaram a Convenção Nacional e passeiam à vontade pelas grandes estradas...

Mas o tempo das insurreições passara.

As Tulherias se transformaram num campo de guerra. Só se veem tendas, canhões e soldados que trabalham ao pé das árvores e dos muros dos terraços.

A Champs-Élysées oferece o mesmo espetáculo. Todas as avenidas das Tulherias e da Convenção estão protegidas por armas e soldados.

Jamais o aparato de guerra foi mais ameaçador e mais formidável na cidade das artes e dos prazeres.

O americano Gouverneur Morris, que vê esses soldados de todos os exércitos espalhados pelas praças, ruas e pontes, conclui: "Continuo convencido de que os representantes desta nação cairão sob o domínio de um déspota único".

Ruault é mais preciso:

> O canhão que fulminou os monarquistas e os descontentes também matou o amor pela República em grande número de corações. Esta maneira de assumir a República desgosta todos os homens sensíveis, todos os amigos da humanidade. O governo militar estabelecido há oito dias assombra todos os bons espíritos.
>
> A Convenção acaba de se colocar sob a dependência de soldados que talvez amanhã criarão um Imperator, um César.

Portanto, em sua última sessão, em 4 brumário do Ano IV (26 de outubro de 1795), a Convenção decreta uma anistia geral para "todos os feitos relativos à Revolução", exceto para os sacerdotes refratários, os emigrados e os "vendemiaristas".

Grita-se "Viva a República!"

Depois, os membros da Convenção declaram que "a datar do dia da publicação da paz geral, a pena de morte será abolida da República".

A Place de la Révolution – onde a guilhotina estivera erguida por tanto tempo, onde o carrasco tantas vezes mostrara cabeças cortadas à multidão, começando pela do rei –, aquela praça ensanguentada, passaria a ser chamada de Place de la Concorde.

SÉTIMA PARTE

Brumário do Ano IV-ventoso do Ano V
Outubro de 1795-fevereiro de 1797
"A audácia é o mais belo cálculo do gênio"

"Existem três partidos bem definidos: os monarquistas, com os fanáticos, os anarquistas e os verdadeiros republicanos. O terceiro combateu e conteve alternadamente os dois outros."

Um comissário do Diretório
Novembro de 1795 (brumário do Ano IV)

"Na guerra, a audácia é o mais belo cálculo do gênio. Mais vale entregar-se a seu destino."

Napoleão Bonaparte, general-chefe do exército da Itália
Abril de 1796 (germinal do Ano IV)

"A Revolução Francesa sobe ao Capitólio. A Europa acabou, ela assim o quis... Toda esperança foi banida de minha alma. Abaixem o pano, a peça foi encenada. A realeza não passa de uma vaga reminiscência... Não vejo nem luz, nem meios, nem saídas."

Mallet Du Pan
1897 (Ano V)

23.

O reino da Concórdia?
Quem pode acreditar nele ou esperá-lo, nesse 12 brumário do Ano IV (3 de novembro de 1795), ao assistir ao cortejo dos cinco Diretores?

Estes foram escolhidos pelo Conselho dos Anciãos de uma lista de cinquenta nomes estabelecida pelo Conselho dos Quinhentos.

Barras, La Révellière-Lépeaux, Reubell, Letourneur e Sieyès – este último não aceitará o cargo e será substituído por Carnot – são todos regicidas.

Eles se instalam em dois fiacres escoltados por 120 dragões e mesmo número de soldados de infantaria.

O cortejo saído das Tulherias se dirige para o Palais du Luxembourg, onde o Diretório se reunirá.

Os Diretores ainda não vestiram o manto e a farda cerimonial.

Foram eleitos há apenas quatro dias e, no Palais du Luxembourg, cujos aposentos percorrem, constatam que não sobrara móvel algum, que desde a partida do conde de Provença tudo estava abandonado. Os "salteadores" de palácios tinham passado por lá.

Os Diretores se instalam numa pequena sala do primeiro andar, ao redor de uma mesa bamba. Os assentos são cadeiras de palha, emprestadas pelo zelador. Este traz lenha. A chaminé fumega, mas a umidade persiste.

Mesmo assim, é possível redigir uma ata de instalação, proceder à escolha dos ministros, que são todos moderados. O ministro do Interior seria, inclusive, monarquista, como bom número de deputados, o que prenuncia conflitos entre Diretores regicidas e o Conselho dos Anciãos e o Conselho dos Quinhentos.

Por hora, fala-se de vestimentas. Eles querem brilho, um manto nacarado, vermelho-claro com reflexos de madrepérola, com forro branco, lenço azul, bordados em ouro, chapéu com penacho tricolor.

Os deputados usarão togas, e os dos Quinhentos, um turbante azul com um buquê de espigas de ouro.

A França está miserável, mas seus representantes e seus Diretores estão decididos a gozar do luxo e das vantagens do poder.

E azar do povo, seja o dos subúrbios ou o que serve nos exércitos.

Os uniformes dos soldados que escoltavam os dois fiacres diretoriais estavam gastos; quanto aos dragões, eles montavam sem botas e era possível ver suas meias furadas.

As tropas que conquistaram a Bélgica e as que, na Itália, venceram sob o comando do general Schérer os austro-sardos não estão em melhores condições!

O mesmo se dá nas margens do Reno.

"Os soldados de Pichegru estão numa situação deplorável", escreve um viajante. "Não têm nem sapatos, nem meias, nem chapéus, e logo não terão mais casacos e calções. A miséria os consome e faz com que desertem aos milhares no interior. Aqueles que ficam nessas condições são verdadeiros heróis. É preciso dinheiro aos milhares para consertar esses males."

Mas os *assignats* valem apenas o preço do papel!

Os Diretores decidem cessar a emissão daquela moeda sem valor. Em 19 de fevereiro de 1796 (30 pluvioso do Ano IV), eles queimam, na Place Vendôme, as placas que servem para sua fabricação.

Os 39 milhões de *assignats* em circulação serão recolhidos e substituídos por "mandatos territoriais". Mas por que os cidadãos confiariam no novo papel-moeda?

Por que aprovariam o empréstimo de seiscentos milhões feito pelo Diretório?

O livreiro Ruault, observador sempre lúcido, não se surpreende com este insucesso.

> O Diretório dissemina de tempos em tempos sermões cívicos para reaquecer os corações e restituir-lhes o tom do patriotismo, mas é uma pregação no deserto. Eles não têm mais sucesso que o empréstimo de seiscentos milhões em numerário. O Diretório não dissimula seu embaraço nem aos jovens [o Conselho dos Quinhentos], nem aos velhos [Conselho dos Anciãos], nem a ninguém no mundo!
> A máquina das finanças quebrará nas mãos desses Diretores num estrondo assustador. Não há remédio para esse mal.

Cheio de um amargurado desespero, Ruault conclui: "A França não passa de uma chaga, não há um único lugar sadio em todo o corpo político, seus governantes andam às apalpadelas como numa caverna e só têm uma luz atrás de si".

De fato, os Diretores, com exceção do austero e rigoroso Carnot, salvo da prisão pelo 9 Termidor por ser reconhecido como o organizador da vitória, e de seu "duplo", Letourneur, se preocupam primeiro consigo mesmos.

Quando aparecem em seus trajes de cetim, com suas rendas, echarpes, gládios, meias de seda, sapatos com laçarotes e chapéu vermelho com penacho, provocam zombarias, pois ninguém se deixa enganar por aquela "mascarada luxemburguense", como se diz desde o primeiro dia.

Ninguém os respeita.

Barras, rei da República, é um nobre corrompido, regicida e terrorista enriquecido. Ele posiciona suas amantes, Joséphine de Beauharnais, Thérésa Tallien, uma na cama de Bonaparte, outra na do agiota fornecedor de munição Ouvrard. É assim que cresce sua influência.

Barras é um cínico "trapaceiro", que os jacobinos ainda seguem, como se o regicida que ele é não quisesse cortar todos os laços com a Revolução, por temer sempre uma restauração monárquica que simplesmente enforcaria os regicidas.

Apesar desta preocupação – e talvez ele tenha pedido a Luís XVIII uma absolvição –, todos sabem que "Barras jogaria pela janela a República amanhã mesmo se ela não mantivesse seus cachorros, seus cavalos, suas amantes, sua mesa, sua sala de jogos".

Os demais Diretores são desconhecidos.

Reubell, advogado alsaciano colérico, é um dos artesãos da anexação da Bélgica e da margem esquerda do Reno. Ele fala com arrogância, afirma que é preciso "colocar os deputados contrarrevolucionários dentro de um saco e jogá-los no rio".

La Révellière-Lépaux, antigo girondino, se ocupa das questões religiosas. Ele quer fundar uma "religião natural". Ele gostaria de destruir o papado, sendo contrário à unificação da Itália.

Os Diretores têm em comum o fato de quererem combater as "facções extremadas", a não ser os regicidas, "ferozes republicanos". Eles afirmam, na *Proclamação ao povo francês*, de 14 brumário do Ano IV (5 de novembro de 1795):

> O Diretório tem a firme vontade de fazer guerra ativa ao monarquismo, de reavivar o patriotismo, de reprimir todas as facções, de apagar qualquer espírito partidário, de aniquilar qualquer desejo de vingança, de fazer reinar a concórdia, de recuperar a paz, de regenerar os costumes, de reabrir as fontes da produção, de reanimar a indústria e o comércio, de sufocar a agiotagem, de dar nova vida às artes e às ciências, de restabelecer a abundância e o crédito público, de substituir a ordem social ao caos inseparável das revoluções, de proporcionar, finalmente, à República Francesa a felicidade e a glória que ela espera.

Os Diretores querem acabar com a Revolução e suas desordens.

Eles querem ser árbitros acima das facções.

"Existem três partidos bem definidos", escreve um dos comissários do Diretório, "os monarquistas, com os fanáticos, os anarquistas e os verdadeiros republicanos. O terceiro combateu e conteve alternadamente os dois outros."

Os Diretores são... Esses republicanos do "centro"... Do "Ventre", como se dizia sob a Convenção.

Eles atacam os monarquistas que graças aos canhões de Bonaparte foram esmagados em 13 vendemiário.

Stofflet, chefe vendeano, é preso e fuzilado, assim como, algumas semanas depois, o será Charrette, capturado ferido.

Com a guerra ganha, Hoche proclama o "édito de Nantes da Vendeia", autorizando em toda parte a celebração de cultos. O Diretório se sente tão forte que cogita inclusive um desembarque na Irlanda, preparado por Hoche e Wolfe Tone, chefe dos irlandeses-unidos.

Sonha-se com uma insurreição dos irlandeses contra a Inglaterra.

Não há temor em trocar a filha de Luís XVI, Maria Teresa, pelos prisioneiros franceses detidos pelos austríacos.

Dentre eles, Drouet, antigo chefe-de-posta em Sainte--Menehould, que permitira a prisão de Luís XVI em junho de 1791.

Drouet é imediatamente admitido no Conselho dos Quinhentos e participa da celebração, em 21 de janeiro de 1796 (1º pluvioso do Ano IV), do aniversário da decapitação do rei na Place de la Révolution, que se tornara Place de la Concorde!

Esse dia fora "a justa punição do último rei dos franceses", e Reubell acrescenta:

– Que os bons cidadãos se tranquilizem.

Aqueles que são apenas cidadãos continuam com fome. Pois os preços dos víveres, que se imaginava terem chegado ao máximo, subiram de novo.

"Vê-se na ruas", diz um relatório da polícia, "grande número de desgraçados sem sapatos, sem roupas, juntando, em montes de lixo, terra e outras sujeiras para satisfazer a fome que sentem."

Todos estão cansados. Os Diretores, os membros dos conselhos e os ricos que ostentam sua insolente e recente fortuna são odiados.

– De que serve ter destruído os reis, os nobres e os aristocratas – diz-se –, visto que agora os deputados, os rendeiros e os comerciantes os substituem?

Em 25 brumário do Ano IV (16 de novembro de 1795), o *La Gazette* constata:

> Os acontecimentos secaram os corações! Conselho dos Anciãos, Conselho dos Quinhentos, Diretório, é para vocês que se dirigem os olhares desses infelizes que pisam com seus pés seminus a terra úmida. Atenuem primeiro nossos males, deem-nos princípios!

Como continuar esperando? Acreditar na República? Morrer pela pátria?

Os exércitos são desertados: "Sermos mortos por sujeitos que nos roubam e nos fazem passar fome?"

Os homens se recusam a isso. As vitórias não são mais festejadas. Quer-se pão e a paz.

Mas os Diretores desejam que a guerra continue.

Pois nos países conquistados é possível pilhar as obras de arte e os cofres cheios de ouro dos reinos, dos principados e das cidades.

– Estaríamos perdidos se houvesse paz – explica Sieyès.

O Diretório precisa de dinheiro.

Nem que seja apenas para manter, apesar da queda do *assignat*, os subsídios dos deputados.

"Trabalha-se para colocar os Quinhentos no Palais Bourbon, que se quer tornar magnífico."

Ao passar na frente do Palais, os soldados de pés descalços, famintos como os mais pobres dos cidadãos, murmuram:

– Os deputados deveriam ir para uma mata, na qual atearíamos fogo.

Os Diretores se inquietam.

Barras e Reubell apoiam a abertura do Clube do Panteão, onde se reúnem em torno de Babeuf os "terroristas" reconfortados pela derrota dos monarquistas em 13 vendemiário.

Babeuf é o principal orador do clube. Ele prega a igualdade, a repartição da terra, o "comunismo", e desenvolve suas ideias no jornal que dirige, *Le Tribun du peuple*.

"O partido cresce consideravelmente", diz uma nota da polícia, "sobretudo os operários o abraçam com avidez."

Carnot é o mais determinado a lutar contra esses "anarquistas". Ele enfatiza que os "babouvistas" não se contentam em pregar a favor da "felicidade comum", mas que se infiltram na legião de polícia encarregada de manter a ordem em Paris.

Em 5 de dezembro de 1795 (14 frimário do Ano IV), ele consegue fazer com que seja decretada a prisão de Babeuf.

No entanto, talvez se beneficiando com a proteção de Barras, Babeuf desaparece na clandestinidade.

O Clube do Panteão continua se reunindo em torno do jacobino italiano Buonarroti.

Que fala, escreve, anima os jornais *Le Tribun du peuple* e *L'Égalitaire* e publica uma *Análise da doutrina de Babeuf e do Manifesto dos Iguais*.

"A *Análise*", relata a polícia, "assim que afixada foi aplaudida pela maioria daqueles que a leem, em especial os operários."

Buonarroti reúne, em cada uma de suas conferências, duas mil pessoas.

É preciso destruir esta "facção anarquista", e em 8 ventoso do Ano IV (27 de fevereiro de 1796), os Diretores ordenam o fechamento do Clube do Panteão.

Napoleão Bonaparte, general-chefe do exército do Interior, é encarregado de executar a decisão.

Bonaparte não hesita. Ele conhece Buonarroti.

Eles se conheceram em Oneglia, na costa lígure, quando o jacobino italiano ali vivia enquanto comissário, e Bonaparte, de reputação robespierrista, comandava a artilharia do exército da Itália.

Mas Robespierre estava morto. E Bonaparte se tornara o general Vendemiário, comandante do exército do Interior.

Com um estado-maior, uniforme de boa lã, rendimentos.

Ele distribuíra cargos e dinheiro a todos os membros de sua família.

"Nada falta à família, passei-lhe dinheiro e *assignats*", escreve ele a seu irmão José.

Ele com frequência é recebido no pequeno palacete ocupado por Joséphine de Beauharnais no bairro da Chaussée-d'Antin. Ela é a prova carnal de que o futuro lhe pertence.

Ele a deseja com o mesmo arrebatamento com que quer um comando geral, não mais de um exército do Interior, que não passa de uma força policial, mas de um exército que ele levará à vitória, em conquistas fulgurantes.

Além disso, o programa político do Diretório, aquela maneira de estar acima das facções, de atacar monarquistas e anarquistas, lhe convém.

Todos os dias ele se encontra com Barras, Carnot e os demais Diretores. Ele lhes submete um plano de campanha que elaborara para o exército da Itália, país onde os tesouros se acumulam nos palácios. Lá, os milhões indispensáveis ao Diretório podem ser apanhados.

Ele sente que os Diretores hesitam, que os deputados próximos aos monarquistas detestam e temem em sua pessoa o general Vendemiário.

"Tenho dificuldade em acreditar que o senhor cometa o erro de nomeá-lo para o comando do exército da Itália" escreve, a Reubell, Dupont de Nemours, membro do Conselho dos Anciãos. "O senhor não sabe como são esses corsos? Eles têm sua fortuna para ganhar."

Mas Bonaparte dera garantias, no 13 vendemiário e a seguir, ao atuar com agilidade para fechar o Clube do Panteão.

Há também a relação com Joséphine, que tranquiliza Barras, aquele amor ingênuo, aquela verdadeira paixão que o corso magro e decidido tem pela *créole* experiente.

Em 12 ventoso do Ano IV (2 de março de 1796), ele é nomeado general-chefe do exército da Itália, com Alexandre Berthier como chefe do estado-maior.

Em 19 de março (29 ventoso do Ano IV), às dez da noite, com um atraso de quase uma hora, tanto ficara ocupado com suas tarefas militares e a preparação de sua partida, Bonaparte casa na prefeitura da Rue d'Antin com Joséphine de Beauharnais, mãe de dois filhos – Eugène e Hortense. Tallien e Barras são as testemunhas.

Ele sabe que alguns comentam que ele aceitara o casamento para livrar Barras de uma antiga amante e obter, em contrapartida, o comando do exército da Itália.

Mas basta ver Bonaparte olhando para a elegante *créole* para saber que isso não passa de calúnia.

Bonaparte está loucamente apaixonado. Bonaparte deseja loucamente aquele comando.

Em 11 de março de 1796 (21 ventoso do Ano IV), ele sai de Paris na direção de Nice.

Na carruagem da posta, Bonaparte relê as instruções que o Diretório lhe enviara.

Elas são violentas e claras: "Fazer o exército da Itália manter-se nos e pelos países inimigos... conseguir grandes contribuições..."

Em resumo, tomar tudo o que puder dos italianos, arrancar à força tudo o que quiser, e, como butim, alimentar, pagar, armar os soldados e encher os cofres do Diretório!

Que seja. Tal é a guerra. Tal é o poder das armas.

Agora, a guerra revolucionária era daquela maneira. Ela rasga as constituições e pilha.

Ele dirá aos soldados que reúne assim que chega a Nice, e que descobre esfarrapados, indisciplinados, esfomeados:

– Soldados, estais nus, mal-alimentados. O governo deve muito a vós, ele nada pode dar-vos... Quero conduzir-vos para as planícies mais férteis do mundo. Ricas províncias e grandes cidades cairão em vosso poder. Encontrareis honra, glória e riqueza.

Ele também envia uma proclamação aos patriotas italianos:

– O povo francês tomou armas pela liberdade. O povo francês preza e estima as nações livres. A Holanda é livre e a Holanda foi conquistada...

A campanha da Itália pode ter início nesse 2 de abril de 1796 (13 germinal do Ano IV).

– Aníbal cruzou os Alpes – diz Bonaparte. – Nós iremos contorná-los.

Palavra de conquistador.

24.

Bonaparte conquistador da Itália?
Os Diretores exultam. Eles ficam espantados com os sucessos daquele general de apenas 27 anos que se impusera aos "velhos generais" dez anos mais velhos que ele e já com cicatrizes de batalhas, cujos nomes – Masséna, Augereau – brilharam de glória.

Mas bastam dez dias e três batalhas – Montenotte, Millesimo, Mondovi – para que Bonaparte, transpondo o cume das montanhas alpinas que separam a costa mediterrânea do Piemonte, abra caminho para Turim.

Os Diretores leem os relatórios do comissário no exército da Itália, Saliceti, que Bonaparte conhece bem. Saliceti, o mesmo que o prendera como robespierrista, depois do 9 termidor, episódio que Bonaparte não queria recordar. E Saliceti não poupa elogios àquele general que soubera retomar o controle sobre 25 mil homens indisciplinados.

"O general-chefe", dita Bonaparte a Berthier, seu chefe de estado-maior, "vê com horror a terrível pilhagem a qual se entregam homens perversos... Arrancaremos o uniforme desses homens. Eles serão denegridos pela opinião de seus concidadãos como covardes."

E ele demonstra uma coragem exemplar, ao lançar-se sob fogo cerrado sobre a ponte de Lodi, conduzindo seus homens, que o aclamam e dizem que ele tem a coragem de um "pequeno caporal"...

Ele tem o dom da palavra, e suas proclamações exaltam os parisienses quando os jornais as publicam.

– Soldados – ele exclama –, em quinze dias vós tivestes seis vitórias, tomastes 21 bandeiras, 55 canhões, várias praças-fortes, conquistastes a parte mais rica do Piemonte. Privados de tudo, vós provestes de tudo, vós vencestes batalhas sem canhões, cruzastes rios sem pontes, fizestes marchas forçadas sem sapatos, acampastes sem aguardente e muitas vezes sem pão."

Os Diretores se congratulam com suas palavras.

O exército é a única força que lhes permite atacar as facções monarquista e anarquista. E Bonaparte parece-lhes ser fiel à República. Ele era o general Vendemiário e aquele que fechara o Clube do Panteão.

Ele dizia a seus soldados:

– As falanges republicanas, os soldados da liberdade são os únicos capazes de sofrer o que vós sofrestes. Graças sejam rendidas a vós, soldados!

No entanto, Carnot se questiona ao ler o término do discurso de Bonaparte:

– Porém, soldados, vós nada fizestes, pois ainda há coisas a fazer!

Enquanto isso, Bonaparte anuncia em todas as suas cartas que envia milhões a Paris. Isto basta para abafar as preocupações dos Diretores.

Ele é convidado, inclusive, a pilhar mais ainda.

Os Diretores escrevem:

> Não seria possível recolher os tesouros imensos que a superstição acumula nos conventos há quinze séculos? Eles são avaliados em dez milhões de libras esterlinas. Faríeis uma operação financeira admirável que prejudicaria apenas alguns monges.

O ouro e as obras de arte afluem para o Palais du Luxembourg.

– Sois o herói de toda a França – repetem-lhe os Diretores.

E eles multiplicam seus elogios:

– Tendes a confiança do Diretório. Os serviços que prestais todos os dias vos dão esse direito. As quantias consideráveis que a República deve a vossas vitórias provam que vos ocupais tanto da glória quanto dos interesses da pátria.

Eles aprovam o que Bonaparte diz aos patriotas italianos:

– Povo da Itália, o exército francês vem romper vossas amarras: o povo francês é o amigo de todos os povos, vinde ao encontro dele.

Esses patriotas, aqueles que Buonarroti havia reunido em Oneglia no tempo em que Bonaparte era apenas o general de artilharia do exército da Itália, proclamam a República.

Mas Bonaparte se antecipa às preocupações dos Diretores, abandonando esses patriotas assim que consegue assinar um armistício com o rei do Piemonte.

A realeza é mantida, o soberano cede a Savoia e Nice à França e paga uma indenização de guerra de três milhões.

Outro armistício é assinado com o duque de Parma – que lhe custa dois milhões de liras, mantimentos e vinte quadros que serão escolhidos por uma comissão de artistas francesas.

Bonaparte é um homem como os que os Diretores amam, que não se preocupa com grandes princípios!

Depois da vitória de Lodi, ele se torna o senhor da Lombardia. Nos salões, Barras faz Joséphine de Beauharnais ser aclamada, chamando-a de "Nossa Senhora das Vitórias"!

Eles não imaginam que Bonaparte, no dia seguinte a Lodi, confessa que "não se considera mais um simples general, mas um homem chamado para influenciar o destino de um povo".

O povo se entusiasma com aquele general e seus soldados.

> Enquanto suportamos morte e paixão no interior [escreve o livreiro Ruault, em 20 floreal do Ano IV (9 de maio de 1796)], nossos soldados perseguem nos Alpes e para além deles o rei da Sardenha... É algo surpreendente, que será uma maravilha na posteridade, a coragem e a intrepidez de nossos jovens das forças armadas. Foi preciso uma revolução na França para ensinar à Europa que o francês livre é o povo mais formidável da Terra.

O contraste com o que acontece dentro do país é arrasador.

A miséria volta a se agravar.

Sem as distribuições de pão organizadas pelo Diretório, na medida de meio quilo de pão por dia por quatro *assignats* – por nada, portanto –, inúmeros cidadãos morreriam de fome.

Mas os Diretores são obrigados a diminuir esta quantidade para 75 gramas! Ela é completada com arroz, mas este não pode ser cozinhado porque a madeira está em falta! Neste Ano IV, contam-se dez mil mortes a mais que a média dos anos anteriores.

A opinião pública acusa aquele

> governo que nunca foi tão covarde quanto o vemos hoje... A probidade, a virtude, uma certa austeridade de costumes que sempre estiveram presentes nas Repúblicas nascentes e sem as quais elas não podem durar muito, não se encontram na nossa.
> Veem-se nos gabinetes desses senhores apenas homens corrompidos que vendem a preço de ouro cargos, empregos, funções à disposição dos ministros. Comercia-se com eles da mesma forma que com os víveres do mercado, e aquele que paga mais tem a preferência. Os próprios deputados agiotam, traficam vergonhosamente, com os agentes de câmbio, ouro, prata e todo tipo de mercadoria. Essas práticas infames corrompem o espírito público em Paris e em todos os departamentos. Elas aviltam todos os agentes do governo e das administrações. O sistema republicano está de tal forma gangrenado em todos os seus diversos ramos que parece impossível que ele possa durar mais de um ano se a virtude e os bons costumes não tomarem sem demora o lugar de tantos vícios.

Assim está o espírito público, e se os Diretores se preocupam com sua evolução, é porque nos relatórios os informantes da polícia enfatizam que cada vez com mais frequência os cidadãos mais pobres são ouvidos a exclamar: "No tempo de Robespierre pelo menos tínhamos pão".

Um homem sensato como Ruault, editor e livreiro, cidadão abastado e esclarecido, escreve: "A grosseria dos *sans-culottes* era desagradável, sem dúvida hedionda, mas eles não tinham a fria crueldade dos atuais agentes. Eles não agiam com a reflexão e a intenção do mal, como esses senhores de hoje em dia".

São principalmente as palavras de Babeuf que parecem perigosas aos Diretores. Elas se espalham, enquanto Babeuf, depois do fechamento do Clube do Panteão, continua vivendo na clandestinidade.

Ele teria dito que "despertar Robespierre... é despertar todos os patriotas enérgicos da República e com eles o povo que outrora só ouvia e seguia a eles... O robespierrismo é a democracia, e essas duas mortes são perfeitamente idênticas: portanto, ao reerguer o robespierrismo, vocês com certeza reerguerão a democracia".

Ele afirma que a "Revolução Francesa é uma guerra declarada entre políticos e plebeus, entre ricos e pobres".

Ele quer concretizar um "estado de comunidade".

"Todas as coisas possuídas por aqueles que têm mais que seu quinhão individual dos bens da sociedade são roubo e usurpação, e é justo, portanto, recuperá-las."

Ele afirma que "esse sistema demonstra-se praticável, visto que é aplicado aos 1.200.000 homens de nossos doze exércitos: o que é possível em pequena escala o é em grande".

Babeuf recebe o apoio financeiro de Le Peletier de Saint--Fargeau, irmão do deputado assassinado por ter votado a morte do rei, e o apoio do ex-marquês Antonelle.

Ao lado do escritor Sylvain Maréchal, Darthé – antigo promotor público do tribunal revolucionário de Arras –, Buonarroti e o membro do Conselho dos Quinhentos, o homem de Varennes, Drouet, eles formam um "Diretório de Salvação Pública".

Os "babouvistas" tentam penetrar no exército. O capitão Grisel é encarregado de recrutar homens de confiança no campo militar de Grenelle. Outros se ocupam com a legião da polícia.

Alianças são feitas entre babouvistas e antigos montanheses. Mas esta "Conspiração dos Iguais" é constantemente vigiada pela polícia do Diretório. E talvez inclusive ajudada por Barras, ou Fouché, ligado a Babeuf. Eles podem utilizá-la como força de manobra, ameaça, bode expiatório.

No fim de abril e início de maio de 1796 (floreal do Ano IV), os Diretores decidem agir.

Carnot, de fato, contrário aos babouvistas, recebera o capitão Grisel, que traíra seus companheiros.

Eles são presos em 10 de maio e são destinados à Suprema Corte de justiça que se reunirá em Vendôme.

Toda a França, com esse processo perante a mais alta jurisdição do regime, ficará sabendo que o Diretório ataca – em seguida aos monarquistas – a facção anarquista: o que tranquilizaria os "bons cidadãos", ao mostrar que os Diretores, regicidas e antigos terroristas, eram defensores das propriedades e da ordem contra aqueles que queriam "despertar Robespierre".

Esta prova de autoridade é necessária, pois os sucessos e a atitude de Bonaparte começam a preocupar os Diretores.

Bonaparte fizera uma entrada triunfal em Milão, em 15 de maio de 1796 (26 floreal do Ano IV).

"Viva Buonaparte il liberatore dell'Italia!", gritara a multidão. Os patriotas italianos tinham formado um Clube Jacobino, criado uma Guarda Nacional. Bonaparte escrevera ao Diretório: "Se continuardes me concedendo vossa confiança, a Itália será vossa".

E acrescentara: "Coloco à disposição do Diretório dois milhões de joias e barras de prata, mais oitenta quadros, obras-primas dos mestres italianos. E os Diretores podem contar com uma dezena de milhões a mais".

Ora, ele recebe dos Diretores a ordem de se dirigir para a Itália do centro e do sul, Livorno, Florença, Roma, Nápoles, enquanto o general Kellermann, comandando o exército dos Alpes, o substituiria em Milão e na Lombardia.

Bonaparte se nega a obedecer.

"Convencido de que vossa confiança repousa em mim", responde ele aos Diretores, "minha marcha foi tão imediata quanto meu pensamento. Cada um tem sua maneira de fazer a guerra. O general Kellermann é mais experiente e a fará melhor do que eu, mas os dois juntos a faremos muito mal. Creio que um mau general vale mais do que dois bons."

E oferece sua demissão.

Murat, que se distinguira no 13 vendemiário e que seguira Bonaparte no exército da Itália, questiona-o:

– Dizem que o senhor é tão ambicioso que gostaria de colocar-se no lugar de Deus Pai.

Napoleão Bonaparte o mede de alto a baixo:

– Deus Pai? Nunca, ele é uma rua sem saída!

Como os cidadãos Diretores, os senhores do Palais du Luxembourg, poderiam aceitar a demissão de um homem como este?

25.

Diante das pretensões de Bonaparte, os cinco Diretores, nesse mês de maio de 1796, hesitam a se retratar.

Eles tinham uma estratégia.

Bonaparte marcharia em direção ao centro e ao sul, e Kellermann o substituiria no Piemonte e na Lombardia.

Há outros generais além daquele Bonaparte, vocifera Reubell. Jourdan e Moreau, um à frente do exército de Sambre-et-Meuse, o outro do exército de Rhin-et-Moselle, recebem ordem de atravessar o Reno, marchar sobre Viena e surpreender, pelo norte, as tropas austríacas que ainda têm força na Lombardia.

Sim, mas o nome aclamado em Paris é o de Bonaparte!

Oficiais do exército da Itália carregando as bandeiras dos inimigos acabam de chegar à capital.

Os jornais celebram as façanhas do general cujas tropas entraram em Veneza, Verona, Bréscia, Bolonha, Ferrara, que domina com extrema dureza uma revolta antifrancesa em Pávia, que assina um armistício com o reino de Nápoles, depois com o papa.

Os jornais dão detalhes sobre o "butim".

O papa entregaria 21 milhões, cem obras de arte, quinhentos manuscritos. Ele cederia Ancona e deixaria a passagem livre em seus estados para o exército francês. Ele fecharia seus portos aos navios ingleses.

As tropas de Bonaparte ocupam Livorno, e o controle deste grande porto forçará os ingleses instalados na Córsega a sair da ilha.

Bonaparte é o general que traz as vitórias e a paz, a glória e o ouro.

Querer que Kellermann tome seu lugar? E confiar nos generais Jourdan e Moreau, que já sofrem as primeiras derrotas, recuam, enquanto Bonaparte vence o general Wurmser, obriga os austríacos a fecharem-se na praça-forte de Mântua?

A opinião pública se exalta:

– Viva Bonaparte!

Os jornais o glorificam, publicam o texto de suas hábeis proclamações, escritas não para relatar a verdade, mas para edificar sua lenda.

Além disso, cada um dos cinco Diretores, e também os comissários do Diretório ou o general Clarke, chefe do gabinete topográfico do Diretório, que estabelece os planos de campanha, são bombardeados com as cartas de Saliceti, de Berthier, que fazem o elogio do "Petit Caporal" tão popular entre os soldados.

Napoleão Bonaparte, por sua vez, escreve a Barras, faz dele o confidente de seus infortúnios conjugais, reforça com isso a cumplicidade entre os dois.

– Estou desesperado – diz Bonaparte –, minha mulher não vem! Ela tem algum amante que a retém em Paris. Maldigo todas as mulheres, mas cumprimento meus bons amigos...

As pressões são tão fortes que o Diretório proclamará que o exército da Itália "prestou relevantes serviços à Pátria" e decretará, em sua homenagem, uma "festa da Vitória" que deverá ser celebrada no fim do mês de maio (floreal do Ano IV) por todos os exércitos e em todo o país.

A maioria dos cinco Diretores (Barras, Carnot, Le Tourneur) conclui que é preciso anular a decisão de nomear Kellermann para o lugar de Bonaparte. E recusar a demissão deste último.

Eles cedem, e imediatamente sentem o pulso forte de Bonaparte.

"É preciso", escreve ele, "uma unidade de pensamento militar, diplomático e financeiro. A diplomacia de fato é, neste momento, totalmente militar na Itália."

Ele acrescenta que "nenhuma de nossas leis regula a maneira como devem ser governados os países conquistados".

Ou seja, Bonaparte quer liberdade para agir à sua maneira.

Aqueles que se encontram com ele relatam aos Diretores suas palavras, descrevem seu olhar onde brilha a inteligência, a ambição e a determinação.

O representante da República Toscana, Miot de Melito, fascinado, o ouve:

"Ele não parece com os outros generais", escreve ele. "É o homem mais afastado das formas e ideias republicanas que conheci."

Mas é tarde demais para conter Bonaparte.

Ele constrói sua lenda. A imaginação popular se apropria de suas proclamações, de seu *Informe à Pátria* e a seus *irmãos em armas*.

> Soldados! Precipitastes-vos como uma enchente do alto dos Apeninos, repelistes, dispersastes, espalhastes tudo o que se opunha a vossa marcha... Que os povos não se preocupem, somos amigos de todos os povos!... O povo francês livre, respeitado pelo mundo inteiro, dará à Europa uma paz gloriosa que a indenizará dos sacrifícios de todo tipo que ele faz há seis anos. Voltareis então para vossas casas, e vossos concidadãos dirão, apontando para vós: ele era do exército da Itália.

Apenas os monarquistas mais ou menos declarados, os moderados que esperavam uma restauração monárquica, ficam indignados, bradam seu desprezo e inclusive seu ódio por aquele general Vendemiário.

Mallet du Pan escreve à corte de Viena, da qual é correspondente, e sua carta será difundida a todos os soberanos da Europa: "Esse Bonaparte, esse pequeno fanfarrão de cabelos soltos, esse bastardo de Mandrin* que os retóricos chamam de jovem herói e conquistador da Itália, logo expiará sua glória teatral".

---

* Louis Mandrin (1725-1755): popular bandido, justiceiro e contrabandista do Antigo Regime. (N.T.)

Os monarcas e príncipes acreditam nesta profecia colérica e desdenhosa, enquanto Bonaparte estabelece em Milão uma Administração Geral da Lombardia, composta por patriotas italianos vindos de todas as regiões da península, desenhando com isso os contornos de uma república lombarda e inclusive italiana.

O patriota jacobino italiano Buonarroti, preso com Babeuf e os babouvistas, se regozija com esta iniciativa. Ele convidara todos os patriotas italianos a ajudar o exército de Bonaparte, republicano. Buonarroti gostaria de ir para Milão.
Mas a Suprema Corte que o julgará, em Vendôme, o deixará vivo ou o enviará para a guilhotina?

Nesse mês de setembro de 1796 (frutidor do Ano IV), os babouvistas encarcerados temem a severidade da Suprema Corte.
Os Diretores e os juízes querem mostrar que são impiedosos com os "anarquistas".
Drouet, o homem de Varennes, preso com Babeuf, foge. Suspeita-se que Barras ou Fouché tenham facilitado a fuga do chefe de posta que permitira a prisão de Luís XVI.
Há coisas mais graves ainda.

Um bando invocando Babeuf, os Iguais, e reunindo entre duzentos e setecentos homens – como saber ao certo? – acaba de atacar o campo militar de Grenelle. Os insurrectos estão convencidos de que serão recebidos por soldados dispostos a unir-se à causa da Igualdade.
Cilada! Armadilha pensada por Carnot. Os babouvistas que correm aos gritos de "Viva a Constituição de 1793!", "Abaixo os Conselhos e os novos tiranos!" são recebidos a tiros e espadadas pela cavalaria.
Cerca de vinte são mortos, e o chefe de esquadrão, Malo, que comandava o contra-ataque, faz 132 prisioneiros.
Diz-se que "Carnot concordara em deixar os anarquistas lançarem-se numa escaramuça, apesar de ser fácil avisá-los

e interromper seus planos, que eram bem conhecidos". Mas Carnot quer uma repressão exemplar e a decapitação da "serpente anarquista".

Dentre os prisioneiros há antigos membros da Convenção que deveriam, por serem civis, escapar das comissões militares encarregadas de julgá-los.

Mas a ilegalidade não detém os juízes.

Em seis sessões, as comissões militares, implacáveis, pronunciam 32 condenações à morte e penas de prisão e deportação. Os julgamentos não têm apelação.

Os pelotões de execução são alinhados na planície de Grenelle, e os condenados à morte são executados logo depois do veredicto. Seus corpos crivados de balas caem uns sobre os outros.

O barulho das detonações abafa as vozes que gritam: "A Constituição de 93 ou a morte!"

A morte leva a melhor, deixando os Diretores divididos em relação às consequências políticas daquela maquinação vitoriosa.

Carnot se felicita.

Barras e Reubell temem que ao destruir a facção "anarquista" haja um reforço da monarquista.

– Onde estão os terroristas? – exclama o general Hoche. – Vejo *chouans* em toda parte.

Ele registrara o abandono da luta armada pelos chefes *chouans*. Um dos últimos insurgentes, Cadoudal, também acabara de depositar as armas.

Mas nenhum dos *chouans* ou dos vendeanos renunciara à monarquia.

Eles condenam e desprezam a política do Diretório.

Julgam-na cúmplice dos jacobinos.

Partilham da opinião de Mallet du Pan, que escreve: "Um dia a autoridade destitui um jacobino ativo, no outro coloca em seu lugar um pior que o anterior".

Os monarquistas não esquecem que os Diretores são regicidas, inimigos do Trono e do Altar.

Então misturam suas vozes à do povo, que, como confirmado por todos os espiões da polícia, "continua a proferir mil imprecações contra o governo".

26.

Neste outono do Ano IV, os Diretores ouvem as palavras hostis que não fazem cessar nem as execuções dos agressores "anarquistas" do campo de Grenelle, nem as concessões feitas aos monarquistas.

Parece, pelo contrário, que ao atacar as duas facções extremas, o Diretório enfraquece.

Sua única força são os exércitos. Mas o mais glorioso, aquele cujos feitos são louvados, o exército da Itália, lhe escapa.

Napoleão Bonaparte envia a Paris obras de arte, caixas cheias de pratarias, tesouros de todos os tipos, mas ele faz "sua" política, ignorando as ordens do Diretório, de novo ameaçando pedir demissão quando enviam o general Clarke para vigiá-lo, e mantendo todo o poder sobre as tropas em suas mãos, como fizera quando Carnot lhe pedira para deixar o lugar para o general Kellermann.

Os Diretores se alarmam diante das iniciativas diplomáticas e políticas daquele general celebrado pela opinião pública.

Bonaparte escreve num tom de comando à Sua Majestade, o imperador da Áustria: "A Europa quer a paz, esta guerra desastrosa já dura tempo demais..."

E Bonaparte ameaça tomar o porto de Trieste e "arruinar todos os assentamentos de Vossa Majestade no Adriático".

Ele reúne em Bolonha, depois em Reggio Emilia, um congresso de patriotas italianos que o aclamam como libertador e unificador da Itália, e proclamam a República Cispadana, que adota, à imagem da França, uma bandeira tricolor: verde, branca e vermelha.

Ao mesmo tempo, ele enfrenta os exércitos austríacos, com efetivos duas vezes mais numerosos que os seus. Ele pede ao Diretório armas, provisões, reforços.

> Peço que me sejam enviados fuzis o mais rápido possível, não fazeis ideia do consumo dos nossos... É evidente que precisamos de reforços aqui... Cumpro meu dever, o exército faz o seu. Minha alma está dilacerada, mas minha consciência está tranquila. Reforços! Reforços!

Mas ele está sozinho, à frente de suas tropas, quando marcha em 15 e 17 de novembro de 1795 (25 e 27 brumário do Ano V) pelos pântanos de Árcole e lança-se pela ponte sob uma chuva de tiros. Seu ajudante de ordens, Muiron, se coloca à sua frente para protegê-lo e é morto, enquanto Bonaparte cai dentro do rio, quase capturado por soldados croatas.

Depois de combates encarniçados, a vitória, a lenda da ponte de Árcole, os jornais exaltam o general Bonaparte. A Rue Chantereine, onde mora Joséphine de Beauharnais, passa a ser chamada de Rue de la Victoire.

Na noite de 14 de janeiro de 1797 (25 nivoso do Ano V), Bonaparte esmaga os austríacos no planalto de Rivoli, fazendo 22 mil prisioneiros.

A praça-forte de Mântua capitula, Napoleão Bonaparte é o senhor da Itália do Norte.

Ele tratará com os enviados do papa Pio VI, obterá de Sua Santidade a cessão de Avignon e do Condado Venaissin à França, sem contar os cofres cheios de moedas e barras de ouro e prata e as centenas de quadros e estátuas.

Bonaparte repele com um gesto de desdém a carta dos Diretores, inspirada por La Révellière-Lépeaux, que lhe aconselham ir "apagar em Roma a chama do fanatismo. É o desejo do Diretório".

Ele não o realiza.

Ele nem mesmo exige do papa o cancelamento das cartas papais que condenam os sacerdotes que prestaram juramento à Constituição.

Ele não é mais o executor da política do Diretório.

Ele é o general vitorioso que faz suas tropas vibrarem quando diz:

– Soldados, alcançastes a vitória em quatorze batalhas seguidas e setenta combates! Fizestes mais de cem mil prisioneiros, tomastes ao inimigo quinhentos canhões, dois mil de grande calibre... Enriquecestes o Museu de Paris com mais de trezentos objetos, obras-primas da antiga e da nova Itália...

Quando os jornais, em Paris, publicam esta proclamação, os cidadãos se reúnem na Rue de la Victoire e, apesar de a casa estar vazia, pois Joséphine fora para a Itália, eles gritam "Viva Bonaparte!" e saúdam o general vitorioso e construtor da paz.

Ele é o único dos generais a levar orgulho e esperança ao povo.

Hoche fracassara em sua tentativa de desembarque na Irlanda.

Moreau e Jourdan não conseguiram marchar até Viena.

Pichegru se furta ao combate, e os Diretores estão cada vez mais convencidos de que ele mantém laços com os enviados de Luís XVIII.

Resta, portanto, Bonaparte, cuja independência aumenta a cada dia, limitando os poderes dos comissários do Diretório:

– Os comissários nada têm a ver com política – diz ele. – Eu faço o que quero. Que eles se intrometam na administração das receitas públicas, a propósito; ao menos por enquanto, o resto não lhes diz respeito. Espero que não fiquem muito tempo em serviço e que não me enviem outros!

Mas ele não rompe com os Diretores.

Envia-lhes o fruto de suas pilhagens.

E chega a oferecer a seus "cinco sires" cavalos jovens e nervosos, de pelo brilhante, a fim, diz ele, de "substituir os cavalos medíocres que atrelam suas carruagens".

Os Diretores aceitam os presentes, o butim, mas começam a olhar com assombro para aquele general popular. Nos conselhos, tanto no dos Anciãos quanto no dos Quinhentos, todos os moderados, os monarquistas dissimulados que formam o "Ventre" dessas assembleias, são hostis ao general Vendemiário.

Mas ainda não é o momento de enfrentá-lo. É preciso primeiro conquistar o poder, somente depois se domará aquele general ambicioso, que os monarquistas consideram um "jacobino a cavalo".

Portanto, não se trata mais de tentar tomar o poder através de um motim. Todos se lembram do 13 vendemiário.

As eleições para os conselhos devem ocorrer em março-abril de 1797 (germinal do Ano V). Os monarquistas estão convencidos de poder ganhar. Dentro dessa perspectiva, é preciso convencer os eleitores.

– Visto que a opinião pública faz tudo, é preciso tentar formá-la – diz Antoine Dandré, antigo constituinte, monarquista, homem inteligente, desembaraçado e hábil.

Pouco a pouco a maior parte dos monarquistas é convencida pela ideia de que somente as "vias legais" podem permitir a tomada do poder.

O rei Luís XVIII adere a ela.

Numa proclamação aos franceses, "de 10 de março do ano da graça de 1797 e de nosso reino o segundo", ele promete o esquecimento dos erros, das faltas e dos crimes, e espera "da opinião pública um sucesso que somente ela pode tornar sólido e duradouro".

O cavaleiro Des Pomelles é encarregado de organizar a propaganda pacífica em toda a França. E o agente inglês Wickham se regozija:

– O plano é amplo e remoto – escreve ele em Londres. – Ele se estende a toda a França. No entanto, não hesitei em encorajá-lo em seu conjunto. Confesso que é a primeira vez que disponho dos fundos públicos com plena satisfação.

Des Pomelles, com o dinheiro inglês, funda um Instituto dos Amigos da Ordem, ou Instituto Filantrópico, com um Centro de Correspondência em cada departamento.

Ele se apoia nos emigrados que voltam em grande número, apesar da rigorosa legislação e das penas a que se expõem.

Em 26 de dezembro de 1796, um emigrado, o conde de Geslin, "acusado de emigração e outros delitos", fora fuzilado.

Bastara que uma comissão militar constatasse sua identidade. Ela não precisara julgá-lo, apenas ordenar sua execução.

Mas a maior parte dos emigrados escapa às acusações. Basta pagar cinquenta ou cem luíses para conseguir com os empregados dos gabinetes governamentais certificados de residência.

Toda a administração é corrompida, venal até o topo do Estado. O círculo de Barras – com o consentimento do Diretor – vende todas as peças necessárias para uma eliminação das listas de emigração. Mais importante, a opinião pública muda.

Uma peça é encenada, *Defesa dos emigrados franceses*, e coloca em cena um emigrado a quem seu antigo rendeiro restitui respeitosamente o domínio do qual se tornara comprador. A ação de fato acontecera na Normandia.

Os sacerdotes deportados ou exilados que voltam para suas aldeias são acolhidos com entusiasmo.

"Vi uma multidão de pessoas", conta um deles. "Não sabia o que pensar. Eu estava disfarçado e vestido como laico. Gritaram: ali está ele! Imediatamente só houve abraços e gritos de alegria... Ontem chegaram dois outros sacerdotes; tiveram a mesma acolhida."

Muitas vezes se ouve: "Viva o rei!"

Em certos hospitais, as religiosas retomam seus hábitos, substituem as enfermeiras.

Procissões acontecem inclusive dentro das cidades.

E os sinos voltam a soar no campo.

São ouvidos no Conselho dos Anciãos e no Conselho dos Quinhentos.

Os deputados do Ventre – moderados, monarquistas dissimulados – se reúnem em *Clichy*, nos jardins de um membro do Conselho dos Quinhentos – Gilbert Desmolières. O general Mathieu Dumas, um deputado do Conselho dos Anciãos, está presente em todas as reuniões. Vários desses *clichyens* são favoráveis a uma ideia de restauração, pelas vias legais, sem os excessos de um confronto.

Eles ficam acabrunhados quando a polícia do Diretório, para grande satisfação de Barras, desmascara agentes monarquistas – o abade Brottier é o chefe – que, devidamente autorizados por cartas de Luís XVIII, assinadas pelo monarca, preparam um golpe de Estado monarquista.

Os conjurados haviam entrado em contato com oficiais, como o coronel Malo, o chefe de esquadrão que dispersara os babouvistas quando do ataque do campo de Grenelle.

E Malo também os denuncia.

Eles são julgados perante o Conselho de Guerra permanente da divisão militar de Paris, e a lentidão do processo e a indulgência demonstrada pelos juízes – dez anos de detenção e não a morte a que estão sujeitos – contrastam com a brutalidade expedita das comissões militares que tinham julgado os babouvistas.

Mas Barras e Reubell estão satisfeitos.

O Diretório ataca todas as facções, sejam elas anarquistas ou monarquistas.

Anuncia-se para o mês de fevereiro de 1797 (ventoso do Ano V) a abertura, em Vendôme, diante da Suprema Corte, do processo dos babouvistas.

O Diretório está acima das facções. Ele combate todas elas.

Jogo de aparências.

Longe dessas manobras de hábil política e desta estratégia de aparência que não tiram o povo e a nação da miséria, da fadiga e da aversão, Bonaparte, nesse mês de fevereiro de 1797, ocupa o porto de Ancona.

Ele marcha no cais em companhia de seu chefe de estado-maior, Berthier, olhando ao largo.

– Em 24 horas – diz ele –, é possível ir daqui à Macedônia.

Um silêncio, depois mais baixo:

– A Macedônia, terra natal de Alexandre, o Grande.

OITAVA PARTE

Pluvioso do Ano V-frutidor do Ano V
Fevereiro de 1797-setembro de 1797
"Assinai a paz"

"A França está cansada de rolar de revolução em revolução."

BAILLY, acusação no processo de Babeuf e dos "Iguais"
diante da Suprema Corte reunida em Vendôme
26 de abril de 1797 (7 floreal do Ano V)

"Todos, meu caro general, têm os olhos fixos em vós. Tendes o destino da França em vossas mãos. Assinai a paz... e então, meu general, vinde gozar das bênçãos do povo francês inteiro, que vos chamará seu benfeitor. Vinde surpreender os parisienses com vossa moderação e vossa filosofia."

Carta de LA VALETTE, ajudante de ordens
do general Napoleão Bonaparte
Maio de 1797 (prairial do Ano V)

"O sabre é a lei."

Oficial prendendo um deputado do Conselho dos Anciãos
18 frutidor do Ano V (4 de setembro de 1797)

27.

Bonaparte, neste mês de ventoso do Ano V (fevereiro-março de 1797), não atravessa o mar para seguir os passos do grande Alexandre.

Ele se contenta em sonhar com o destino fulgurante do macedônio, em imaginar que o dia virá, talvez, em que ele também, como Alexandre, viverá no esplendor de uma glória ofuscante.

Mas para isso é preciso, saindo da Itália, marchar até Viena, cruzar os desfiladeiros dos Alpes, os vales escarpados do Piave, do Tagliamento e do Isonzo, para se embrenhar no império dos Habsburgo.

Ele diz isso a seus soldados. Escreve aos Diretores: "Só existe esperança para a paz indo procurá-la nos estados hereditários da casa de Áustria".

Ele sabe estar jogando um jogo decisivo.

O Diretório nomeia o general Hoche para o comando do exército de Sambre-et-Meuse. E com o do general Moreau, ele se dirige para Viena.

Mas seus exércitos não avançam, e Bonaparte teme que os Diretores tenham escolhido deixá-lo enfrentar sozinho as tropas austríacas, para que ele falhasse.

Ele não confia naqueles "tolos" de Paris, naqueles Diretores preocupados com sua glória crescente.

Carnot, para quem ele escreve dizendo que "se demorarem a atravessar o Reno, será impossível mantermo-nos por muito mais tempo", finge não entender.

Com certeza Carnot está, como todos os "tolos" protegidos por suas funções políticas, preocupado apenas com as eleições para o Conselho dos Anciãos e o Conselho dos Quinhentos, que ocorrerão em 1º e 15 germinal do Ano V (21 de março e 4 de abril de 1797).

Os republicanos do Diretório temem que uma onda monarquista os varra do poder.

Eles sentem os eleitores cansados daqueles que chamam de "celerados", antigos jacobinos, antigos membros da Convenção que conseguiram, graças ao decreto dos dois terços, continuar dominando os conselhos.

São eles que tinham designado para Diretores cinco regicidas. O povo, em sua maioria, quer romper com aqueles nomes cuja simples menção basta para lembrar a Revolução.

Ele escolhe candidatos que, quando lhe fazem a pergunta "Os sinos tocarão se fordes eleitos?", respondem afirmativamente.

Quer-se o retorno dos sacerdotes, quer-se ouvir os carrilhões, retomar a religião tradicional, e rejeita-se aquela religião dita natural, aquela "teofilantropia" que La Réveillière-Lépeaux quer impor à nação, e que não passa de um culto ao Ser Supremo ornado de algumas cerimônias.

Os resultados das eleições dessa primavera de 1797 confirmam e avivam os temores dos Diretores.

Todos os deputados eleitos no departamento do Sena são monarquistas, mais ou menos dissimulados.

Um deles é inclusive um antigo ministro de Luís XVI!

Em Lyon, na Provença, os homens que colocaram em prática o Terror Branco são os indicados. Quanto aos 216 ex--membros que se reapresentavam, 205 são derrotados!

É de fato uma vitória das "pessoas honestas" sobre os "celerados", publicada em Paris: "O Diretório não poderá governar com os conselhos, ele precisará conspirar ou obedecer ou perecer".

E logo, por sorteio, um dos Diretores, próximo a Carnot, Le Tourneur, é substituído pelo ex-marquês de Barthélemy, monarquista dissimulado, confirmando com isso a vitória dos *clichyens*.

Essa revolução da opinião pública é alardeada e cantada nas ruas de Paris, ao redor das Tulherias, onde se reúnem os conselhos, e no Palais du Luxembourg, onde se reúnem os Diretores:

> Dizem que perto das Tulherias
> Há um canteiro bem visível
> Onde *500 troncos* escolhidos
> Estão à venda neste momento.
> *500 troncos por um Luís*
> Mas é claro meus amigos
> Que só são entregues na forca!*

No Boulevard des Italiens, mais do que nunca "Bulevar de Coblença", as "pessoas honestas" misturadas aos inc-íveis e às ma-avilhosas se pavoneiam.

> É preciso não usar insígnia, usar colarinho preto sobre casaco cinza com dezoito botões, em honra de Luís XVIII, sobre casaco reto e gravata grossa, de nó bufante, desmesurado. É preciso ter sempre na boca as qualificações de 'senhor marquês', 'senhor bailio', 'senhor presidente', 'senhor vigário'.

As pessoas se encontram nos salões, em reuniões na Rue de Lille, no antigo Palácio de Montmorency ou no Palácio de Salm.

Neste último, se reúne em torno de Benjamin Constant um "círculo constitucional".

As mulheres elegantes e suntuosas atraem, mas nos salões da alta sociedade agora todos evitam Thérésa Tallien.

Agora são as madames de Récamier e de Staël, e a monarquista Madame de Montesson, que governam o maior número de convidados influentes.

Mas o poder continua atraindo.

Barras recebe no Palais du Luxembourg, Sieyès em sua casa na Rue du Rocher, e o antigo bispo d'Autun Talleyrand,

---

* *On dit que vers les Tuileris / Est un chantier très apparent / Où 500 bûches biens choisies / Sont à vendre dans ce moment. / 500 bûches pour un Louis / Mais bien entendu mes amis / Qu'on ne les livre qu'à la corde!* (N.T.)

sobre quem se diz que logo será ministro dos Negócios Estrangeiros, em seu palacete particular, perto do Luxembourg.

Os jornais relatam as conversas dessas reuniões.

> Na casa de Madame de Viennais? Joga-se. Na casa de Madame Tallien? Negocia-se. Na casa de Madame de Staël? Concilia-se. Na casa de Ouvrard? Calcula-se. Na casa de Antonelle? Conspira-se. Na casa de Talleyrand? Zomba-se. Na casa de Barras? Aguarda-se. Em Tívoli? Dança-se. Nos Conselhos? Chancela-se. No Instituto? Boceja-se!

A vida mundana e as intrigas de salão parecem apenas exibicionismos, futilidades, falatórios sem consequências. Mas apenas na aparência.

"Tudo parece calmo", comenta o *Le Courrier républicain*, "e no entanto todos esperam algum acontecimento vindouro."

Este acontece em 20 de maio de 1797 (1º prairial), quando os novos conselhos dos Anciãos e dos Quinhentos levam a suas respectivas presidências, um, o ex-marquês de Barbé-Marbois, antigo diplomata de Luís XVI, e o outro, o general Pichegru, suspeito de manter relações com os enviados de Luís XVIII.

Imediatamente, a nova maioria propõe medidas a favor dos sacerdotes, a liberdade de "bater os sinos" e o controle das contas do Diretório, acusado de dilapidar – com que fins? – os milhões enviados por Bonaparte.

Este não ignora nada do que é tramado em Paris. Ele adentrara em território austríaco. Atingira a cidade de Leoben e propusera à Áustria o início de "preliminares de paz".

Ele não consultara os Diretores. Decidira propor à Áustria uma troca: Veneza compensaria a Viena a margem esquerda do Reno e a Bélgica legada à França, pois era a Itália "padana" que importava à Bonaparte.

Ele ajudara os patriotas italianos a criar uma República Cisalpina. Ele esmagara uma revolta antifrancesa em Verona, "quatrocentos soldados franceses massacrados".

Aquela "Páscoa veronense" ensanguentada – talvez provocada pelos serviços secretos do exército da Itália, para dar à Bonaparte um pretexto – permite investir e ocupar Veneza, a garantia para a Áustria, ali prender um agente monarquista, o conde de Antraigues, apoderar-se de seus papéis e começar a lê-los, descobrindo o nome de Pichegru, e o detalhamento das negociações conduzidas entre Luís XVIII e o general hoje presidente do Conselho dos Quinhentos!

Bonaparte medita.

Ele dispõe, com os "papéis" de Antraigues, de uma arma poderosa contra os monarquistas presentes nos conselhos da República.

Ele sente que entre os Diretores, Carnot e o ex-marquês de Barthélemy estão dispostos a ajudar o Ventre, os deputados moderados, a fazer a República deslizar lentamente na direção de uma restauração.

Isso apesar de Carnot, regicida, ser sinceramente republicano, e apesar de o ex-marquês de Barthélemy ser um homem temeroso.

Ao lado desses "moderados", há os triúnviros, Barras, Reubell e La Réveillière-Lépeaux, este último exasperado com a retomada da fé católica, aquilo que os moderados chamam de "antigo culto de nossos pais".

La Réveillière-Lépeaux apoia os republicanos, que ficam indignados, protestam, declaram:

– Vós que falais sem parar da religião de nossos pais, não, não voltareis a absurdas crenças, a vãos preconceitos, a uma delirante superstição.

Bonaparte sabe que os triúnviros, sobretudo Barras, não são homens de perder o poder.

Mas Bonaparte não quer mais ser apenas o gládio, o braço armado de Barras, como fora em 13 vendemiário.

Ele quer ter seu papel, em proveito próprio, aparecer como o homem que fixou a paz, com o papa Pio VI e agora com a Áustria.

Seus mensageiros percorrem as estradas da Europa, na direção dos estados-maiores dos generais Moreau e Hoche, para anunciar-lhes que as preliminares de paz foram abertas em Leoben.

Outros mensageiros levam suas palavras ao Diretório, que só poderia aprovar o fato.

Quereria ele, então, enquanto todo o país aspira à paz, aparecer como partidário da continuação da guerra?

O Diretório sabe que, em cada parada, os mensageiros de Bonaparte clamam que o general-chefe do exército da Itália delineou com Viena uma paz vitoriosa? A multidão o aclama.

Bonaparte enviara a Paris seu ajudante de ordens, La Valette.

O oficial leva uma carta para os Diretores, que lhes anuncia que as preliminares de paz com a Áustria foram iniciadas, e as condições ditadas por Bonaparte.

"Quanto a mim, peço-vos descanso", conclui Bonaparte. "Justifiquei a confiança com que fui investido e adquiri mais glória do que é preciso para ser feliz... A calúnia tentará em vão atribuir-me intenções pérfidas, minha carreira civil será como minha carreira militar, una e simples..."

Suas palavras fazem os Diretores estremecer.

O que quer Bonaparte ao pedir uma "licença para ir à França"?

Por outro lado, o general Vendemiário pode ser indispensável, com seu exército vitorioso e louvado pelo povo, para derrubar os conselhos impregnados de monarquismo.

O Diretório, nessas condições, só pode aprovar o último estado das preliminares de paz: Veneza – ocupada pelos franceses – será entregue à Áustria em troca da margem esquerda do Reno e da Bélgica.

Quanto à Lombardia, a Reggio Emilia, a rica planície do Pó, elas se tornam o coração de uma República Cisalpina.

Bonaparte recebe a primeira mensagem enviada de Paris por seu ajudante de ordens La Valette.

> Todos, meu caro general, têm os olhos fixos em vós. Tendes o destino da França em vossas mãos. Assinai a paz e mudá-la-eis como que por encanto. E então, meu general, vinde gozar das bênçãos do povo francês inteiro, que vos chamará seu benfeitor.
> Vinde surpreender os parisienses com vossa moderação e vossa filosofia.

Napoleão Bonaparte ama a primavera de 1797.
O Ano V, para ele, é um ano favorável.

28.

Bonaparte, portanto, nessa primavera do Ano V, sonha em voltar para a França com a glória do general vencedor e a aura confiante do construtor da paz.

Mas ele não quer perder suas chances e ter apenas um papel secundário, a serviço dos triúnviros Barras, Reubell e La Révellière-Lépeaux, que são republicanos, é verdade, mas acima de tudo estão decididos a conservar o poder.

Os Diretores procuram um "bom" general para dispersar a pranchadas os membros do Conselho dos Quinhentos ou dos Anciãos, o Ventre monarquista ou tentado a se aliar a uma restauração.

Para Bonaparte, está fora de questão ser este instrumento.

Ele repete:

– Quero deixar o exército da Itália apenas para ter um papel mais ou menos parecido com o que tenho aqui, e o momento ainda não chegou...

Ele observará os "tolos de Paris". Ele quer ser indispensável sem com isso se comprometer em sua companhia. Ele sabe que a opinião pública os despreza, bem como rejeita os deputados do Ventre.

Ela quer homens – um homem novo.

Ele pode ser esse homem.

Ele lera com atenção os papéis da pasta vermelha do conde de Antraigues, que tentava fugir de Veneza.

São relatórios feitos a Antraigues por um agente monarquista, Montgaillard.

Neles estão consignados os detalhes de todas as negociações mantidas pelo general Pichegru com os enviados de Luís XVIII. Peças arrasadoras para Pichegru, que se tornara presidente do Conselho dos Quinhentos!

Ele obtivera pelo preço de sua traição o título de marechal, a cruz de comendador de São Luís, o castelo de Chambord, dois milhões em numerários pagos à vista, 120 mil libras de renda, metade reversíveis à sua mulher, um quarto para seu filho, e inclusive quatro canhões!

Bonaparte quer que Antraigues recopie os documentos, eliminando todas as indicações quanto às relações mantidas por oficiais do exército da Itália com os enviados de Luís XVIII. As folhas corrigidas, reescritas, precisam ter por alvo apenas Pichegru e os monarquistas que o seguem.

– Sois esclarecido demais, tendes espírito demais – diz Bonaparte a Antraigues –, para não ver que a causa que haveis defendido está perdida. Os povos estão cansados de combater por imbecis e os soldados por poltrões. A revolução é um fato na Europa, é preciso que ela siga seu curso. Vede os exércitos dos reis: os soldados são bons, mas os oficiais estão descontentes, e eles são vencidos.

Napoleão empurra os papéis na direção de Antraigues:

– Uma nova facção surgiu na França – diz ele. – Quero aniquilá-la. É preciso ajudar-nos, e com isso ficareis satisfeitos conosco. Tomai, assinai esses papéis, é o que vos aconselho.

Se Antraigues assinar, Bonaparte disporá de uma arma temível contra Pichegru e os monarquistas.

Mas Bonaparte esperará antes de oferecê-la a Barras, de quem conhece a determinação e a habilidade, o senso político.

É com segurança que Barras leva o jogo. É Barras quem entra em contato com o general Hoche, comandante do exército de Sambre-et-Meuse.

Hoche é nomeado ministro da Guerra e autorizado, sob o pretexto da preparação de um desembarque na Inglaterra, a conduzir quinze mil homens do Reno à Bretanha.

Eles passarão por Paris, violando as leis que proíbem às tropas de entrar na capital.

– Combinamos com o general Hoche – reconhece Barras –, que seu exército se pronunciará.

Ou seja, que dispersará os monarquistas.

Ao mesmo tempo, Barras tenta tranquilizar a opinião pública moderada.

Ele não quer parecer o homem que fará a violência e as jornadas revolucionárias de novo cobrirem Paris de sangue.

Barras sabe que povo está cansado, aspira à ordem, à paz civil. Os cidadãos não querem o retorno nem dos "terroristas", nem dos "anarquistas".

E o julgamento dos babouvistas – republicanos montanheses –, confundidos sob o nome de "anarquistas", que acontece diante da Suprema Corte reunida em Vendôme, nessa primavera do Ano V, serve a Barras.

Ele se mostra, com isso, partidário da ordem e das propriedades.

Contam-se 65 acusados.

Mas Drouet, o antigo membro da Convenção Lindet e o general Rossignol, todos montanheses, estão entre os dezoito ausentes.

Os acusados, dentre os quais Babeuf, Buonarroti, Darthé e os antigos membros da Convenção Vadier e Amar, não participaram todos da conspiração dos Iguais.

Mas o Diretório quer aproveitar aquele processo para acabar com a "facção anarquista".

O processo durará três meses – de 20 de fevereiro a 26 de maio de 1797 (de 2 ventoso a 7 prairial do Ano V).

Os debates são violentos.

Os acusados gritam "Viva a República!", proclamam:

– Um único sentimento nos anima, uma mesma resolução nos une, só existe um princípio: o de viver e morrer livres, o de mostrar-nos livres da Santa Causa pela qual cada um de nós se considera feliz em sofrer.

Eles entoam cantos patrióticos e o público mistura sua voz à dos acusados.

O "traidor" Grisel é insultado, por denunciar a conspiração a Carnot:

– Bebe cicuta, celerado – gritam-lhe.

Do lado do tribunal, o promotor nacional Bailly é impiedoso.

– A França está cansada de rolar de revolução em revolução. Os anarquistas são uma facção criminosa e sanguinária, cujo triunfo levaria ao sepultamento da República sob pilhas de cadáveres, em correntes de sangue e lágrimas – diz ele. – A França não passaria de um terrível deserto se a Convenção, libertada em 9 termidor, não tivesse jogado Robespierre e sua abominável Comuna no precipício que eles mesmos tinham cavado.

Na noite de 26 para 27 de maio, é dado o veredito: quase todos os acusados são absolvidos – Buonarroti é um deles –, mas Babeuf e Darthé são condenados à morte.

O *L'Écho des hommes libres et vrais* relata:

> Assim que o julgamento foi pronunciado, Darthé gritou: "Viva a República!" Ele talhou o próprio peito e o sangue jorrou da chaga. Babeuf, sem nada dizer, imita seu exemplo e enfia no corpo um fio de metal afiado. Ele cai no chão agonizante. Um sentimento de admiração pelos suicidas e de horror por seus carrascos se espalha por toda a assembleia. Uma multidão de cidadãos de todas as idades e sexos sai da sala apavorada, assustada por ter apoiado a presença dos assassinos do patriotismo. Uma parte é retida por um respeito religioso pelos ilustres condenados.

No dia seguinte, 28 de maio, apesar dos ferimentos, Babeuf e Darthé são conduzidos ao cadafalso.

Darthé se recusa a obedecer ao carrasco e é arrastado sangrando para a guilhotina.

"Babeuf fala de seu amor pelo povo, ao qual recomenda sua família. [...] Ele se apresentou e recebeu o golpe fatal com a calma da inocência, quase mesmo da indiferença."

Ele escrevera em sua última carta à mulher: "Os maus são mais fortes. Sucumbo a eles".

Alguns dias depois, Bonaparte encarrega um mensageiro de levar a Barras os documentos que acusam o general Pichegru. Ameaçado com a execução, Antraigues finalmente os assinara.

A esposa do conde gritara, dirigindo-se a Joséphine de Beauharnais, de quem era amiga:

– Madame, a senhora me disse: "Robespierre está morto!" Ei-lo ressuscitado. Ele tem sede de nosso sangue. Melhor será que o derrame, pois irei a Paris e obterei justiça.

Viagem vã, pois Antraigues cederá.

Na pasta vermelha do conde de Antraigues, Bonaparte encontrara o retrato que o agente monarquista fizera dele, sem dúvida para Luís XVIII.

> Esse gênio destruidor [escreve Antraigues], perverso, atroz, mau, fecundo em recursos, irritando-se com os obstáculos, medindo a vida por nada e a ambição por tudo, querendo ser o senhor e decidido a perecer ou a tornar-se ele, não tendo freio para nada, apreciando os vícios e as virtudes apenas como meios e tendo uma indiferença profunda por um e outro, é o símbolo do homem de Estado.

Bonaparte lê, relê, olha-se naquele retrato como num espelho.

> Naturalmente violento ao extremo [continua Antraigues], mas refreando-se por prática de uma crueldade madura que lhe faz suspender seus furores, adiar suas vinganças, e estando fisicamente e moralmente na impossibilidade de existir por um único momento em repouso... [...]
> Bonaparte é um homem de pequena estatura, de rosto magro, olhos ardentes, alguma coisa, no olhar e na boca, de atroz, de dissimulado, de pérfido, falando pouco, mas entregando-se à fala quando a vaidade está em jogo ou quando ela é contrariada; de uma saúde muito ruim por consequência de uma acridez de sangue. Ele está coberto de herpes, e esse tipo de doença aumenta sua violência e sua atividade. [...]
> Este homem está sempre ocupado com seus projetos, sem distrair-se. Ele dorme três horas por noite e só toma remédios quando seus sofrimentos são insuportáveis.
> Este homem quer dominar a França e, através da França, a

Europa. Tudo que não for isto lhe parece, mesmo em seus sucessos, oferecer-lhe apenas meios.

Assim, ele voa sem hesitação, ele pilha tudo, adquire-se um tesouro enorme em ouro, prata, joias e pedrarias. Mas ele os preza apenas para utilizá-los: este mesmo homem que roubará a fundo uma comunidade, dará um milhão sem hesitação ao homem que poderá servi-lo... Com ele um negócio se fecha em duas palavras e dois minutos. Esses são seus meios de seduzir.

Por que Bonaparte recusaria aquele retrato?
Os que não são odiados nada fazem. Nada são.
Bonaparte quer ser tudo.

29.

Se quiser ser tudo, Napoleão Bonaparte sabe muito bem, nesses meses de prairial, messidor e termidor do Ano V (maio, junho e julho de 1797), que deve mesclar audácia, ação e prudência.

A partida jogada em Paris entre Barras, Reubell, La Révellière-Lépeaux, de um lado, e do outro os dois outros Diretores, Carnot e Barthélemy, moderados, sensíveis aos argumentos dos deputados do Ventre, e até mesmo dos monarquistas, é uma partida velada.

E ao redor dos cinco Diretores fervilham os conspiradores, os homens e mulheres de influência.

Uns são *clichyens* muitas vezes abertamente monarquistas, os outros são moderados mas republicanos, e se reúnem no Círculo Constitucional, que não pode mais se reunir no Palácio de Salm, na Rue de Lille.

Os deputados dos conselhos votaram uma medida que proíbe as reuniões políticas fora dos "salões" privados!

Mas Madame de Staël, Sieyès, Benjamin Constant, Talleyrand continuam se encontrando, e inclusive em 9 termidor (27 de julho) organizam um grande banquete onde bebem "à loucura dos inimigos da República, ao general Bonaparte e ao Diretório"!

É preciso contar também com o presidente do Conselho dos Anciãos, Barbé-Marbois, e sobretudo com o general Pichegru, presidente do Conselho dos Quinhentos.

Todos se medem nesta longa partida de xadrez político.

De repente, Barras passa a dispor de uma peça chave. Em 23 de junho, um mensageiro de Bonaparte lhe entrega os documentos assinados por Antraigues. Eles não deixam nenhuma dúvida sobre a traição do general Pichegru.

Barras repassa-os a Reubell e a La Réveillère-Lépeaux, e os três Diretores se convencem de que a maioria dos conselhos, e, é claro, Pichegru, restaurarão a monarquia e oferecerão o trono a Luís XVIII.

Barras decide ler os documentos arrasadores a Carnot, pois o "organizador da vitória" é contrário a qualquer ideia de restauração.

Carnot muitas vezes condenara "a aliança entre a anarquia e o despotismo, entre a sombra de Marat e Luís XVIII".

Os triúnviros e Carnot estão, portanto, prontos para receber as tropas de Hoche, que estão, violando a Constituição, a alguns quilômetros de Paris, apesar de precisarem manter-se afastadas no mínimo sessenta quilômetros da capital.

Os membros dos conselhos ficam sabendo disso, protestam, anunciam uma ameaça de golpe de Estado e levam Hoche a demitir-se de seu cargo de ministro da Guerra.

Barras não tem mais a espada à sua disposição, apenas a de Bonaparte. O general é popular, e Barras sabe que o homem não hesitaria em abrir fogo sobre os monarquistas.

Barras se lembra do 13 vendemiário e dos tiros sobre a multidão dos seccionários moderados, amontoados na igreja Saint-Roch.

E Bonaparte parece disposto a agir.

Escritores a seu serviço criam em Paris e em Milão inúmeros jornais, que exaltam o general em chefe do exército da Itália.

"Ele voa como o trovão e ataca como um relâmpago. Ele está em toda parte e vê tudo", lê-se no *Courrier de l'armée d'Italie*, no *Le Patriote français*, no *La France vue d'Italie* ou no *Journal de Bonaparte et des hommes vertueux*.

Todas essas publicações se opõem aos oitenta jornais monarquistas, onde são denunciados, pelo contrário, "Buonaparte, bastardo de Mandrin", enquanto os jornais "bonapartistas" publicam os discursos do general.

> Soldados [dissera Bonaparte em 14 de julho], sei que estais profundamente aflitos com os infortúnios que ameaçam a pátria, mas a pátria não corre perigos reais. Os mesmos

homens que fizeram triunfar a nação da Europa coalizada continuam aqui. Montanhas nos separam da França, transpô-las-eis com a rapidez da águia se for preciso manter a Constituição, defender a liberdade, proteger o governo e os republicanos.

A proposta é clara: o exército da Itália está disposto a agir contra os monarquistas.

Bonaparte pede a todos os seus generais que escrevam *mensagens* que serão enviadas em nome das divisões que comandam ao Palais du Luxembourg.

É preciso que os Diretores e os deputados saibam que os soldados se "pronunciam".

"É preciso que os exércitos purifiquem a França", diz uma dessas *Mensagens*.

"Os monarquistas, assim que se apresentarem, terão ressurgido."

A *Mensagem* da divisão do general Augereau é uma das mais violentas:

> Homens cobertos de ignomínia, saturados de crimes, se agitam e conspiram em plena Paris, enquanto triunfamos às portas de Viena! Eles querem inundar a pátria de sangue e lágrimas, entregá-la de novo ao demônio da guerra civil e, marchando à luz da chama do fanatismo e da discórdia, chegar através de montes de cinzas e cadáveres à liberdade que pretendem imolar...
> Contivemos nossa indignação, contamos com as leis. As leis se calam. Quem falará, agora, se não rompermos o silêncio?

Os soldados do exército da Itália interpelam e ameaçam os deputados do Ventre: "Vossas iniquidades estão computadas e o preço a pagar está na ponta de nossas baionetas".

Em outra dessas *Mensagens*, o general Lannes, em nome de suas divisões, fica indignado que, em Paris, alguns se "deixem intimidar por um punhado de bandidos. Eles sem dúvida esqueceram que existem trezentos mil republicanos que estão dispostos a marchar para esmagar esses miseráveis. Subjugamos toda a Europa e um fogo de 24 horas não deixará um único desses bandidos na França! Conhecemos nossa força!"

Apoiado por esta indignação do exército da Itália, suscitada por ele, Bonaparte escreve aos Diretores:

> É preciso que tomeis um partido! Vejo que o clube de Clichy quer marchar sobre meu cadáver para chegar à destruição da República. Eles dizem "não tememos Bonaparte, temos Pichegru". Não há mais republicanos na França? É preciso pedir que esses emigrados sejam presos, que seja destruída a influência dos estrangeiros. É preciso exigir que sejam quebradas as prensas dos jornais vendidos à Inglaterra, mais sanguinários do que Marat jamais o foi.

É verdade que, da Suíça, onde há vários anos se estabelecera, o agente inglês Wickham aumenta os subsídios que repassa aos monarquistas, aos deputados do Ventre. Ele oferece a soma de um milhão e duzentos mil francos, imediatamente, à qual se somarão 250 mil francos por mês. Mas Pichegru, ao ser abordado, recusa a oferta, aceitando apenas quatro rolos de cinquenta luíses de ouro.

Ele avalia que não há pressa, que é possível esperar as próximas eleições, que naturalmente varrerão para longe os republicanos.

Pichegru e os *clichyens* não têm ideia da determinação de Barras e de Bonaparte.

Os ministros *clichyens* são expulsos do governo, substituídos por ministros republicanos, saídos do Círculo Constitucional.

Talleyrand, que o frequenta, torna-se ministro dos Negócios Estrangeiros, apesar das reservas de Barras, que se preocupa ao ver "Talleyrand colocar no Luxembourg seu pé manco".

Ele sabe que o antigo bispo que celebrara no Campo de Marte a missa da Festa da Federação, em 14 de julho de 1790, "tem todos os vícios do antigo e do novo regime", como diz Madame de Staël.

Mas aquele homem corrompido é hábil, mesclando prudência à audácia, fervilhando de ideias como as que submete em 3 de julho (15 messidor) ao Institut de France, propondo que seja preparada a conquista do Egito para substituir São Domingos, que está em plena insurreição.

Talleyrand, ardente partidário de Bonaparte, insiste junto a Barras para que se recorra a ele, visto que Hoche deixara seu posto e Paris.

Mas Bonaparte não quer seu nome maculado por aquela "guerra de penicos" que acontece em Paris.

Os confrontos nos salões entre *clichyens* e constitucionais não são dignos de sua pessoa. E as rixas que a cada dia opõem no Campo de Marte os militares aos jovens que usam um colarinho preto só podem manchar sua lenda.

O vencedor de Lodi, de Árcole, de Rivoli, o general vitorioso, construtor da paz, poderia envolver-se na "querela dos colarinhos pretos"?

– Vi os reis a meus pés – diz ele –, eu poderia ter cinquenta milhões em meus cofres...

Para Berthier, seu chefe de estado-maior e confidente, Bonaparte acrescenta:

– Um partido se ergue a favor dos Bourbon. Não quero contribuir para seu triunfo. Os franceses, é verdade, nada entendem de liberdade. Eles precisam de glória, satisfações de vaidade. Quero um dia enfraquecer o partido republicano, mas não quero que isso aconteça em proveito da antiga dinastia. Definitivamente não quero o papel de Monck, que restabeleceu a monarquia na Inglaterra depois de Cromwell, não quero representá-lo e não quero que outros o representem.

Bonaparte só age em proveito próprio.

Será o general Augereau que chegará em Paris à frente de cinco mil homens e carregando, em suas bagagens, um cofre com três milhões para Barras.

O Diretório nomeará esse filho de pedreiro, que servira nos exércitos russo e prussiano antes de desertar para se alistar na Guarda Nacional, comandante da 17ª divisão militar que protege Paris.

Ele chega à capital em 7 de agosto de 1797 (20 termidor do Ano V). Imediatamente, escreve a Bonaparte:

– Prometo salvar a República dos agentes do Trono e do Altar.

O mensageiro que leva seu recado a Bonaparte também leva uma carta de La Valette.

O ajudante-de-campo aconselha Bonaparte a não se comprometer nas repressões que são preparadas em Paris.

"Os papéis de Antraigues", escreve La Valette, "serão o pretexto para a repressão e o golpe de misericórdia. As vítimas já foram apontadas. A confissão de Antraigues já está sendo secretamente impressa, provando a traição de Pichegru. Cartazes serão colocados nos muros denunciando o complô estrangeiro."

Segundo La Valette, Augereau tilinta suas esporas nos degraus do Palais du Luxembourg, declarando, com o punho fechado sobre o punhal de seu sabre:

– Cheguei para matar os monarquistas... A pureza e a coragem de meus soldados salvarão a República do terrível precipício onde a mergulharam os agentes do Trono e do Altar.

No castelo de Passariano, perto de Campofórmio, Napoleão Bonaparte, longe do palco onde será encenada a peça que preparara, aguarda.

30.

Neste fim do mês de agosto e nesses primeiros dias do mês de setembro de 1797 (frutidor do Ano V), Paris está calma.

Ninguém parece se preocupar com a presença de cerca de trinta mil soldados a poucos quilômetros da capital, no limite do perímetro constitucional que eles não podem ultrapassar.

Quem poderia resistir-lhes?

A guarda do Diretório, reunida nas Tulherias e comandada pelo general Ramel, oficial que denunciara a conspiração monarquista, mas mesmo assim suspeito de simpatia pelos *clichyens* e pelo general Pichegru, só conta com oitocentos granadeiros!

E não serão os deputados dos conselhos ou o povo que defenderão o Diretório!

Assim, nos cafés, nos salões, por entre os rumores que anunciam um golpe de força do general Augereau, todos se entregam às futilidades, ao excesso.

"O prazer está na ordem do dia", repetem os jornais.

As pessoas se entregam a ele com uma espécie de frenesi, mas murmura-se:

– É a calma enganadora que precede a tempestade.

Lê-se na primeira página de uma gazeta: "Um acontecimento: a mudança do penteado das senhoras Tallien e Bonaparte. Elas por muito tempo se distinguiram por suas magníficas cabeleiras pretas, mas finalmente cederam à mania das perucas loiras".

Alguns dias depois, anuncia-se que "os cabelos à grega de dois ou três andares estão sendo prestigiados".

Dá-se de ombros quando alguém conta que, no seio do Diretório, Carnot é ameaçado todos os dias, insultado por Barras e Reubell, acusado de cumplicidade com os monarquistas.

Barras o critica ainda mais porque, no tempo de Robespierre, Carnot nada fizera, segundo ele, para se opor aos terroristas e, pelo contrário, redigira uma lista de traidores a serem enviados ao Tribunal Revolucionário.

Barras e Carnot teriam inclusive chegado às vias de fato, com Barras gritando:

– Não há nenhum piolho de teu corpo que não esteja no direito de cuspir-te no rosto.

Fora preciso separá-los.

Depois, recomeçaram a discutir.

"Importante é a grande disputa entre o chapéu *spencer* e o chapéu turbante."

Há dúvidas se a moda do sapato marroquino verde se espalhará. Diz-se que as elegantes o usam, à noite, para ir ao baile ou ao teatro. Dança-se em trezentos lugares diferentes, as pessoas se amontoam numa das trinta salas de teatro.

Lá são vistas a Beauharnais e Madame Tallien, que se divorciara e reinava ao lado de Barras.

Jamais os costumes foram tão livres. "É Sodoma e Gomorra", diz Mallet du Pan.

Os relatórios da polícia afirmam que é "impossível fazer-se uma ideia da depravação pública".

Um dos comissários acrescenta:

> Os católicos lastimam o destino da religião que, sendo perseguida, não pode mais colocar um freio salutar em todos esses excessos. Mas os monarquistas sorriem desta depravação. Eles sentem o quanto o espírito de dissolução que se introduz em todas as classes da sociedade fará retrogradar o espírito republicano.

Precisa-se de leis "fortes".

E o comissário acrescenta que em toda parte são necessárias "instituições sensatas e republicanas".

Mas quem quer correr riscos para restabelecê-las?

Aguarda-se.

As "pessoas honestas" – os burgueses de Paris – recusam se alistar na Guarda Nacional. Eles gostariam de impedir o retorno dos "horrores de uma nova revolução", mas temem a restauração.

Espalha-se o rumor de que os deputados monarquistas querem "desapossar os compradores dos bens nacionais". Não tinham eles acabado de revogar, em 7 frutidor (24 de agosto), as leis contra os sacerdotes refratários?

Afirma-se que os monarquistas preparam uma "São Bartolomeu dos republicanos". O processo de Luís XVI seria revisado, e seriam enviados para as galeras todos aqueles que, de uma maneira ou de outra, tinham sido cúmplices da Revolução.

Afirma-se que os "direitos feudais", as ajudas e as gabelas serão restabelecidos.

A polícia que recolhe esses rumores também se dedica a difundi-los!

Diz-se, nesses primeiros dias de frutidor, que um golpe de força monarquista está sendo preparado.

Em 15 frutidor, afirma-se que um coronel propusera aos deputados monarquistas sequestrar Barras e Reubell e suprimi-los.

Na manhã de 17 frutidor, um espião – o príncipe de Carency – avisa Barras que os monarquistas se preparam para colocar os triúnviros – Reubell, La Révellière-Lépeaux e Barras – sob acusação.

Verdade? Mentira?

Barras apenas protesta, pois o rumor lhe serve. Às oito horas da noite de 17 frutidor do Ano V (3 de setembro de 1797), os triúnviros se reúnem na casa de Reubell com os ministros e o general Augereau.

Eles se manterão em sessão permanente.

Barras dita uma *Mensagem* à nação:

> Sobre os avisos dos perigos que a República corria e do ataque que os conspiradores reais se propunham a fazer para degolar o Diretório e derrubar a Constituição, o Diretório executivo, presentes os cidadãos Reubell, Révellière e Barras, se constituiu em sessão permanente.

As primeiras ordens de execução são transmitidas em segredo. As tropas de Hoche devem ficar prontas para avançar. Cinco mil homens do exército da Itália e dois mil homens do exército de Rhin-et-Moselle são direcionados com urgência para Marselha, Lyon e Dijon.

O serviço de correios e mensagens é suspenso.

Proclamações são impressas, e enormes cartazes começam a ser afixados, reproduções dos papéis capturados por Bonaparte na pasta vermelha de Antraigues, que provavam a traição de Pichegru. Todos aqueles que apoiarem o general traidor são ameaçados de morte.

Nesse 18 frutidor do Ano V (4 de setembro de 1797), por volta das três horas da manhã, tem início o golpe de Estado.

Um tiro de canhão dado da Pont-Neuf, mas tão fraco que os parisienses mal o escutam, dá o sinal para a ação.

As tropas invadem as Tulherias, os cais, as pontes do Sena.

O general Ramel quer enfrentar os doze mil homens de Augereau, mas seus oitocentos granadeiros se recusam a opor-se às tropas "republicanas".

– Não somos suíços – dizem eles. – Não queremos combater por Luís XVIII.

Ramel é preso.

Os deputados presentes que se recusam a deixar o local são "presos tumultuosamente".

– Aqui estás, Pichegru, chefe dos colarinhos pretos, chefe dos bandidos – diz um soldado segurando o general pelo ombro.

– Chefe dos bandidos? Sim, pois fui teu comandante – responde Pichegru.

Carnot é avisado e consegue fugir pelo Jardin du Luxembourg e pela Rue Notre-Dame-des-Champs.

Reubell e Barras se enfurecem.

– Se Carnot tivesse sido morto – diz Barras – teria sido com muita legitimidade, pois mais vale matar o diabo do que se deixar matar por ele...

Barthélemy, o último dos Diretores, é preso na cama:

– O senhor é um traidor e meu prisioneiro – diz o oficial que o arrasta.

Barthélemy se recusa a pedir demissão. É conduzido para a prisão do Templo e de lá para os trabalhos forçados na Guiana.

Os monarquistas, que tinham esperado reunir pelo menos 1.500 homens para resistir, eram apenas treze...

A partir de então, as violências se limitam a alguns empurrões, algumas ofensas.

Augereau arrancara as dragonas do general Ramel, apertara seu pescoço e depois o esbofeteara.

Pichegru, que se debatera, fora carregado, espancado.

Os deputados que protestavam foram presos.

Um oficial lançara-lhes:

– O sabre é a lei.

Eles são conduzidos à prisão do Templo.

O Diretório reunirá os deputados fiéis dos Quinhentos na sala do Odéon, e os dos Anciãos na Escola de Medicina.

Serão os granadeiros do Diretório que, satisfeitos, manterão a ordem.

Por volta das cinco horas da tarde, um pequeno bando de trezentos homens "armados de lanças, com as mangas arregaçadas, brandindo sabres, blasfemando contra o Céu e Pichegru, carregando três peças de artilharia, dois canhões e uma aguardente, e berrando de maneira assustadora a canção intitulada *A marselhesa*", vindo dos subúrbios, atravessa a Pont-Neuf e chega ao Palais du Luxembourg.

O Diretório atira-lhes cinquenta luíses. Eles voltam para os subúrbios, acompanhados pela polícia, que sem dúvida sugerira a manifestação.

O golpe de Estado de 18 frutidor do Ano V (4 de setembro de 1797) não precisara do povo para vencer.

No dia 5 à noite, as barreiras de Paris são reabertas. Os correios e as mensagens retomam o serviço interrompido. Os conselhos votam, de urgência, duas leis. A primeira proclama que o general Augereau e os bravos defensores da liberdade prestaram relevantes serviços à pátria. A segunda que as tropas podem ultrapassar o perímetro constitucional e entrar em Paris.

Onde reina a calma.

Os vencedores, Barras, Reubell, La Révellière-Lépeaux, e os deputados hostis aos monarquistas e *clichyens* têm as mãos livres.

"O sabre é a lei", dissera um oficial.

Regra que será aplicada em nome da "conservação da Constituição".

Não há necessidade de enredar-se em procedimentos judiciários.

– O espírito público é fraco demais – diz Boulay de la Meurthe, membro do Conselho dos Quinhentos que fora amigo de Camille Desmoulins. – A força está do nosso lado neste momento. Aproveitemos.

Na tribuna, ele enfatiza sua convicção:

– Deveis sentir que as formas lentas, puramente judiciárias, não podem valer neste momento. Vós, os vencedores de hoje, se não usardes a vitória, amanhã o combate reiniciará, mas será sangrento e terrível.

Assim, os antigos jacobinos retomam o tom do Ano II.

No Conselho dos Anciãos, o general Marbot declara:

– Não precisamos de provas contra os conspiradores monarquistas.

Os soldados, presentes nas tribunas, aclamam-no, gritam:
– Avante, em compasso de ataque.

Barras, em nome dos Diretores, envia uma mensagem aos deputados:

– Eles falarão em princípios, procurarão formas, quererão prorrogações. Que sentimento funesto!

Trata-se de votar leis de proscrição, anular as eleições em 49 departamentos, portanto demitir 140 deputados (45 dos Anciãos, 95 dos Quinhentos).

E condenar à deportação e ao confisco de seus bens onze membros dos Quinhentos e 42 dos Anciãos.

As leis contra os emigrados e os sacerdotes refratários são retomadas: um decreto individual do Diretório é suficiente para condenar à deportação.

Exige-se dos eleitores, dos cidadãos – e dos sacerdotes –, que eles façam um "juramento de ódio à realeza e à anarquia, de estima e fidelidade à República e à Constituição do Ano III".

A imprensa é mantida sob vigilância. Quarenta e dois jornais são suprimidos, sendo seis na província.

O Diretório se arroga o poder de deportar seus "proprietários, empreendedores, diretores, autores e redatores..."!

A imprensa "contrarrevolucionária", portanto, desaparece.

A Constituição do Ano III é apenas um encobrimento para a ditadura dos Diretores.

Barras é de fato o "rei da República".

E a "guilhotina seca" – a deportação para a Guiana – cumpre silenciosamente sua função.

Comissões militares condenam à deportação 329 "culpados de traição", dos quais 167 perecerão. Mas La Révellière-Lépeaux pode escrever que a "gloriosa jornada de 18 frutidor se passou sem que uma gota de sangue fosse derramada".

O Diretório continua, no Ano VI e no Ano VII, condenando à deportação.

O importante é esmagar a cabeça da "serpente monarquista". E o Diretório parece tão forte que Londres mobiliza seu agente em Genebra, o grande distribuidor de fundos às "manufaturas" monarquistas: Wickham.

O rei da Prússia pressiona o duque de Brunswick, para que este "aconselhe" Luís XVIII a sair do ducado, pedir refúgio na Curlândia, em Mitau, sob a proteção do czar, longe, muito longe da França.

Tudo vai bem.

Não existe mais jornal algum que escreva que o povo despreza os deputados, tanto por ter aceito o golpe de Estado quanto por tê-lo perpetrado!

Mas pouco importa a opinião do povo.

As trezentas salas de baile estão sempre cheias. Os trinta teatros sempre lotados.

As pessoas se perguntam com seriedade: o "leque rabo de canário com lantejoulas" será adotado pelas elegantes?

Elas se preocupam em deixar à mostra seus sapatos de marroquim verde.

"É preciso que um terço do braço direito passe sob as pregas do vestido para mantê-lo levantado à altura da panturrilha."

A multidão ao redor do Palais du Luxembourg se afasta para deixar passar a carruagem de Thérésa, ex-mulher de Tallien, agora a favorita de Barras.

Ela reina, muitas vezes acompanhada pela mulher do general Bonaparte.

O marido de Joséphine, Napoleão Bonaparte, glorioso, se tornara ao mesmo tempo general-chefe do exército da Itália e chefe do exército dos Alpes, depois que Kellermann fora privado de seu comando.

Hoche morrera de tuberculose e o general Augereau comandava todos os exércitos situados a leste e reagrupados sob o nome de exército da Alemanha.

Augereau, o homem "emprestado" por Bonaparte ao Diretório.

Portanto, o general-chefe do exército da Itália controla de fato todos os exércitos da República.

NONA PARTE

Frutidor do Ano V-Floreal do Ano VI
Setembro de 1797-maio de 1798
"Eis uma paz à la Bonaparte"

"Eis uma paz à la Bonaparte. O Diretório está contente, o público, encantado. Tudo vai da melhor maneira possível. Talvez haja algumas gritarias dos italianos; mas dá na mesma. Adeus, general pacificador!
Adeus, amizade, admiração, respeito, reconhecimento: não sabemos onde parar a enumeração."

Carta de TALLEYRAND a Bonaparte
Brumário do Ano VI (novembro de 1797)

"Não sei mais obedecer. Esses advogados de Paris que foram colocados no Diretório não entendem nada de governo, são mentes pequenas. [...]
Tenho muitas dúvidas de que possamos nos entender e ficar de acordo por muito tempo. [...] Minha decisão está tomada: se não posso ser o senhor, deixarei a França, não quero ter feito tantas coisas para depois entregá-las a advogados."

BONAPARTE a Miot de Mélito, embaixador da França em Turim
27 brumário do Ano VI (17 de novembro de 1797)

31.

É o outono do Ano VI.

O vento e a chuva, inclusive bruscos e violentos temporais, varrem toda a França. Durante os meses de frutidor, vendemiário e brumário – setembro, outubro e novembro de 1797 –, um terror dissimulado cobre o país.

Os vencedores do golpe de Estado de 18 frutidor perseguem os suspeitos de monarquismo, os emigrados, os sacerdotes refratários que tinham sido absolvidos por leis e que novas medidas permitem prender, fuzilar, proscrever sem julgamento.

"Os patriotas sempre tinham marchado, até então, sobre espinhos", escreve Joseph Fouché.

O antigo terrorista do Ano II frequenta, agora, os corredores do Diretório. É visto nas recepções oferecidas por Barras no Palais du Luxembourg.

Fouché mandara atirar nos monarquistas de Lyon em 1793.

Ele continua: "Era tempo que a sombra da liberdade levasse frutos mais doces para quem os colhesse e saboreasse".

Para substituir Carnot e Barthélemy em suas funções de Diretores são nomeados Merlin de Douai e François de Neufchâteau, um encarregado da Justiça e o outro do Interior. Eles são republicanos determinados.

Com eles, e com todos aqueles que são promovidos, nomeados nos departamentos, não há risco algum de acontecer a restauração monárquica que se acreditara possível.

Luís XVIII se irrita, engorda, sofre de gota na Curlândia.

O Diretório continua vigilante.

Quando, num departamento, alguns cidadãos protestam contra a deposição e a proscrição de seus eleitos, as tropas são mobilizadas, e como escreve o general Bernadotte a

Bonaparte: "O departamento será fustigado, oito mil homens estão chegando".

Há fuzilamentos na planície de Grenelle.

"A natureza geme, mas a lei fala", diz-se.

É a justiça impiedosa dos vencedores.

O porta-voz do Diretório afirma numa voz forte que não admite réplica:

– Vamos banir as absurdas teorias de pretensos princípios, as invocações estúpidas à Constituição.

Os deputados proscritos são trancados em jaulas de ferro, para serem conduzidos de Paris a Rochefort.

Ali, navios aguardam para transportá-los – se o bloqueio da frota inglesa conseguir ser rompido – para a Guiana. Ao longo de todo o trajeto, as "autoridades" convidam os cidadãos a assistir à passagem dos monarquistas.

Nenhum grito de morte é lançado da multidão. Ela permanece silenciosa e desdenhosa, como se o desgosto que sentisse por aqueles "barrigas douradas", aqueles "barrigas podres", fosse mais forte que o ressentimento, e se estendesse tanto aos vencidos quanto aos vencedores, apesar de às vezes dizer-se, numa voz surda, com o dedo apontando para os homens enjaulados:

– Estes são os que queriam restabelecer as ajudas e as gabelas.

Ninguém deseja o retorno ao pré-1789, com seus direitos feudais, dos quais todos se livraram com anos de sofrimento, e agora estão aspirando à paz.

Ora, justamente o general Napoleão Bonaparte, vencedor, negocia com os austríacos e acaba de assinar, em 17 de outubro de 1797 (26 vendemiário do Ano VI), a paz de Campoformio. O Diretório o nomeia general-chefe do exército da Inglaterra, pois Londres continua sendo o inimigo invencível.

O Diretório, além disso, o designa para representar a França no Congresso de Rastadt, onde será decidido o destino da margem esquerda do Reno.

Bonaparte é popular. O relato de suas façanhas pode ser lido nos jornais que ele manda imprimir na Itália e envia para Paris.

Quem poderia controlá-lo, dar-lhe ordens?

Há meses – escreve o ministro da Guerra – que "cessaram todas as relações entre este exército e minha pessoa, apesar das cartas urgentes que escrevi. Como este exército encontrou-se cedo em condições de bastar-se a si mesmo, não consegui obter do general-chefe, nem do chefe do estado-maior, nem do comissário organizador nenhuma informação sobre o estado do serviço!"

Aquele é o exército de Bonaparte, muito mais que o exército do Diretório.

– Eles se apressaram em nomear-me general do exército da Inglaterra para me tirar da Itália, onde sou mais soberano do que general – diz Bonaparte.

Nos discursos que faz a seus soldados, o general-chefe declara:

– Consolo-me com a esperança de logo encontrar-me com vocês, lutando contra novos perigos...

Ele confidencia ao embaixador da França, Miot de Mélito:

– Não sei mais obedecer. Esses advogados de Paris que foram colocados no Diretório não entendem nada de governo, são mentes pequenas. Verei o que querem fazer em Rastadt. Tenho muitas dúvidas de que possamos nos entender e ficar de acordo por muito tempo. Mais uma vez, não posso obedecer; provei do comando e não renunciarei a ele. Minha decisão está tomada: se não posso ser o senhor, deixarei a França, não quero ter feito tantas coisas para depois entregá-las a advogados.

Ele não se deixa enganar pelos elogios que lhe são dirigidos.

"Eis uma paz à la Bonaparte", escreve-lhe Talleyrand, ministro das Relações Exteriores. "O Diretório está contente, o público, encantado. Tudo vai da melhor maneira possível.

Talvez haja algumas gritarias dos italianos; mas dá na mesma. Adeus, general pacificador! Adeus, amizade, admiração, respeito, reconhecimento: não sabemos onde parar a enumeração..."

– Eles têm inveja de mim, sei muito bem, apesar de me incensarem – murmura Napoleão Bonaparte.

Quando seu ajudante de ordens, La Valette, comunica-lhe que "Em Paris, o senhor será ovacionado. Todos se amontoarão nas ruas por onde o senhor passar", Bonaparte dá de ombros:

– Hum, o povo se amontoaria com o mesmo entusiasmo para ver minha passagem se eu fosse para o cadafalso.

Esse realismo, esse cinismo, é partilhado por grande parte dos franceses.

Acontecimentos demais por quase uma década! Ilusões demais que se dissiparam como miragens.

E isso para todas as categorias da população, sendo que cada uma reage à sua maneira, em função de suas condições de vida.

Os cidadãos dos subúrbios têm fome, são miseráveis. Eles entram o inverno sem madeira para aquecimento, sem roupas quentes. Amargos, desesperados, eles cospem quando passam as carruagens dos "barrigas douradas", dos "barrigas podres", dos "novos ricos", dos "bandidos", aqueles deputados, aqueles Diretores, aqueles financistas, todos abutres que se alimentam de guerras.

Os próprios rendeiros estão arruinados – ou desapossados –, devido à decisão do Diretório de liquidar "dois terços da dívida pública". Um "terço" é consolidado, mas os outros dois terços são na verdade perdidos, porque reembolsados em moeda sem valor. É a chamada bancarrota dos dois terços, "apesar do saneamento das finanças".

É claro que ela não afeta os "enriquecidos", os "corrompidos", os que se refestelam no luxo e no excesso.

Estes dançam no Château de Bagatelle, no Élysée-Bourbon, nos Jardins Tivoli. Depois ceiam em restaurantes do Palais Royal.

"O coração dos parisienses opulentos se metamorfoseou em moela. Os teatros são frequentados. Tudo emana abastança e alegria, prazer e felicidade."

"Admiram-se as mulheres 'sem camisa', com os braços e a garganta nus, com saias de gaze sobre uma calça cor de carne, as pernas e as coxas enlaçadas por cintas com diamantes."

Passa-se de um a outro. Thérésa, ex-Tallien, continua impondo sua "ditadura da beleza".

Há divórcios. O número de "crianças expostas" se eleva para cinquenta mil na França, quatro mil apenas em Paris. Um cidadão exige o direito de casar com a mãe de suas duas mulheres sucessivas...

O espetáculo que as elites proporcionam ao povo aflige os cidadãos. Todas as iniciativas do poder são acolhidas com ceticismo.

Portanto, como acreditar na religião de Estado que o Diretor La Révellière-Lépeaux procura colocar em cena, organizando em 1º vendemiário do Ano VI (22 de setembro de 1797), no Campo de Marte, "uma oração ao autor da natureza"?

Os cidadãos se lembram da festa do Ser Supremo, triunfo de Robespierre alguns meses antes de sua queda!

Não se acredita mais nas religiões novas.

As pessoas se voltam para a religião católica, e as proscrições que atingem os sacerdotes – cerca de 1.500 num único ano – acabam por reabilitá-la.

Os sacerdotes perseguidos são escondidos. Abandona-se a Igreja constitucional, aliás combatida pelos Diretores e antigos jacobinos com tanta força quanto a Igreja refratária.

Tudo o que vem do poder é suspeito.

A única figura que desperta entusiasmo é a do general Bonaparte.

Os relatórios da polícia indicam, todos, que "ele é louvado por todos os lados".

Há amor por aquele "general pacificador" que diz:

– É uma grande desgraça para uma nação de trinta milhões de habitantes, e no século XVIII, ter que recorrer às baionetas para salvar a pátria.

Lê-se que ele prometera aos cidadãos de duas repúblicas irmãs que ele criara na Itália – a liguriana e a cisalpina – ordem e liberdade, paz às consciências, o direito de cada um praticar sua religião e usufruir de seus bens.

Ele era um homem novo, que não tivera, durante as jornadas revolucionárias e durante o Terror, um papel de primeiro plano.

Ocupara um palco interno e, nos anos decisivos de 1789 a 1794, fora mais testemunha que ator.

Ele é esperado.

Em 3 de dezembro de 1797, Napoleão parte de Rastadt em direção a Paris.

Ele faz uma escala em Nancy, onde os franco-maçons da Loja São João de Jerusalém o acolhem.

Ele não usa uniforme. Viaja numa carruagem de correio, como um burguês.

Chega a Paris em 5 de dezembro de 1797 (15 frimário do Ano VI).

Volta para casa, na Rue Chantereine. Joséphine ainda não voltara para Paris.

A rua mudara de nome. Agora se chamava Rue de la Victoire.

32.

Ele está "na casa de sua mulher".
A multidão se amontoa na Rue de la Victoire para vê-lo, "pálido sob os longos cabelos pretos", o rosto ossudo, o queixo firme, a expressão voluntariosa, magra, usando uma sobrecasaca preta, andando num passo marcado, parecendo não enxergar os cidadãos que o aclamam:

– Viva Bonaparte! Viva o general-chefe do exército da Itália!

O que pensa?
É o que se perguntam os Diretores, os ministros, os deputados.
Ele realmente dissera: "Se não posso ser o senhor, deixarei a França"?
Todos querem encontrar-se com ele, sondá-lo.
Já há rumores – e alguns jornais repetem-nos nesses dias de frimário do Ano VI (dezembro de 1797), que se seguem à sua chegada em Paris – de que ele aspira à ditadura.

O Diretor Reubell, desconfiado, o recebe para jantar, em 8 de dezembro. Bonaparte fica quase o tempo todo em silêncio, deixando Reubell evocar, com o patriota suíço Pierre Ochs, sentado à sua esquerda, o apoio que a República Francesa precisa levar aos patriotas suíços que querem transformar seu país numa República irmã, "una e indivisível".

Mas para isso é preciso, apoiando-se no cantão de Vauda, expulsar os bernenses, vencê-los. É preciso encarregar o general Brune, antigo membro do Clube dos Cordeliers, amigo de Marat, republicano decidido, daquela missão.

Bonaparte aprova num simples movimento de cabeça. Ele não quer se expor. Ele precisa parecer modesto, respeitoso do Diretório.

Dois dias depois, é o ministro das Relações Exteriores, Talleyrand, que o convida para o seu Hôtel Galliffet, na Rue du Bac.

Do antigo bispo de Autun, que prudentemente vivera fora da França durante o Terror, comenta-se o pior; que ele vende seus serviços à Áustria, à Prússia ou à Inglaterra, bem caro, favorecendo uma ou outra potência em função das quantias que lhe são oferecidas.

"Tudo está à venda aqui", diz o representante da Prússia em Paris. "O ministro das Relações Exteriores ama o dinheiro e diz abertamente que ao deixar seu cargo não quererá pedir esmolas à República."

Talleyrand recebe Bonaparte nos salões do Hôtel Galliffet com uma deferência um pouco irônica e distante, como um grande senhor, com o pescoço envolto por uma gravata muito alta, o peito apertado numa grande sobrecasaca.

Talleyrand fala numa voz grave. Ele é maior que Bonaparte em uma cabeça e ombros. Ele convidara a seu palacete uma multidão de personalidades desejosas de ver o general vitorioso.

Bonaparte é cercado, felicitado.

– Cidadãos – diz Bonaparte –, fico sensibilizado com o ardor que me demonstram. Fiz meu melhor na guerra e meu melhor na paz. Cabe ao Diretório saber tirar proveito, para a felicidade e prosperidade da República.

Esta prudência e este comedimento mais preocupam do que tranquilizam. Bonaparte tem uma modéstia estrondosa! E os Diretores desconfiam dela.

Mas é preciso enchê-lo de honrarias, e o Diretório organiza no Palais du Luxembourg uma recepção para a glória do "general pacificador".

Ao chegar ao palácio, em 10 de dezembro de 1797 (20 frimário do Ano VI), Bonaparte parece não ouvir a multidão entusiasmada que se reunira nas ruas que conduzem ao palácio.

Multidão que grita:

– Viva Bonaparte! Viva o general do grande exército!

Os cinco Diretores que o recebem em suas roupas de gala bordadas a ouro, suas rendas, seus grandes mantos, seus chapéus pretos erguidos de um lado e ornados de um penacho tricolor, parecem bonecos rígidos.

Barras é o mais majestoso.

Braços cruzados, ele mede Bonaparte de alto a baixo como se quisesse lembrar-lhe que é ele quem está na origem daquela glória, daquela fortuna e inclusive do casamento com Joséphine, e que ele não esquecia a angústia e a pobreza do *Buonaparte* que antes arrastava seu sabre e sua ambição.

Agora, Napoleão Bonaparte é acolhido por Talleyrand, que em nome do Diretório louva o general vitorioso.

– Ninguém ignora – diz Talleyrand – seu desprezo profundo pelo brilho, pelo luxo, pela pompa, desprezíveis ambições das almas simples. Ah, longe de temer sua ambição, sinto que talvez um dia precisemos incitá-lo para arrancá-lo às alegrias de seu aplicado recolhimento.

A cerimônia, escreve uma testemunha, é de uma "frieza glacial".

"Todos parecem observar-se, e distingui em todos os rostos mais curiosidade do que alegria ou testemunho de verdadeiro reconhecimento."

Bonaparte respondera a Talleyrand que "o povo francês, para ser livre, tinha reis a combater. Para obter uma Constituição fundada na razão, tinha dezoito séculos de preconceitos a vencer... Quando a felicidade do povo francês estiver assentada sobre melhores leis orgânicas, a Europa inteira se tornará livre."

Suas palavras fazem tremer.

Sabe-se que Bonaparte, na Itália, redigira ele mesmo as constituições das repúblicas liguriana e cisalpina. Quereria ele fazer o mesmo com a Constituição francesa?

Ao encontrar Barras, alguns dias depois, ele dissera que "o regime diretorial não pode durar. Ele está ferido de morte desde o golpe de Estado de 18 frutidor. A maioria da nação, jacobinos e monarquistas, o rejeita".

Seria preciso, ele ousara dizer a Barras, que o Diretório acolhesse, entre seus Diretores, a ele, Bonaparte, general pacificador, aclamado pela multidão. Somente ele poderia recuperar a confiança de um regime denegrido.

Barras se erguera, vociferara:

– Queres derrubar a Constituição, Bonaparte? Não conseguirás e destruirás apenas a ti mesmo.

Porta fechada para Bonaparte. A "ocasião não é propícia"; o poder não cederá, não oferecerá um assento a Bonaparte.

Tentarão eliminá-lo. Talvez envenenando-o. Cartas anônimas o advertem. Querem matá-lo.

No banquete de oitocentos talheres organizado pelos dois conselhos – quatro pratos, oitocentos lacaios, 32 maîtres, vinho do Cabo, vinho húngaro, carpas do Reno e todos os tipos de novidades –, Bonaparte leva seu próprio serviçal, que troca seus talheres e lhe serve ovo cozido.

Bonaparte não se deixará envenenar, nem seduzir.

Ele é de novo convidado por Talleyrand, que oferece em sua honra, em 3 de janeiro de 1798, uma festa suntuosa no Hôtel Galliffet, quando se ouve uma contradança intitulada *La Bonaparte*.

Canta-se um refrão que celebra Joséphine, aquela que deve, em nome da França "cuidar da felicidade do guerreiro, do herói vencedor". Bonaparte é eleito, no lugar de Carbot, membro do Institut de France, na "classe de ciências físicas e matemáticas, seção das Artes Mecânicas".

É somente por ser membro do Institut que ele assiste, em meio a seus sábios colegas, à cerimônia que, em 21 de janeiro de 1798, na Place Saint-Sulpice, comemora a morte de Luís XVI. Barras, em nome de todos os participantes, presta juramento de "ódio à realeza e à anarquia".

Os coros entoam o *Juramento republicano*, música de Gossec, letra de Chénier:

> Se algum usurpador quiser subjugar a França
> Que ele sofra imediatamente a pública vingança
> Que morra pela espada, que seus membros ensanguentados
> Sejam entregues na planície aos abutres vorazes.*

Bonaparte, habilidoso, estivera presente no que ele chama de "cerimônia antropofágica" sem representar papel algum. Pois ele não queria parecer nem partidário dos "regicidas", afastando-se dos monarquistas, nem favorável a uma restauração, tornando-se inimigo dos republicanos.

Ele queria estar acima das facções. Mas a inação lhe é penosa.

"A terra parecia queimar seus pés", escreve La Révellière-Lépeaux.

Sua impaciência é ainda maior porque o povo continua aclamando-o.

Quando vai ao Théâtre des Arts, os espectadores se levantam assim que o percebem num camarote. Há o risco, por outro lado, de após alguns meses em Paris a atenção se desviar de sua pessoa. Pois os exércitos do Diretório continuam em ação, sem ele.

O general Joubert *frutidoriza* a Holanda, impondo um regime republicano centralizado, criando uma república irmã, batava, una e indivisível.

As tropas francesas entram em Roma, e Berthier expulsa o papa Pio VI.

O general Brune ocupa Berna e Friburgo. Nasce a República Suíça.

O Diretor Reubell, nascido em Colmar, não descansara enquanto Mulhouse não fosse anexada.

---

* *Si quelque usurpateur veut asservir la France / Qu'il éprouve aussitôt la publique vengeance / Qu'il tombe sous le fer, que ses membres sanglants / Soient livrés dans la plaine aux vautours dévorants.* (N.T.)

Toda vez que é criada uma república irmã, o Diretório vale-se de seus cofres para alimentar o Tesouro Nacional.

Como, nessas condições, continuar sendo o *Único*, iluminado pela glória, e aparecer como aquele que pode arrancar o poder das mãos daqueles Diretores corrompidos?

É o que Bonaparte se pergunta.

Ele percorrera as costas da Mancha, descobrira que o exército da Inglaterra, sob seu comando, jamais poderia romper o bloqueio da frota inglesa. Tentar fazê-lo "é um lance de dados arriscado demais", diz Bonaparte. "Não quero arriscar desta forma o destino da bela França."

E o seu.

Ele voltara para Paris, estudara o relatório que Talleyrand submetera ao Diretório.

O ministro preconizava a conquista do Egito, maneira de cortar da Inglaterra "os rendimentos comerciais seja da Índia, seja de alhures".

Talleyrand sugeria que o empreendimento fosse confiado ao general Bonaparte.

Maneira cômoda de afastá-lo, de afundá-lo nas areias do Oriente, parecendo oferecer-lhe uma nova glória, enquanto todos pensam tratar-se de uma vitória impossível, a começar pela travessia do Mediterrâneo, escapando à frota inglesa.

Bonaparte não desconhece as intenções do Diretório.
Mas ele diz:
– Não quero ficar aqui. Não há nada a fazer. Os Diretores não querem ouvir. Vejo que, se ficar, em pouco tempo afundarei. Tudo se gasta aqui. Já não tenho mais glória, esta pequena Europa não tem o suficiente. É preciso ir para o Oriente, todas as grandes glórias vêm de lá.

Ele dita suas condições aos Diretores: autoridade ilimitada, faculdade de nomear todos os cargos, direito de operar seu retorno à França quando quiser...

Em 15 ventoso (5 de março de 1798), o Diretório decide-se pela expedição ao Egito e entrega seu comando a Napoleão Bonaparte, segundo as condições determinadas por ele.

Bonaparte deixará Paris, a França. Seu sabre não será mais ouvido arrastando pelo chão.

Quem poderia acreditar que ele escaparia da armadilha preparada pelos Diretores e por sua própria imaginação?

33.

Bonaparte sabe que os Diretores querem que o Egito seja seu túmulo.

Eles querem, a qualquer preço, manter-se no poder diante de uma opinião pública que os rejeita e que eles temem, sobretudo porque em 9 de abril de 1798 (20 germinal do Ano VI) as assembleias eleitorais se reunirão para renovar a metade do Corpo Legislativo: 437 deputados de 750.

Barras, hábil político de faro aguçado, sente a força do movimento de rejeição que cresce no país.

Quer-se "furar os barrigas podres".

Grita-se "Ataque à corrupção".

Cospe-se com fúria quando se ouve o nome de Barras, de Merlin de Douai.

Diz-se que este último mantém um harém de senhoritas.

Que Reubell, cercado de bandidos, se empanturra.

Que La Révellière-Lépeaux não passa de um tartufo com sua religião teofilantrópica, da qual é beato.

Que o novo Diretor – que substitui François de Neufchâteau – Treilhard, um regicida membro da Convenção, é um bruto enriquecido.

Os ministros são tão corrompidos quanto os Diretores.

Ramel, no ministério das Finanças, é apenas um serviçal dos novos ricos, o homem que com a bancarrota dos dois terços arruinara os rendeiros.

Talleyrand é uma "podridão", seus salões são "latrinas públicas".

Ele fora denunciado perante o Congresso dos Estados Unidos pelo presidente John Adams por tentar extorquir enormes subornos dos enviados dos Estados Unidos, chegados a Paris para negociar. Os americanos tinham recusado suas propostas, voltado para os Estados Unidos e avisado o presidente Adams.

Mas Talleyrand continua pavoneando-se em seu Hôtel Galliffet.

Barras se preocupa.

Os eleitores podem, apesar de suas diferenças, se aliar, eleger "anarquistas" ou monarquistas. E se conseguirem a maioria no Conselho dos Quinhentos e no Conselho dos Anciãos – Barras o teme –, eles renovarão os Diretores.

Adeus poder! Adeus luxo e mulheres, dinheiro e sedas! Adeus banquetes nos restaurantes do Palais Royal!

Para impedir que a "aliança" anarquista e monarquista nomeie, como seu chefe, Bonaparte, o general capaz de seduzir e arrastar o povo, deseja-se vê-lo afastado o quanto antes, esperando que ele seja soterrado numa das pirâmides que são, diz-se, túmulos de faraós.

Bonaparte não é tolo. A partida lhe convém.

Ele não quer se envolver em outro golpe de Estado, com o qual, adivinha ele, sonham os Diretores.

Em 1º germinal do Ano VI (21 de março de 1798), fora celebrada com pompa a "Festa da Soberania do Povo", por eles que tinham aplicado o golpe de Estado de 18 frutidor, iniciado aquele terror dissimulado que, aos poucos mas meticulosamente, esmagava a nação e proscrevia para a Guiana, o país da "guilhotina seca".

Assim que termina a Festa da Soberania do Povo, eles decretam que os poderes dos novos eleitos serão verificados... pelos deputados que estão saindo!

Portanto, os Diretores e os deputados que os apoiam escolherão dentre os deputados eleitos aqueles que lhe convierem e declararão inelegíveis todos os demais.

Seu jornal, *Le Publiciste*, anuncia na véspera das eleições que "se terroristas fossem eleitos, eles não seriam admitidos, e os departamentos que os tivessem escolhido ficariam sem deputados".

Quando dois jornais – imediatamente decretados "anarquistas" –, *Les Hommes libres* e *L'Ami des lois*, protestam contra essa intenção "liberticida", eles são suprimidos.

Bonaparte sabe que, se quiser conservar sua popularidade, não deve afundar-se nos pântanos desta política nauseabunda que os cidadãos desprezam.

Ele não deve ser confundido com os "barrigas douradas e podres".

– Não há nada a fazer com essa gente – diz ele. – Os Diretores não entendem nada do que é grande.

Ele utiliza o desejo deles de vê-lo afastar-se para arrancar-lhes o direito de escolher os generais que quiser levar consigo, os sábios, os artistas que o acompanharão.

E obter a reunião de uma armada em Toulon, para transportar trinta mil soldados de infantaria, três mil cavaleiros – sem cavalos, pois as cavalgaduras serão tomadas no local –, cem peças de artilharia, cem cartuchos por homem e nove milhões para as despesas.

Ele quer carta branca.

E os Diretores concedem-lhe tudo. Pensando na lápide e na areia que recobrirá aquele general ambicioso, popular, perigoso para eles.

Bonaparte se deixa levar pelo sonho.

– Colonizarei o Egito – diz ele. – Mandarei buscar artistas, operários de todos os tipos, mulheres, atores. Seis anos me bastarão, se tudo sair bem, para chegar à Índia... Quero percorrer a Ásia Menor como libertador, chegar triunfante na capital do antigo continente, expulsar de Constantinopla os descendentes de Maomé e sentar-me em seu trono...

Seus amigos ficam fascinados e aflitos. Seis anos longe de Paris? O que seria da França até lá?

O escritor Arnault, que escrevera diversos artigos panegíricos nos jornais do exército da Itália, se exalta.

– O Diretório quer afastar-vos. A França quer manter-vos – diz ele a Bonaparte. – Os parisienses censuram vossa moderação. Eles gritam mais alto que nunca contra o governo e os Diretores. Não temeis que terminem gritando contra vós?

– Se eu montasse a cavalo, ninguém me seguiria – diz ele. É preciso partir para não ser comprometido.

Ele deixa Paris em 6 de maio de 1798 (17 floreal do Ano VI).

Ninguém poderá acusá-lo de ser cúmplice dos Diretores e dos deputados.

Em 22 floreal, os Quinhentos e os Anciãos decidem validar as eleições que acabam de acontecer em 48 de 96 departamentos.

Nos demais, os escrutínios são anulados no todo ou em parte.

Trata-se de uma "depuração".

Sob a aparência de legalidade, espera-se que esse golpe de Estado de 22 floreal do Ano VI (11 de maio de 1798) afaste aqueles que os Diretores e seus sequazes chamam de "anarquistas", "monarquistas disfarçados".

Cento e quatro deputados são excluídos dos conselhos e 53 não são substituídos.

O desagrado afunda o país.

Barras pode se felicitar do sucesso de sua manobra.

Ele conseguira o que chama de "balança".

Com o golpe de Estado de 18 frutidor, ele afastara os partidários "de um fantasma de rei".

Com o golpe de Estado de 22 floreal, ele acredita ter posto seu poder ao abrigo dos adeptos de Robespierre e de Babeuf.

Assim, afirma Barras, graças a esta "balança", o Diretório pode ser "republicano" e "conservador" dos princípios da Revolução.

Bonaparte é informado das decisões do Diretório quando está em Toulon, diante da frota de 180 navios ancorados na enseada.

O que ele ganharia, arrastando-se pelos corredores do Palais du Luxembourg?

Cúmplice de Barras ou opondo-se a ele, não teria sido o senhor. Aqui, ele pode dirigir-se a milhares de homens armados prontos a obedecer-lhes, homens cujo entusiasmo ele pode sentir.

— Oficiais e soldados – diz ele –, levá-los-ei para um país onde por vossas proezas futuras ultrapassareis aqueles que hoje surpreendem vossos admiradores, e vós rendereis à pátria serviços que ela deve esperar de um exército invencível.

Ele se interrompe e, mais forte ainda, lança:

— Prometo a cada soldado que ao voltar desta expedição ele terá à sua disposição o suficiente para comprar seis arpentos de terra. Viva a República imortal!

Em 19 de maio de 1798 (30 floreal do Ano VI), Napoleão Bonaparte embarca no navio almirante *L'Orient*.

Mantém-se no convés.

Diz aos oficiais de seu estado-maior, que se amontoam à sua volta:

— Meço meus devaneios pelo compasso de meu raciocínio.

DÉCIMA PARTE

19 de maio de 1798-9 de novembro de 1799
30 floreal do Ano VI-
18 brumário do Ano VIII
"A Revolução acabou!"

> "Nada na história se assemelha ao fim do século XVIII. Nada no fim do século XVIII se assemelha ao momento atual."
>
> BONAPARTE
> 18 brumário do Ano VIII
> (9 de novembro de 1799)

> "Cidadãos, a Revolução está fixa nos princípios que lhe deram início: ela acabou!"
>
> Declaração dos três novos cônsules,
> BONAPARTE, CAMBACÉRÈS E LEBRUN
> 24 frimário do Ano VIII
> (15 de dezembro de 1799)

34.

Napoleão raras vezes deixará o convés de *L'Orient*.
Ele vê passar as encostas da Córsega. Para lá do cabo Bonifácio, surgem no horizonte os cumes da Sardenha. Depois se navegará na direção da Sicília, Malta, Creta e por fim Alexandria.

Ele sonha. O *Le Chant du départ* acompanha seus devaneios.

O refrão deste canto revolucionário que todos os exércitos da República entoam desde 1794 é retomado em coro pelos soldados amontoados no convés de cada um dos navios.

> A República nos chama
> Saibamos vencer ou saibamos perecer
> Um francês deve viver por ela
> Por ela um francês deve morrer.*

Um comboio saído de Civitavecchia se une à frota. São trezentos os navios que surgem no horizonte de Malta.

Bombardeiam. Desembarcam. Bastam algumas horas para que o grão-mestre da Ordem de Malta ordene a seus cavaleiros para cessar combate.

Bonaparte pode percorrer as ruas pavimentadas de La Valette, convidar os cavaleiros que são franceses e têm menos de trinta anos a receberem seu quinhão de glória unindo-se à expedição. Quanto aos demais, eles têm três dias para abandonar a ilha, cujos habitantes se tornam cidadãos franceses e passam a fazer parte da República. O homem nada deve ao acaso do nascimento, apenas seu mérito e seus talentos o distinguem.

---

* *La République nous appelle / Sachons vaincre ou sachons périr / Un Français doit vivre pour elle / Pour elle un Français doit mourir.* (N. T.)

Depois deste discurso "revolucionário", Bonaparte liberta os dois mil escravos muçulmanos dos trabalhos forçados de Malta.

Mas ele ordena que todos os objetos religiosos, inúmeras relíquias em metais preciosos, sejam retirados das igrejas, fundidos e transformados em barras de ouro e prata.

Ele é um conquistador.

E o dirá a seus soldados, quando, depois de sair de Malta, a frota, sacudida e castigada pelo mau tempo, se encontrar ao largo de Alexandria. E, apesar do vento impetuoso, todos se preparam para desembarcar, a fim de marchar o mais breve possível na direção do Cairo.

– Soldados – declara Bonaparte –, vós iniciareis uma conquista cujos efeitos sobre a civilização e o comércio do mundo são incalculáveis. Os povos com os quais conviveremos são maometanos. Seu primeiro dogma de fé é: "Não há outro deus que não Alá, e Maomé é seu profeta". Não os contradigai! Deveis agir com eles como agimos com os judeus, com os italianos, tende consideração por seus muftis e seus imãs como tivemos pelos rabinos e bispos. [...] A primeira cidade que veremos foi construída por Alexandre. Encontraremos a cada passo recordações dignas de despertar a emulação dos franceses.

Os soldados, apesar do calor e da sede que incha seus lábios e línguas, o aclamam e cantam *A marselhesa*. Ao pé das pirâmides, esmagarão a cavalaria dos mamelucos.

O Egito, portanto, é conquistado.

– Soldados, do alto dessas pirâmides quarenta séculos vos contemplam.

Mas as vitórias que se sucedem ao longo dos meses – Gaza, Jaffa, Acre, Nazaré, Monte Tabor – são também uma armadilha.

A frota de Nelson destruíra a frota francesa em Abukir em 14 termidor (1º de agosto de 1798).

Para que, portanto, enfiar-se Palestina adentro, esmagar os turcos, quando se está preso nos territórios que são conquistados?

Por que massacrar os prisioneiros, ver os melhores soldados, os mesmos que tinham vencido em Lodi, em Árcole, em Rivoli, morrer envenenados pela peste em Jaffa, se o bloqueio inglês estrangula os franceses?

O que se comentará em Paris sobre essas crueldades, esses sofrimentos, essas vitórias, esses atos de heroísmo?

Saberão que Bonaparte não hesitara em tocar e abraçar, em Jaffa, os soldados atacados pela peste?

Bonaparte gostaria que em Paris sua coragem e sua glória fossem celebradas. Não seguira ele os passos de César e Pompeu, de Alexandre e até mesmo de Cristo?

Ele precisa, ele quer se aproximar ainda mais do poder, consolidar e enriquecer sua lenda.

Mas para isso é preciso que o relato de suas proezas chegue aos jornais parisienses. Os navios – e restam pouco – precisam deixar a costa egípcia, forçar o bloqueio. Mas como saber se chegam à França?

Nenhum navio vem dos portos franceses, como se tivessem esquecido que o mais glorioso dos generais franceses estava no Egito à frente de trinta mil homens.

Bonaparte escreve a seu irmão Luciano, que fora eleito para o Conselho dos Quinhentos.

Ele o questiona. Qual a situação do Diretório? Será o momento de voltar para a França? Por acaso as pessoas exclamam "Ah! Se Bonaparte estivesse aqui!"? E como está Joséphine, mulher sedutora, volúvel, corpo disponível, mulher de prazeres?

Bonaparte está amargurado.

Ele escreve: "Estou aborrecido com a natureza humana. As grandezas me aborrecem. O sentimento está endurecido. A glória é pálida. Aos 29 anos esgotei tudo. Só me resta tornar-me francamente egoísta".

Mas quem se preocupa, em Paris, com o estado de ânimo do general Bonaparte? A luta política causa furor entre os jacobinos remanescentes do golpe de Estado de 22 floreal e os Diretores. Neste jogo, Bonaparte não passa de um ausente. Ele só terá peso se entrar no jogo, voltando para a França. Como fazê-lo?

Um Bonaparte preocupa Barras e Reubell, mas seu nome é Luciano! Ele será perigoso se seu irmão trouxer-lhe o inestimável apoio de sua glória.

Mas ninguém volta do Oriente com tanta facilidade quanto da Itália!

Então Napoleão Bonaparte é esquecido, apesar de a campanha de Luciano a seu favor ser irritante, pois ele sempre repete, quando toma a palavra:

– Ah! Se o general pacificador estivesse aqui! Ele rebentaria esses "barrigas douradas e podres".

Pois é sempre a corrupção e o enriquecimento dos Diretores, e de todos os que detêm uma parcela do poder, que revoltam os cidadãos.

Uma comissão encarregada de investigar a "desmoralização do povo" faz uma constatação assustadora:

> Não existe nenhuma parte da administração onde a imoralidade e a corrupção não tenham penetrado [lê-se no relatório que ela submete aos Conselhos]. Uma maior indulgência nos tornaria cúmplices desses homens que a voz pública acusa. Eles serão atingidos do alto de seus carros suntuosos e jogados no vazio do desprezo público, homens cuja fortuna colossal prova os meios ilícitos que utilizaram para adquiri-la.

Barras e Reubell são os homens visados.

A cólera é ainda maior porque a miséria flagela um pouco mais os pobres.

Nos subúrbios, passa-se fome. E sabe-se que os Diretores banqueteiam! Que passam calor nos restaurantes do Palais Royal ou nos palacetes particulares onde vivem, enquanto congela-se nos casebres.

"O frio é tão rigoroso que as águias dos Alpes parecem ter encontrado em Paris a mesma temperatura que nas altas montanhas. Uma foi morta perto de Chaillot."

Barras está preocupado.

A polícia relata que o desemprego se estende porque os barcos não conseguem mais navegar no Sena, que congelara. Faltam materiais. Os artesãos fecham seus ateliês. E os operários mantêm "conversas atrozes" sobre o governo.

Todos esses sofrimentos, essa miséria, não são compensados pelas vitórias dos exércitos da República.

Bonaparte impusera a paz aos reis e fizera surgir repúblicas irmãs.

Toda aquela edificação desabava.

Os camponeses belgas e italianos se revoltam contra os franceses. A Áustria, a Inglaterra, a Rússia, o reino de Nápoles e a Turquia formam uma coalizão cujas tropas expulsam os franceses de Nápoles e de Roma. E os russos de Suvorov entram em Milão.

Como os patriotas poderiam aceitar aqueles reveses? Como aceitar a perda de influência e de prestígio da Grande Nação, o assassinato dos plenipotenciários franceses que negociavam com os austríacos em Rastadt?

O Diretório é acusado e, nas eleições de 18 de abril de 1799 (29 germinal do Ano VII) para a renovação de um terço dos deputados do Corpo Legislativo, elege-se uma maioria de jacobinos e oponentes dos Diretores.

O Conselho dos Quinhentos exige explicações imediatas ao Diretório sobre os desastres sofridos pelas tropas francesas.

E o Diretório não responde.

O Conselho decide então manter-se permanentemente em sessão, impor a demissão de Merlin de Douai e François de Neufchâteau. Reubell, por sua vez, fora eliminado do Diretório na votação.

Sieyès fora eleito. Barras, que se aliara à posição dos Quinhentos, mantém seu assento.

A legalidade é respeitada, mas por trás das aparências um novo golpe de Estado acontece nesse 30 prairial do Ano VII (18 de junho de 1799).

O regime continua em apuros.

Barras, o mais corrompido dos Diretores, mantivera seu cargo. A miséria não recuara.

As tropas da coalizão estão prontas para invadir a nação.

No Oeste, os *chouans* retomam suas armas, se apoderam de pequenas cidades.

O medo de uma derrocada é tão grande que os Diretores se resignam a ordenar a Bonaparte que volte para a França.

Mas a mensagem dos Diretores nunca chegará ao Egito.

35.

Nesse mês de julho de 1799 (termidor e messidor do Ano VII), Bonaparte ignora as intenções do Diretório.

Ele se sente cego e surdo. Há quase dez meses não recebe nenhuma notícia da França, e a impaciência o vence. Ele sente que precisa sair do Egito o mais rápido possível, para não afundar.

Mas para abandonar aquele país, aquele calor arrasador, seria preciso uma ação notável, uma vitória que apagaria o longo recuo da Palestino ao Egito e a impotência diante das tropas do sultão Murad Bey, que se esquiva e é perseguido em vão.

Os soldados, mesmo os mais aguerridos, os do exército da Itália, estão cheios de dúvidas. São assassinados na cidade do Cairo, que jamais poderá ser controlada.

O próprio Bonaparte se sente prisioneiro.

Em 15 de julho de 1799, ele recebe um grupo de cavaleiros que, com o rosto queimado pela areia, trazem-lhe a notícia que ele esperava: uma frota anglo-turca desembarcara tropas, vários milhares de homens, em Abukir.

Aquele era o sinal. Aquele era o momento.

É preciso empurrar aqueles turcos para o mar. O nome de Abukir, que lembrava a destruição da frota francesa pelos navios de Nelson, em 1º de agosto de 1798, passaria a evocar uma vitória.

Ela coroaria a campanha do Egito. E, aureolado por ela, Bonaparte poderia voltar para a França.

– Esta batalha decidirá o destino do mundo – diz ele.

Ele percebe a surpresa dos oficiais que o cercam. Murat murmura:

– Pelo menos o destino do exército.

– O destino do mundo – repete Napoleão Bonaparte.

Ele ainda não pode dizer-lhes que precisa vencer aquela batalha para voltar para a França como general vitorioso.

Como os Diretores poderiam resistir-lhe?

Na noite de 25 de julho de 1799 (7 termidor do Ano VII), o mar, na enseada de Abukir, ainda está vermelho do sangue dos soldados turcos atacados, repelidos e ameaçados pelos cavaleiros de Murat.

– Foi uma das mais belas batalhas que vi – diz Bonaparte –, e um dos espetáculos mais horríveis.

Era a vitória que ele esperava, que seria o trampolim para sua ação futura: deixar o Egito, impor-se a Paris.

Em 2 de agosto, ele entabula negociações com o comodoro Sydney Smith, que comanda a esquadra inglesa, para fazer uma troca de prisioneiros.

À noite, o secretário do comodoro se apresenta a Bonaparte, com os braços cheios de jornais franceses, ingleses e alemães publicados nos últimos meses.

Sir Sydney Smith quer que o general Bonaparte conheça a situação da França e da Europa.

Basta a Bonaparte folhear alguns desses jornais para constatar que as repúblicas irmãs desmoronaram, que as tropas da coalizão se preparam para cruzar as fronteiras da nação.

Aquelas eram as consequências da política de Barras, Reubell e François de Neufchâteau.

– Miseráveis! – exclama Bonaparte. – Será possível! Pobre França! O que eles fizeram. Ah, malditos!

Ele lê os artigos com avidez, descobrindo numa única noite os acontecimentos que ocorreram nos meses anteriores.

Os Diretores foram mudados, Reubell, "um simplório, gordo, imundo, ruminando a seis meses a mesma ideia, mudando de vinho a cada prato, dirigindo o Diretório como um cocheiro de fiacre a seus cavalos", não é mais Diretor, e uma comissão investigará suas malversações.

Quanto a Barras, ele continua no cargo, mas é desprezado.

> Mais que Nero meu visconde é déspota
> Pavoneando-se em seu vermelho capote
> Esse rei carrasco perora num tom
> Do qual ri baixinho o basbaque em sua sujeira
> É Arlequim, calça de palhaço
> Simulando os ares de Agamenon.*

Os jornais não poupam nenhum dos novos Diretores, nem Sieyès, nem Ducos, nem Gohier, nem o general Moulin, que combatera contra os vendeanos.

Bonaparte observa que o regicida Fouché é ministro da Polícia, que o general Bernadotte, que casara com Désirée Clary, é ministro da Guerra, e Cambacérès, ministro da Justiça.

A noite transcorre, e Bonaparte descobre o estado da França.

Os *chouans* tomaram Le Mans.

Os monarquistas cercam Toulouse.

Os campos são percorridos por bandos de jovens, desertores que se recusam a curvar-se à lei que cria o serviço militar obrigatório, tornando-se salteadores, ladrões, bandidos.

O país rejeita o Diretório, que acaba de criar novas taxas porque o Tesouro Público precisa de cem milhões.

As oficinas fecham para evitar as taxações. Os ricos vão embora. O desemprego se alastra.

O Diretório teme a revolta, um golpe de força monarquista apoiado pelos anarquistas.

Para proteger-se, os conselhos votam a lei dos reféns, que faz temer um retorno da lei dos suspeitos, do Terror.

---

* *Plus que Néron mon vicomte est despote / Se pavanant dans sa rouge capote / Ce roi bourreau pérore sur un ton / Dont rit tout bas le badaud dans sa crasse / C'est Arlequin, pantalon en paillasse / Contrefaisant les airs d'Agamemnon.* (N.T.)

Nobres, parentes de emigrados, ascendentes de suspeitos serão presos como *reféns*, à espera da prisão dos autores de atentados, rebeliões, assassinatos políticos.

Bonaparte lê no *Courrier de Londres*: "As infelizes consequências das duas leis sobre as taxas e os reféns são incalculáveis. A primeira aniquila todo um tipo de negócios. A segunda ameaça a sociedade inteira com uma dissolução que se aproxima".

De 86 departamentos franceses, quatorze estão em revolta e 46 vivem uma situação tensa, em que a bandidagem se confunde com a rebelião política.

É preciso voltar o mais rápido possível ao país inflamado e decepcionado.

A impaciência de Bonaparte é ainda mais viva porque ele tem a impressão, ao ler os artigos dedicados às cortesãs, às amantes de Barras, às elegantes, que lhe falam de Joséphine de Beauharnais, coquete e volúvel.

Ele a imagina em roupas gregas, pouco a pouco reduzidas a uma simples camisa, com alguns véus flutuando ao redor do corpo.

> Graças à moda
> Não se usa mais corpete
> Ah, como é cômodo
> ...
> Graças à moda
> Uma camisa basta
> É tudo proveito
> ...
> Graças à moda
> Nada é escondido
> Ah, como é cômodo.*

---

* *Grâce* à la *mode* / *On n'a plus de corset* / *Ah, que c'est commode* / *Grâce* à la *mode* / *Une chemise suffit* / *C'est tout profit* / *Grâce* à la *mode* / *On n'a rien de caché* / *Ah, que c'est commode.* (N.T.)

Enquanto há ostentação, enquanto os Diretores enchem suas barrigas podres, os jacobinos reabrem o clube em Paris, primeiro na Sala do Manège, depois na Rue du Bac.

Há queixas sobre os bandidos, o preço do pão, a desonestidade dos Diretores, de Barras, "salto vermelho e barrete vermelho", visconde e terrorista, rei da República.

Há raiva de ver os exércitos da nação recuarem diante dos russos, dos ingleses, dos austríacos.

As perseguições recaem, nas regiões reconquistadas, sobre aqueles que são acusados de ser jacobinos.

Os camponeses participam. Esses "Viva Maria" tomam Siena, massacram os jacobinos e queimam vivos na praça central treze judeus, mulheres e crianças ao mesmo tempo!

Em Nápoles, os "patriotas" são enforcados.

Teme-se que se a nação for invadida, se os *chouans* vencerem, aquele Terror branco se espalhe pela França.

– Ah, precisamos de um Bonaparte!

É chegado o momento de voltar para a França.

Bonaparte embarca clandestinamente na fragata *Muiron*, deixando o exército do Egito a Kléber.

A travessia é perigosa.

A frota de Nelson ronda.

A *Muiron*, seguida por outra fragata, é escoltada apenas por três embarcações.

Berthier, Lannes, Murat e os cientistas Monge e Berthollet, bem como trezentos homens de elite, "uma coisa imensa", diz Bonaparte, fiéis e decididos, o acompanham.

Seu retorno é uma aposta na sorte.

– Quem teme por sua vida está certo de perdê-la – diz Bonaparte. – É preciso saber ao mesmo tempo ousar e calcular, confiando na sorte.

Na manhã de 9 de outubro de 1799 (17 vendemiário do Ano VIII), depois de uma escala em Ajaccio, a fragata *Muiron* entra na enseada de Saint-Raphaël.

A fortaleza de Fréjus abre fogo diante daquela divisão naval desconhecida.

Mas a multidão, no cais, já está aos gritos:
– Bonaparte! Bonaparte!
– Ele chegou, ele chegou!

36.

De aldeia em aldeia, de Fréjus a Aix, de Avignon a Lyon, do Palais du Luxembourg aos cafés do Palais Royal, dos cabarés do Faubourg Saint-Antoine e Saint-Marcel aos palcos dos teatros, o rumor se espalha, as vozes crepitam:
– Viva Bonaparte! Viva a República!

O cavaleiro que chega é cercado, ouvido, bem como o camponês sem fôlego pela corrida, dizendo que o vira, que ele desembarcara em Fréjus.

Uma testemunha, que se mantém reservada, que olha a multidão se inflamar, as bandas militares começarem a tocar marchas triunfais, as praças se encherem de bandeiras tricolores, as fachadas das casas de Lyon se iluminarem, lembra-se da exaltação que tomara o país em 1789, dos movimentos que sublevavam o povo. Ela constata, nesse mês de outubro de 1799, as mesmas "emoções" populares.

"A notícia eletrizou de tal forma os republicanos", escreve ela, "que vários ficaram indispostos, outros derramaram lágrimas, ninguém sabia se era um sonho."

Ele acrescenta que "esse general vitorioso consegue fazer todos os partidos amarem a República".

Há tanto fascínio por aquele homem, aquele "salvador" vindo de além-mar, "milagroso" que escapara dos navios ingleses, que as recentes vitórias dos generais Brune e Masséna são esquecidas.

Nos Países Baixos, os soldados de Brune repeliram os anglo-russos. A República Batava está de novo em pé. Na Suíça, as divisões do general Masséna desmantelaram, em Zurique, as tropas de Suvorov, que debandam desordenadamente, evacuam a Suíça, e a seguir a Itália do Norte, onde renascerá a República irmã Cisalpina.

A mandíbula que estava prestes a esmagar a nação é destruída. No Oeste, os *chouans* são vencidos, expulsos de

Le Mans, empurrados a Nantes, vencidos em Vannes, em Saint-Brieuc, em Cholet.

E Toulouse resiste aos monarquistas.

Mas o aclamado é Napoleão Bonaparte, cuja vitória é esperada, apesar de recém conquistada, sem ele! Ninguém repete os nomes de Brune, Masséna, Moreau, todos clamam o nome de Bonaparte.

Uma testemunha escreve:

> Desde que ele foi para o Egito é que sofremos nossos desastres. Parecia que cada batalha perdida poderia ter sido vencida por ele, que cada território evacuado poderia ter sido mantido graças a ele, tanto a França tinha fé, não apenas no gênio, mas na influência mágica do nome deste homem. Ele era objeto de saudades e promessas que nenhum dos outros generais pudera apagar ou diminuir, e se, graças a Masséna, a vitória parecia prestes a penetrar em nossas fileiras, é em Bonaparte apenas que se via a certeza (garantida) de nossa vitória.

É em 19 vendemiário do Ano VIII (11 de outubro de 1799) que um mensageiro leva ao Palais Royal, onde estão reunidos os deputados dos Conselhos, a notícia que acaba de ser recebida no Palais du Luxembourg, onde se reúne o Diretório.

"O Diretório, cidadãos, anuncia com prazer ter recebido notícias do Egito. O general Berthier, desembarcado no dia 17 deste mês em Fréjus, ao lado do general Bonaparte..."

Não é preciso ouvir mais, grita-se:

– Viva a República! Viva Bonaparte!

Todos se espalham pelas ruas, gesticulam. Repetem:

– O general Bonaparte desembarcou em Fréjus.

Paris se entusiasma. As fanfarras militares começam a tocar. Nos teatros, um ator chega à boca de cena, anuncia a nova, e a multidão em pé exulta. Por toda parte brinda-se a Bonaparte.

Ele ainda não chegara a Paris.

Perto de Aix-en-Provence, malfeitores pilham as carruagens que levam suas bagagens.

A multidão que o cerca urra sua cólera, grita seu desgosto, seu desejo de ordem.

– O Diretório também nos rouba! Todos são bandidos!

Bonaparte promete fundar um "governo nacional", que expulsará os "malfeitores, os corrompidos, os advogados"!

– Não sou de nenhum círculo – diz ele também. – Eu sou o grande círculo do povo francês.

Em Avignon e Lyon – onde ele se encontra com dois de seus irmãos, José e Luís, que lhe anunciam que o irmão Luciano tem chances de ser eleito presidente do Conselho dos Quinhentos –, ele repete:

– Sou nacional. Facções não são mais necessárias. Não tolerarei nenhuma. Viva a nação!

As casas são enfeitadas de tricolor, iluminadas.

– Viva Bonaparte, que vem salvar a pátria – martela a multidão.

Bonaparte, na carruagem que segue a estrada do Bourbonnais, mais estreita e menos segura do que a que costeia o Saône e o Rhône, mas que permite chegar a Paris mais rapidamente, interroga José, o único a seu lado.

José fala de Joséphine, da necessidade de um divórcio, pois ela o enganara e ofendera o nome dos Bonaparte.

Napoleão parece concordar, mas o que primeiro lhe interessa é conhecer a situação em Paris.

O homem forte é Sieyès, o antigo padre, o constituinte, autor do panfleto que deixara a opinião pública febril em 1789: *O que é o Terceiro Estado?*

Sob o Terror, Sieyès se calara. "Ele sobreviveu."

Ele acredita que sua hora está chegando. Quer impor uma intensificação do poder executivo, em detrimento dos dois conselhos.

Ele precisa de uma "mão" armada para colocar em obra o que sua "cabeça" concebera: um golpe de Estado, sem derramamento de sangue, mas que faria os deputados se curvarem.

Primeiro ele pensara no general Joubert. Mas Joubert fora morto na batalha de Novi.

Moreau se esquivara, e inclusive indicara Bonaparte:

– Ele é seu homem, fará seu golpe de Estado melhor que eu.

Os outros generais são cautelosos. Alguns são próximos aos jacobinos, outros são prudentes, como Bernadotte.

Bonaparte poderá contar apenas com sua neutralidade. Ele só poderá se apoiar em Lannes, Berthier, Murat e nos jovens oficiais vindos com ele do Egito.

E também há Fouchet, ministro da Polícia, que atira para todos os lados, mas que apoiará o golpe de Estado sem comprometer-se, pronto a desaparecer se forem encontradas maiores resistências.

Três dos cinco Diretores – Gohier, Moulin, Barras – são hostis, é preciso impedi-los de agir, ludibriá-los para conseguir suas demissões.

Quanto a Sieyès e Ducos, os dois últimos Diretores, eles apoiam a ideia do golpe de Estado.

Há também Talleyrand, que coloca sua habilidade, seu tato, sua inteligência e seu cinismo a serviço de Bonaparte.

Em resumo, conclui Bonaparte, ele só pode contar com uma "trinca de padres: Sieyès, Fouché e Talleyrand".

Ele confia mais nesses três ex-religiosos do que naqueles jacobinos que têm a nostalgia do Terror, de Robespierre e da Convenção.

Quanto ao povo, ele passa fome. Despreza o Diretório. Quer acabar com os "barrigas douradas e podres", mas ficou decepcionado demais para não ter horror das "jornadas revolucionárias", apesar de querer acreditar em Bonaparte, pois o general vitorioso também é um "pacificador".

Mas os operários do "subúrbio de glória", os homens de julho de 89 e de agosto de 92, do Ano II, que empunharam suas lanças de *sans-culottes*, seus barretes frígios enfiados até as sobrancelhas, que marcharam atrás de Desmoulins, Danton, Santerre, Hanriot, que aclamaram Robespierre, Marat, Hébert e aplaudiram a morte de Luís Capeto, se tornaram espectadores.

Diz-se nos cabarés, nas lojas e nas oficinas:
– Que façam o que quiserem, os subúrbios não mais se envolverão.

Não é mais com o povo, e não é mais na rua que se decidirá o futuro da nação.

Bonaparte se convence disso ao ouvir José desenrolar o novelo de intrigas nas quais estão implicados algumas dezenas de homens.

É entre eles que a partida será disputada.

É nos salões, nos estados-maiores, nos Conselhos Legislativos, que agora é regulada a questão do poder.

São eles que é preciso convencer, arrebatar, dominar ou afastar e, se preciso, esmagar.

Bonaparte chega a Paris, na Rue de la Victoire, em 16 de outubro de 1799, 24 vendemiário do Ano VIII.

Joséphine não está, partira a seu encontro, mas não imaginara que ele viria pela estrada do Bourbonnais.

A mãe, as irmãs e os irmãos pressionam Bonaparte.

"Ela" o enganara! "Ela" fora vista com este e aquele. "Ela" é íntima do presidente do Diretório, Gohier.

Ele precisa se divorciar, repete a mãe, os irmãos e as irmãs.

Mas Bonaparte também dá ouvidos a Collot, um fornecedor dos exércitos, um desses vendedores de munição, um desses banqueiros, como Ouvrard, "rei da Bolsa", que decidiram apoiar Bonaparte, que julgam necessário um golpe de Estado contra os anarquistas sempre prontos a reerguer suas cabeças jacobinas, e contra os monarquistas. Eles são republicanos "conservadores":

– O senhor não é, aos olhos da França, um marido de Molière – diz Collot a Bonaparte. – O importante é não começar fazendo algo ridículo. Sua grandeza desapareceria.

Bonaparte não se divorciará.

Collot oferece quinhentos mil francos para a preparação do golpe de Estado. E Réal – adjunto de Fouché – anuncia que o ministro da Polícia Geral estaria pronto para uma ajuda financeira substancial, destinada a sustentar um projeto que salvaria a República do duplo perigo, jacobino e monarquista.

Bonaparte responderá:

– Nem barrete vermelho, nem salto vermelho, sou nacional.

A multidão reunida na Rue de la Victoire, depois, a partir do dia seguinte, 17 de outubro de 1799 (25 vendemiário do Ano VIII), na frente do Palais du Luxembourg, aonde Bonaparte vai para encontrar-se com o Diretório em sessão pública, o aclama, sempre intercalando gritos de "Viva Bonaparte!" aos de "Viva a República!"

Bonaparte decidira comparecer enquanto civil, com o corpo apertado numa sobrecasaca esverdeada, um chapéu alto coroando sua estranha vestimenta. Ele carrega, presa por cordões de seda, uma cimitarra turca.

É aclamado ao baixar a cabeça, humilde em olhar ofuscante.

Ele mostra sua arma:

– Cidadãos Diretores – diz ele –, juro que ela sempre será usada apenas para a defesa da República e de seu governo.

Ele volta para a Rue de la Victoire.

As pessoas vão até ele.

Os membros do Institut, do qual é membro – arqueólogos, matemáticos, astrônomos, químicos e, é claro, Monge e Berthollet, que voltaram com ele do Egito –, vão visitá-lo.

Seu espírito esclarecido é louvado. Ele saúda a velha Madame Helvétius. Ele lisonjeia Sieyè, seu "confrade" do Institut.

– Não temos governo porque não temos Constituição, pelo menos a de que precisamos – diz ele. – É a vosso gênio que cabe dar-nos uma.

Pouco a pouco, a trama da "conspiração" se estreita.

A maioria do Conselho dos Anciãos é adquirida. Luciano Bonaparte acaba de ser eleito presidente do Conselho dos Quinhentos. Fouché controla a Polícia e responde ao Diretor Gohier, que se preocupa:

– Se houvesse conspiração, teríamos a prova na Place de la Révolution, onde seríamos fuzilados.

No entanto, algumas resistências se delineiam. Os generais jacobinos – Jourdan – se preocupam com os preparativos. Eles não participarão do golpe de Estado.

Será preciso forçar Barras a pedir demissão e, com certeza, é ele quem espalha os rumores sobre a fortuna acumulada por Bonaparte na Itália, ou sobre o fato – como se pode ler no jornal *Le Messager* – de que "Bonaparte partira com tanta pressa do Egito apenas para escapar de uma sedição geral de seu exército".

É preciso agir com rapidez, tomar o poder. Bonaparte sabe que se fracassar, e inclusive se simplesmente demorar, "eles" o destruirão.

Ele se encontra com Sieyès na casa de Luciano. O plano é estabelecido.

Os Anciãos denunciariam uma conspiração jacobina contra a República. Eles votariam a "transferência" das assembleias para o castelo de Saint-Cloud. Nomeariam Bonaparte para o comando da força armada. Sieyès e Ducos pediriam demissão, outros seriam forçados ao mesmo. Um governo provisório seria constituído. Bonaparte seria membro deste, que daria à França a Constituição exigida pela situação. Bonaparte esmagaria os "conspiradores", os "abutres", os "homens ferozes" que ameaçavam a República.

Os Quinhentos, presididos por Luciano, aceitariam o fato consumado. E em Saint-Cloud estariam reunidos regimentos fiéis comandados por Murat.

O momento de agir é chegado, diz Bonaparte a Sieyès, em 15 brumário do Ano VIII (6 de novembro de 1799).

Ele encarrega Sieyès de ocupar-se da "transferência" dos conselhos para Saint-Cloud e do estabelecimento de um governo provisório.

– Recomendo que esse governo provisório seja reduzido a três pessoas – continua Bonaparte. – Concordo em ser um dos três cônsules provisórios, ao lado do senhor e de seu colega Roger Ducos. Sem isso, não conte comigo. Não faltam generais para executar o decreto dos Anciãos.

Mas qual general ousaria marchar contra Bonaparte, o mais popular cidadão francês?

Nesse mesmo dia, 15 brumário, Bonaparte vai ao banquete oferecido pelos dois conselhos em honra aos generais Bonaparte e Moreau.

Ele acontece no Templo da Vitória – a igreja Saint-Sulpice –, decorado com estandartes e ornado com uma inscrição: "Sede unidos, sereis vencedores".

Uma de cada vez, as personalidades erguem seus copos para celebrar, com Luciano Bonaparte, "os exércitos de terra e mar da República", ou a paz com Goher, e "todos os fiéis aliados da República" com o general Moreau.

Bonaparte, que se contentara em comer três ovos e uma pera – prudência exige – se levanta por sua vez e diz numa voz alta e forte:

– À união de todos os franceses!

Em seguida, deixa o banquete.

Em 17 brumário do Ano VIII, à noite, ele convoca para o dia seguinte, 18 brumário (9 de novembro de 1799), às seis horas da manhã, em sua casa, Rue de la Victoire, os generais e oficiais.

Os generais Sebastiani e Murat sabem que precisam, na aurora de 18 brumário, levar para a Place de la Concorde, visto que o Conselho dos Quinhentos se reúne no Palais Bourbon e o Conselho dos Anciãos nas Tulherias, seus dragões e seus caçadores.

Bonaparte lê os cartazes, as proclamações, os panfletos que anunciariam à população a mudança de governo.

No dia seguinte, 18 brumário do Ano VIII, sua vida estaria em jogo.

E o destino da nação.

37.

Esse dia, 18 brumário do Ano VIII (9 de novembro de 1799), é o dia do primeiro ato.

Na Place de la Concorde, na frente do Palais Bourbon e das Tulherias, os dragões do general Sebastiani e os caçadores do general Murat se posicionam durante o gélido alvorecer.

As peças de artilharia estão em bateria. Os soldados batem os pés, tentam se aquecer.

As janelas das Tulherias estão iluminadas há algumas horas. Os deputados dos Anciãos tinham sido convocados no meio da noite.

Eles viram tropas, uma massa negra envolta pela respiração dos cavalos, e por momentos atravessada, aqui e ali, pelo estalido de baionetas. Um dos inspetores do Diretório lê um relatório assustador: a República estava sendo ameaçada. Uma jornada sangrenta se preparava. Os espiões da polícia informam sobre conciliábulos, ajuntamentos.

"A efervescência será geral. A República perecerá, e seu esqueleto cairá nas mãos dos abutres."

Tudo é impreciso. Mas os Anciãos se lembram das jornadas revolucionárias, das cabeças brandidas na ponta de lanças.

É preciso salvar o país dos abutres e proteger suas próprias vidas.

Vota-se, por aclamação, um decreto em cinco partes. O Corpo Legislativo será transferido para Saint-Cloud. Bonaparte é nomeado comandante da 17ª divisão.

"Ele tomará todas as medidas necessárias para a segurança da representação nacional. Ele deverá apresentar-se perante o Conselho dos Anciãos para prestar juramento."

Bonaparte aguarda o decreto em casa, Rue de la Victoire, pálido, vestido num uniforme sem paramentos.

Os oficiais e os generais que ele convocara se amontoam nos jardins e salões, de botas, em calções brancos, com o bicorne de penacho tricolor.

Bonaparte convence os hesitantes, como o general Lefebvre, que comanda as tropas da região de Paris e a Guarda Nacional do Diretório, homem que ele deve substituir.

A uns e outros, denuncia aquelas "pessoas que advogam da manhã à noite", que conduziram a nação para a beira do abismo. Por volta das oito horas, dois inspetores questores do Conselho dos Anciãos, acompanhados por um "mensageiro de Estado" em roupa cerimonial, atravessam a multidão de oficiais e apresentam o texto do decreto votado pelos Anciãos.

Bonaparte assina, brande-o e lê aos generais e oficiais: ele é, legalmente, o chefe de todas as tropas.

Os militares desembainham suas espadas e o aclamam.

A cavalo!

Mais de sessenta generais, seguidos por seus oficiais, cavalgam em direção às Tulherias. Os dragões de Murat os cercam.

Eles são aclamados das janelas. Corre-se atrás deles até a Place de la Concorde, onde uma multidão já está reunida.

Grita-se "Viva o Libertador!" quando Bonaparte é visto entrando nas Tulherias, seguido por alguns generais.

Na sala onde está reunido o Conselho dos Anciãos, fazem-no sentar na tribuna, diante dos deputados de vestes bordadas, colarinhos altos agaloados enquadrando seus rostos, hesitantes e acanhados.

Ele não gosta, como dissera, das "assembleias de advogados".

Mas precisa falar.

– Cidadãos representantes, a República perecia – começa ele. – Os senhores viram isso e vosso decreto vem salvá-la. Desgraça àqueles que querem a perturbação e a desordem! Prendê-los-ei, ajudado pelo general Lefebvre, pelo general Berthier e por todos os meus companheiros de armas.

– Assim o juramos – repetem os generais.

Ele é aplaudido. Um deputado se levanta, tenta dizer que os deputados do Conselho dos Anciãos que eram sabidamente hostis não haviam sido convocados, que é preciso respeitar a Constituição. Mas o presidente interrompe a sessão. Amanhã eles se reuniriam em Saint-Cloud.

O Conselho dos Quinhentos, no Palais Bourbon, segundo a Constituição, é obrigado a interromper seus debates e respeitar o decreto votado pelos Anciãos.

São onze horas.

Bonaparte avança à frente das tropas, no jardim das Tulherias, e é aclamado. Ele vê François Marie Bottot, que é chamado de "agente íntimo de Barras", seu espião, seu secretário.

Bonaparte leva seu cavalo para cima de Bottot, dirige-lhe a palavra como se falasse a todo o Diretório:

– O exército se uniu a mim e eu me uni ao corpo legislativo.

Ele é aplaudido.

– O que fizestes com esta França que vos deixei tão brilhante? Deixei-vos a paz! Encontrei a guerra. Deixei-vos vitórias! Encontrei reveses! Deixei-vos os milhões da Itália! Encontrei em toda parte leis espoliadoras e miséria!

Os aplausos aumentam.

– O que fizestes com os cem mil franceses que conheci, meus companheiros de glória? Estão mortos! Esse estado de coisas não pode durar: em menos de três anos nos levaria ao despotismo. Queremos a República assentada nas bases da igualdade, da moral, da liberdade civil e da tolerância política. Com uma boa administração todos os indivíduos esquecerão as facções das quais foram membros, e lhes será permitido serem franceses...

Enquanto irrompem as aclamações, Bonaparte se inclina e diz a Bottot:

– Diga a Barras que não quero mais vê-lo; diga-lhe que saberei fazer respeitar a autoridade que me foi confiada.

Na verdade, o Diretório não existe mais.

Sieyès e Ducos pedem demissão.

Gohier e o general Moulin, que se recusaram a fazê--lo, são mantidos no Palais du Luxembourg sob a guarda do general Moreau.

Barras, que hesitara, recebe Talleyrand, que lhe apresenta uma carta de demissão.

"A glória que acompanha o retorno do guerreiro ilustre a quem tive a felicidade de abrir o caminho da glória... Os sinais de confiança que lhe são dados pelo corpo legislativo me convenceram... Volto com alegria para as filas de simples cidadãos..."

Ele sabe o que Bonaparte dissera a Bottot. E assina.

O poder é passado dos Diretores a Bonaparte, comandante das forças armadas.

Não houve sangue derramado. A legalidade – em aparência – foi respeitada.

Sieyès é quem quer que sejam presos quarenta deputados, jacobinos obstinados, que podem buscar o apoio do general Bernadotte, que pela manhã se recusara a unir-se aos demais generais. Havia também Jourdan, o general jacobino. E até mesmo Augereau.

Bonaparte rejeita a proposta de Sieyès.

Ele não quer um golpe de Estado militar com balas de canhão, tiros, prisões. Ele quer ser, conforme os termos dos cartazes que são colados ao redor das Tulherias e das brochuras que são vendidas em todas as esquinas, ou que são distribuídas, "Um homem sensato, um homem de bem, o salvador".

Ele encarrega Saliceti de tranquilizar os jacobinos e prometer-lhes, em nome de Bonaparte, uma "explicação franca e detalhada", explicitando que Sieyès queria prendê-los... e que Bonaparte se opusera.

Pelos mesmos motivos, Bonaparte se mostra reticente quando Fouché vem contar-lhe que mandara fechar todas as barreiras de Paris.

– Nossa, meu Deus, por que todas essas precauções? Marchamos com a nação inteira e apenas por sua força – exclama Bonaparte. – Que nenhum cidadão fique preocupado e que o triunfo da opinião pública nada tenha em comum com as jornadas feitas por uma minoria facciosa!

Tudo está calmo, mas as cortinas ainda não foram fechadas.

No dia seguinte, 19 brumário do Ano VIII (10 de novembro de 1799), acontecerá o segundo e último ato.

Tudo será ganho ou perdido.

Nas primeiras horas da manhã de 19 brumário, a Rue de la Victoire é tomada pela preocupação:

– Nada está garantido – diz a Bonaparte o ministro da Justiça, Cambacérès. – Não sei como tudo acabará.

Relatórios dizem que os deputados que chegam ao castelo de Saint-Cloud com suas famílias se organizaram durante a noite.

Eles viram que as ameaças sobre a República, que foram invocadas para suscitar o voto do Conselho dos Anciãos, não foram confirmadas.

Paris está calma, com nenhum agrupamento senão os grupos de soldados ao longo da Champs-Élysées até Saint-Cloud.

Ali, no parque do castelo, companhias acampam, sob as ordens do general Sérurier, um veterano do exército da Itália.

Nada está pronto para receber os deputados. Eles ainda se agitam na Orangerie, onde se reunirão os Quinhentos, e na Galeria de Apolo, que servirá de sala de deliberações para os Anciãos.

Os deputados, em seus mantos brancos presos por um cinto azul e usando seus gorros vermelhos, começam a protestar.

Ouve-se, vindo da sala da Orangerie, à qual se chega por uma escada estreita e cujas janelas abrem a menos de um metro do chão, vozes que clamam "Abaixo os ditadores!", apesar de Luciano Bonaparte, que preside o Conselho dos Quinhentos.

Bonaparte acaba de chegar.

Ele não quer prestar atenção àqueles deputados que dizem, quando ele atravessa a esplanada, "Ah, o celerado! Ah, o canalha!", ao que os soldados respondem "Viva Bonaparte!"

Nota-se a palidez de Bonaparte, as manchas que maculam suas bochechas, que ele começa a coçar nervosamente.

Ele acaba de ser informado que Sieyès ordenara a seu cocheiro que escondesse sua carruagem na floresta, para poder, no caso de tudo acabar mal, fugir.

Talleyrand e o banqueiro Collot se instalam numa casa perto do castelo. Eles também querem poder sair de cena se a peça for vaiada.

É o que acontece no Conselho dos Quinhentos.

Os deputados gritam:

– Fora a ditadura! Abaixo os ditadores!

Luciano Bonaparte precisara aceitar que os deputados prestassem juramento de fidelidade à Constituição do Ano III.

Os generais Jourdan e Augereau se apresentam a Bonaparte, propõem um compromisso, uma ação em acordo com eles. Eles afirmam que o general Bernadotte dispõe de homens nos subúrbios, que ele pode desencadear um movimento *sans-culotte*.

Bonaparte afasta-os. Ele precisa arremeter, como fizera na ponte de Lodi, na ponte de Árcole.

Ele não pode se deixar afundar.

Ele entra na Galeria de Apolo, encontra-se frente a frente com a massa dos deputados do Conselho dos Anciãos. Ele não consegue subir ao estrado.

– Representantes do povo – inicia ele –, não estais sob circunstâncias ordinárias, estais sobre um vulcão.

Há murmúrios, ele é questionado com raiva.

O que houve com a Constituição? Ameaças pesam sobre a República? Monarquistas no Oeste atacam novamente?

– Não sou de nenhum círculo porque sou apenas do grande partido do povo francês – responde simplesmente Bonaparte.

O barulho aumenta. Ele não convence.

Ele se vira para a porta da sala.

– Vós, granadeiros, cujos barretes vejo, vós, bravos soldados cujas baionetas percebo...

Os deputados esbravejam, protestam.

Bonaparte se retesa.

– Se algum orador pago pelo estrangeiro falou em colocar-me fora da lei, que o relâmpago da guerra caia agora, apelarei a vós, bravos soldados, meus bravos companheiros de armas.

Os deputados gritam.

– Lembrai-vos que marcho acompanhado do deus da vitória e do deus da sorte.

Ele é empurrado. Seu ajudante de ordens, Bourrienne, murmura:

– Saí, general, não sabeis mais o que dizeis.

Bonaparte caminha num passo irregular, coçando as bochechas nervosamente. Ele quer enfrentar os Quinhentos. Ele se dirige para a Orangerie. O escritor Arnault se aproxima:

– Fouché responde por Paris, general – diz ele –, mas cabe a vós responder por Saint-Cloud. Fouché é da opinião de que é preciso precipitar as coisas se tentarem cingir-vos em delongas. O cidadão Talleyrand também pensa que não há tempo a perder.

Bonaparte empurra Arnault. Ele entra na sala da Orangerie. É acolhido aos gritos:

– Abaixo o ditador! Abaixo o tirano, fora da lei!

Ele é empurrado, golpeado. Um imenso deputado montanhês, Destrem, lhe dá um soco.

"Fora da lei."

O que significa morte sem julgamento.

Bonaparte é tirado para fora da sala, mais do que sai dela. Ele tem o rosto ensanguentado de tanto coçar-se com as unhas.

Acreditam-no ferido, colocado fora da lei, há indignação.

Ele chega à esplanada. Os soldados o aclamam, enquanto ouvem os gritos dos deputados:

– Ditador fora da lei!

Ele monta a cavalo, desembainha a espada e grita:

– Soldados, posso contar com vocês?

Os granadeiros do corpo legislativo parecem hesitar em unir suas vozes às dos dragões e caçadores que aclamam Bonaparte.

De repente surge Luciano, o presidente do Conselho dos Quinhentos.

Luciano Bonaparte levanta-se em seu estribo. Ele personifica a legitimidade do Conselho dos Quinhentos. Dá uma aparência de legalidade ao golpe de Estado.

Os granadeiros do corpo legislativo se unem aos soldados, levados pela eloquência de Luciano Bonaparte, que garante que "a maioria do Conselho está, no momento, sob o terror de alguns representantes treinados que ocupam a tribuna... Esses audaciosos malfeitores sem dúvida pagos pela Inglaterra se rebelaram contra o Conselho dos Anciãos e ousaram falar em tornar fora da lei o general encarregado da execução de seu decreto... Confio aos guerreiros o cuidado de libertar a maioria de seus representantes. Que a força os expulse. Esses malfeitores não são mais representantes do povo, mas os representantes do punhal".

Grita-se:

– Viva Bonaparte!

Os tambores rufam. Bonaparte diz:

– Sigam-me, sou o deus do dia.

Luciano grita:

– Cale-se, pensa que está falando com mamelucos?

Agora, os tambores chamam para o ataque. Está escuro. São seis horas da tarde. Os granadeiros se põem em marcha, se dirigem à Orangerie. Os deputados pulam pelas janelas, fogem pelo parque, e ouve-se o grito de Murat:

– Coloquem toda essa gente para fora!

Por volta da meia-noite, os deputados são procurados nos arredores do castelo, para poderem votar o decreto que põe fim ao Diretório.

"O Corpo Legislativo cria uma comissão consular executiva composta pelos cidadãos Sieyès, Roger Ducos, ex--Diretor, e Bonaparte, general, que usarão o nome de Cônsules da República."

Mais tarde, os três cônsules prestarão juramento de fidelidade "à soberania do povo, à República Francesa una e indivisível, à Igualdade, à Liberdade e ao sistema representativo".

As tropas deixam Saint-Cloud pouco depois.
É possível ouvi-las cantar:

Ah, ça ira, ça ira
À forca os aristocratas.*

Um mês depois, em 24 frimário do Ano VIII (15 de dezembro de 1799), a nova Constituição é apresentada aos franceses, a fim de que eles a aprovem em plebiscito.

Os três novos cônsules proclamam em sua *Mensagem ao povo*: "Cidadãos, a Revolução está fixa nos princípios que lhe deram início: ela acabou".

---

* *Ah ça ira, ça ira / Les aristocrates* à la *lanterne.* (N.T.)

EPÍLOGO

"Eu tinha vinte anos em 1789"

Eu tinha vinte anos em 1789. O Rei concedera a palavra a seu povo. Eu era do Terceiro Estado.

Lembro-me de minha alegria nos primeiros meses daquele ano. Eu ouvia os oradores que, agarrados às grades do Palais Royal, nos prometiam Liberdade, Igualdade, Fraternidade.

Foi o mais belo verão da minha vida.

O camponês tinha, como o senhor, o direito de caçar. Eu era igual aos grandes. O rei se tornara o rei dos franceses. E em 14 de julho de 1790, dia da Festa da Federação, rezei durante a missa celebrada no Campo de Marte por Talleyrand e gritei: "Viva o Rei!", "Viva a Constituição!"

Dancei no terreno da Bastilha, desmantelada pedra a pedra.

Desviei os olhos para não ver as cabeças brandidas na ponta de lanças.

Pensei que poderia exercer o ofício de impressor no maior e mais justo dos reinos, cujo povo, seus representantes e o rei haviam proclamado a abolição dos privilégios e proclamado os direitos do homem.

Eu era um cidadão.

Depois, como um rio em cheia que sai de seu leito e devasta os campos que outrora irrigara, a Revolução cobriu de sangue o que havia criado.

De que serviria narrar essas jornadas que são conhecidas por todos?

Narro o que senti: raiva, medo, pavor, desgosto, fome, desespero e, algumas vezes, quando estive em armas, diante das tropas estrangeiras, entusiasmo.

Estremeci ao gritar "Viva a Nação!", ao cantar *A marselhesa*, e inclusive desejei "Morrer pela pátria". Como diz a canção, "É o destino mais belo, o mais digno de se querer".

Mas não consegui desviar os olhos.

Vi os corpos estripados em setembro de 1792.

Vi as charretes dos condenados passarem.

Vi as cabeças cortadas seguradas no alto pelo carrasco.

Fui suspeito.

Temi ser levado para a "navalha nacional". O rei o fora.

Vi as igrejas serem saqueadas, os padres se casarem. E as mulheres se desnudarem.

Vi os antigos aristocratas casarem seus descendentes com "jacobinos enriquecidos" de "ventres dourados".

Não soube mais se o mundo de fato mudara.

Eu tinha trinta anos em 1799, a mesma idade que Bonaparte, que logo se tornaria Imperador, e vi uma nova nobreza se pavonear nas Tulherias.

Eu tinha 45 anos em 1814, quando as flores de lis substituíram a bandeira tricolor e quando o irmão de Luís XVI se tornou Luís XVIII, rei da França.

Eu tinha 61 anos em 1830.

Tinha cabelos brancos.

Vi, de minha janela, jovens como eu havia sido correrem, gritarem "Viva a República!" e brandirem a bandeira azul, branca e vermelha.

Saí de minha casa, mas não corri. Eu o fizera em outros tempos, inclusive sob fogo cerrado.

Os nomes celebrados me eram familiares.

La Fayette, mais branco que eu, fazedor de reis, sagrava Luís Filipe de Orléans, cujo pai, o membro da Convenção Filipe Égalité, votara a morte de Luís XVI e tivera por sua vez a cabeça cortada em 1793.

Seu filho reinava, sob o tremular da bandeira tricolor.

Em janeiro de 1848, fiz 79 anos.

Caminho com lentidão, mas me disseram – meu filho e minha nora – que continuo ereto e tenho o olho vivo.

Mas não segui os cortejos em fevereiro e junho deste ano de 1848. Dias de motins e de proclamação da República, a segunda. Ela massacrava os insurgentes de junho.

Contentei-me, durante esses meses, em ouvir os fuzilamentos, ler os cartazes que nos eram dados para imprimir. O sufrágio universal fora estabelecido.

E o presidente da República eleito, em dezembro, era Luís Napoleão Bonaparte, o sobrinho do Outro, Napoleão I, o dos meus trinta anos que proclamara que a Revolução acabara!

Como a vida é breve!
Como é lenta a mudança do mundo!

Junho de 2008

Coleção **L&PM** POCKET (ÚLTIMOS LANÇAMENTOS)

417. **Histórias de robôs: vol. 1** – org. Isaac Asimov
418. **Histórias de robôs: vol. 2** – org. Isaac Asimov
419. **Histórias de robôs: vol. 3** – org. Isaac Asimov
423. **Um amigo de Kafka** – Isaac Singer
424. **As alegres matronas de Windsor** – Shakespeare
425. **Amor e exílio** – Isaac Bashevis Singer
426. **Use & abuse do seu signo** – Marília Fiorillo e Marylou Simonsen
427. **Pigmaleão** – Bernard Shaw
428. **As fenícias** – Eurípides
429. **Everest** – Thomaz Brandolin
430. **A arte de furtar** – Anônimo do séc. XVI
431. **Billy Bud** – Herman Melville
432. **A rosa separada** – Pablo Neruda
433. **Elegia** – Pablo Neruda
434. **A garota de Cassidy** – David Goodis
435. **Como fazer a guerra: máximas de Napoleão** – Balzac
436. **Poemas escolhidos** – Emily Dickinson
437. **Gracias por el fuego** – Mario Benedetti
438. **O sofá** – Crébillon Fils
439. **O "Martín Fierro"** – Jorge Luis Borges
440. **Trabalhos de amor perdidos** – W. Shakespeare
441. **O melhor de Hagar 3** – Dik Browne
442. **Os Maias (volume1)** – Eça de Queiroz
443. **Os Maias (volume2)** – Eça de Queiroz
444. **Anti-Justine** – Restif de La Bretonne
445. **Juventude** – Joseph Conrad
446. **Contos** – Eça de Queiroz
448. **Um amor de Swann** – Marcel Proust
449. **À paz perpétua** – Immanuel Kant
450. **A conquista do México** – Hernan Cortez
451. **Defeitos escolhidos e 2000** – Pablo Neruda
452. **O casamento do céu e do inferno** – William Blake
453. **A primeira viagem ao redor do mundo** – Antonio Pigafetta
457. **Sartre** – Annie Cohen-Solal
458. **Discurso do método** – René Descartes
459. **Garfield em grande forma (1)** – Jim Davis
460. **Garfield está de dieta (2)** – Jim Davis
461. **O livro das feras** – Patricia Highsmith
462. **Viajante solitário** – Jack Kerouac
463. **Auto da barca do inferno** – Gil Vicente
464. **O livro vermelho dos pensamentos de Millôr** – Millôr Fernandes
465. **O livro dos abraços** – Eduardo Galeano
466. **Voltaremos!** – José Antonio Pinheiro Machado
467. **Rango** – Edgar Vasques
468(8). **Dieta mediterrânea** – Dr. Fernando Lucchese e José Antonio Pinheiro Machado
469. **Radicci 5** – Iotti
470. **Pequenos pássaros** – Anaïs Nin
471. **Guia prático do Português correto – vol.3** – Cláudio Moreno
472. **Atire no pianista** – David Goodis
473. **Antologia Poética** – García Lorca
474. **Alexandre e César** – Plutarco
475. **Uma espiã na casa do amor** – Anaïs Nin
476. **A gorda do Tiki Bar** – Dalton Trevisan
477. **Garfield um gato de peso (3)** – Jim Davis
478. **Canibais** – David Coimbra
479. **A arte de escrever** – Arthur Schopenhauer
480. **Pinóquio** – Carlo Collodi
481. **Misto-quente** – Bukowski
482. **A lua na sarjeta** – David Goodis
483. **O melhor do Recruta Zero (1)** – Mort Walker
484. **Aline: TPM – tensão pré-monstrual (2)** – Adão Iturrusgarai
485. **Sermões do Padre Antonio Vieira**
486. **Garfield numa boa (4)** – Jim Davis
487. **Mensagem** – Fernando Pessoa
488. **Vendeta** seguido de **A paz conjugal** – Balzac
489. **Poemas de Alberto Caeiro** – Fernando Pessoa
490. **Ferragus** – Honoré de Balzac
491. **A duquesa de Langeais** – Honoré de Balzac
492. **A menina dos olhos de ouro** – Honoré de Balzac
493. **O lírio do vale** – Honoré de Balzac
497. **A noite das bruxas** – Agatha Christie
498. **Um passe de mágica** – Agatha Christie
499. **Nêmesis** – Agatha Christie
500. **Esboço para uma teoria das emoções** – Sartre
501. **Renda básica de cidadania** – Eduardo Suplicy
502(1). **Pílulas para viver melhor** – Dr. Lucchese
503(2). **Pílulas para prolongar a juventude** – Dr. Lucchese
504(3). **Desembarcando o diabetes** – Dr. Lucchese
505(4). **Desembarcando o sedentarismo** – Dr. Fernando Lucchese e Cláudio Castro
506(5). **Desembarcando a hipertensão** – Dr. Lucchese
507(6). **Desembarcando o colesterol** – Dr. Fernando Lucchese e Fernanda Lucchese
508. **Estudos de mulher** – Balzac
509. **O terceiro tira** – Flann O'Brien
510. **100 receitas de aves e ovos** – J. A. P. Machado
511. **Garfield em toneladas de diversão (5)** – Jim Davis
512. **Trem-bala** – Martha Medeiros
513. **Os cães ladram** – Truman Capote
514. **O Kama Sutra de Vatsyayana**
515. **O crime do Padre Amaro** – Eça de Queiroz
516. **Odes de Ricardo Reis** – Fernando Pessoa
517. **O inverno da nossa desesperança** – Steinbeck
518. **Piratas do Tietê (1)** – Laerte
519. **Rê Bordosa: do começo ao fim** – Angeli
520. **O Harlem é escuro** – Chester Himes
521. **Café-da-manhã dos campeões** – Kurt Vonnegut
522. **Eugénie Grandet** – Balzac
523. **O último magnata** – F. Scott Fitzgerald
524. **Carol** – Patricia Highsmith
525. **100 receitas de patisseria** – Sílvio Lancellotti

527. **Tristessa** – Jack Kerouac
528. **O diamante do tamanho do Ritz** – F. Scott Fitzgerald
529. **As melhores histórias de Sherlock Holmes** – Arthur Conan Doyle
530. **Cartas a um jovem poeta** – Rilke
532. **O misterioso sr. Quin** – Agatha Christie
533. **Os analectos** – Confúcio
536. **Ascensão e queda de César Birotteau** – Balzac
537. **Sexta-feira negra** – David Goodis
538. **Ora bolas – O humor de Mario Quintana** – Juarez Fonseca
539. **Longe daqui aqui mesmo** – Antonio Bivar
540. **É fácil matar** – Agatha Christie
541. **O pai Goriot** – Balzac
542. **Brasil, um país do futuro** – Stefan Zweig
543. **O processo** – Kafka
544. **O melhor de Hagar 4** – Dik Browne
545. **Por que não pediram a Evans?** – Agatha Christie
546. **Fanny Hill** – John Cleland
547. **O gato por dentro** – William S. Burroughs
548. **Sobre a brevidade da vida** – Sêneca
549. **Geraldão (1)** – Glauco
550. **Piratas do Tietê (2)** – Laerte
551. **Pagando o pato** – Ciça
552. **Garfield de bom humor (6)** – Jim Davis
553. **Conhece o Mário?** vol.1 – Santiago
554. **Radicci 6** – Iotti
555. **Os subterrâneos** – Jack Kerouac
556(1). **Balzac** – François Taillandier
557(2). **Modigliani** – Christian Parisot
558(3). **Kafka** – Gérard-Georges Lemaire
559(4). **Júlio César** – Joël Schmidt
560. **Receitas da família** – J. A. Pinheiro Machado
561. **Boas maneiras à mesa** – Celia Ribeiro
562(9). **Filhos sadios, pais felizes** – R. Pagnoncelli
563(10). **Fatos & mitos** – Dr. Fernando Lucchese
564. **Ménage à trois** – Paula Taitelbaum
565. **Mulheres!** – David Coimbra
566. **Poemas de Álvaro de Campos** – Fernando Pessoa
567. **Medo e outras histórias** – Stefan Zweig
568. **Snoopy e sua turma (1)** – Schulz
569. **Piadas para sempre (1)** – Visconde da Casa Verde
570. **O alvo móvel** – Ross Macdonald
571. **O melhor do Recruta Zero (2)** – Mort Walker
572. **Um sonho americano** – Norman Mailer
573. **Os broncos também amam** – Angeli
574. **Crônica de um amor louco** – Bukowski
575(5). **Freud** – René Major e Chantal Talagrand
576(6). **Picasso** – Gilles Plazy
577(7). **Gandhi** – Christine Jordis
578. **A tumba** – H. P. Lovecraft
579. **O príncipe e o mendigo** – Mark Twain
580. **Garfield, um charme de gato (7)** – Jim Davis
581. **Ilusões perdidas** – Balzac
582. **Esplendores e misérias das cortesãs** – Balzac
583. **Walter Ego** – Angeli
584. **Striptiras (1)** – Laerte
585. **Fagundes: um puxa-saco de mão cheia** – Laerte
586. **Depois do último trem** – Josué Guimarães
587. **Ricardo III** – Shakespeare
588. **Dona Anja** – Josué Guimarães
589. **24 horas na vida de uma mulher** – Stefan Zweig
591. **Mulher no escuro** – Dashiell Hammett
592. **No que acredito** – Bertrand Russell
593. **Odisséia (1): Telemaquia** – Homero
594. **O cavalo cego** – Josué Guimarães
595. **Henrique V** – Shakespeare
596. **Fabulário geral do delírio cotidiano** – Bukowski
597. **Tiros na noite 1: A mulher do bandido** – Dashiell Hammett
598. **Snoopy em Feliz Dia dos Namorados! (2)** – Schulz
600. **Crime e castigo** – Dostoiévski
601. **Mistério no Caribe** – Agatha Christie
602. **Odisséia (2): Regresso** – Homero
603. **Piadas para sempre (2)** – Visconde da Casa Verde
604. **À sombra do vulcão** – Malcolm Lowry
605(8). **Kerouac** – Yves Buin
606. **E agora são cinzas** – Angeli
607. **As mil e uma noites** – Paulo Caruso
608. **Um assassino entre nós** – Ruth Rendell
609. **Crack-up** – F. Scott Fitzgerald
610. **Do amor** – Stendhal
611. **Cartas do Yage** – William Burroughs e Allen Ginsberg
612. **Striptiras (2)** – Laerte
613. **Henry & June** – Anaïs Nin
614. **A piscina mortal** – Ross Macdonald
615. **Geraldão (2)** – Glauco
616. **Tempo de delicadeza** – A. R. de Sant'Anna
617. **Tiros na noite 2: Medo de tiro** – Dashiell Hammett
618. **Snoopy em Assim é a vida, Charlie Brown! (3)** – Schulz
619. **1954 – Um tiro no coração** – Hélio Silva
620. **Sobre a inspiração poética (Íon) e ...** – Platão
621. **Garfield e seus amigos (8)** – Jim Davis
622. **Odisséia (3): Ítaca** – Homero
623. **A louca matança** – Chester Himes
624. **Factótum** – Bukowski
625. **Guerra e Paz: volume 1** – Tolstói
626. **Guerra e Paz: volume 2** – Tolstói
627. **Guerra e Paz: volume 3** – Tolstói
628. **Guerra e Paz: volume 4** – Tolstói
629(9). **Shakespeare** – Claude Mourthé
630. **Bem está o que bem acaba** – Shakespeare
631. **O contrato social** – Rousseau
632. **Geração Beat** – Jack Kerouac
633. **Snoopy: É Natal! (4)** – Charles Schulz

634. **Testemunha da acusação** – Agatha Christie
635. **Um elefante no caos** – Millôr Fernandes
636. **Guia de leitura (100 autores que você precisa ler)** – Organização de Léa Masina
637. **Pistoleiros também mandam flores** – David Coimbra
638. **O prazer das palavras** – vol. 1 – Cláudio Moreno
639. **O prazer das palavras** – vol. 2 – Cláudio Moreno
640. **Novíssimo testamento: com Deus e o diabo, a dupla da criação** – Iotti
641. **Literatura Brasileira: modos de usar** – Luís Augusto Fischer
642. **Dicionário de Porto-Alegrês** – Luís A. Fischer
643. **Clô Dias & Noites** – Sérgio Jockymann
644. **Memorial de Isla Negra** – Pablo Neruda
645. **Um homem extraordinário e outras histórias** – Tchékhov
646. **Ana sem terra** – Alcy Cheuiche
647. **Adultérios** – Woody Allen
651. **Snoopy: Posso fazer uma pergunta, professora? (5)** – Charles Schulz
652.(10).**Luís XVI** – Bernard Vincent
653. **O mercador de Veneza** – Shakespeare
654. **Cancioneiro** – Fernando Pessoa
655. **Non-Stop** – Martha Medeiros
656. **Carpinteiros, levantem bem alto a cumeeira & Seymour, uma apresentação** – J.D.Salinger
657. **Ensaios céticos** – Bertrand Russell
658. **O melhor de Hagar 5** – Dik e Chris Browne
659. **Primeiro amor** – Ivan Turguêniev
660. **A trégua** – Mario Benedetti
661. **Um parque de diversões da cabeça** – Lawrence Ferlinghetti
662. **Aprendendo a viver** – Sêneca
663. **Garfield, um gato em apuros (9)** – Jim Davis
664. **Dilbert (1)** – Scott Adams
666. **A imaginação** – Jean-Paul Sartre
667. **O ladrão e os cães** – Naguib Mahfuz
669. **A volta do parafuso** seguido de **Daisy Miller** – Henry James
670. **Notas do subsolo** – Dostoiévski
671. **Abobrinhas da Brasilônia** – Glauco
672. **Geraldão (3)** – Glauco
673. **Piadas para sempre (3)** – Visconde da Casa Verde
674. **Duas viagens ao Brasil** – Hans Staden
676. **A arte da guerra** – Maquiavel
677. **Além do bem e do mal** – Nietzsche
678. **O coronel Chabert** seguido de **A mulher abandonada** – Balzac
679. **O sorriso de marfim** – Ross Macdonald
680. **100 receitas de pescados** – Sílvio Lancellotti
681. **O juiz e seu carrasco** – Friedrich Dürrenmatt
682. **Noites brancas** – Dostoiévski
683. **Quadras ao gosto popular** – Fernando Pessoa
685. **Kaos** – Millôr Fernandes
686. **A pele de onagro** – Balzac
687. **As ligações perigosas** – Choderlos de Laclos
689. **Os Lusíadas** – Luís Vaz de Camões
690.(11).**Átila** – Éric Deschodt
691. **Um jeito tranqüilo de matar** – Chester Himes
692. **A felicidade conjugal** seguido de **O diabo** – Tolstói
693. **Viagem de um naturalista ao redor do mundo** – vol. 1 – Charles Darwin
694. **Viagem de um naturalista ao redor do mundo** – vol. 2 – Charles Darwin
695. **Memórias da casa dos mortos** – Dostoiévski
696. **A Celestina** – Fernando de Rojas
697. **Snoopy: Como você é azarado, Charlie Brown! (6)** – Charles Schulz
698. **Dez (quase) amores** – Claudia Tajes
699. **Poirot sempre espera** – Agatha Christie
701. **Apologia de Sócrates** precedido de **Êutifron** e seguido de **Críton** – Platão
702. **Wood & Stock** – Angeli
703. **Striptiras (3)** – Laerte
704. **Discurso sobre a origem e os fundamentos da desigualdade entre os homens** – Rousseau
705. **Os duelistas** – Joseph Conrad
706. **Dilbert (2)** – Scott Adams
707. **Viver e escrever** (vol. 1) – Edla van Steen
708. **Viver e escrever** (vol. 2) – Edla van Steen
709. **Viver e escrever** (vol. 3) – Edla van Steen
710. **A teia da aranha** – Agatha Christie
711. **O banquete** – Platão
712. **Os belos e malditos** – F. Scott Fitzgerald
713. **Libelo contra a arte moderna** – Salvador Dalí
714. **Akropolis** – Valerio Massimo Manfredi
715. **Devoradores de mortos** – Michael Crichton
716. **Sob o sol da Toscana** – Frances Mayes
717. **Batom na cueca** – Nani
718. **Vida dura** – Claudia Tajes
719. **Carne trêmula** – Ruth Rendell
720. **Cris, a fera** – David Coimbra
721. **O anticristo** – Nietzsche
722. **Como um romance** – Daniel Pennac
723. **Emboscada no Forte Bragg** – Tom Wolfe
724. **Assédio sexual** – Michael Crichton
725. **O espírito do Zen** – Alan W.Watts
726. **Um bonde chamado desejo** – Tennessee Williams
727. **Como gostais** seguido de **Conto de inverno** – Shakespeare
728. **Tratado sobre a tolerância** – Voltaire
729. **Snoopy: Doces ou travessuras? (7)** – Charles Schulz
730. **Cardápios do Anonymous Gourmet** – J.A. Pinheiro Machado
731. **100 receitas com lata** – J.A. Pinheiro Machado
732. **Conhece o Mário?** vol.2 – Santiago
733. **Dilbert (3)** – Scott Adams
734. **História de um louco amor** seguido de **Passado amor** – Horacio Quiroga
735.(11).**Sexo: muito prazer** – Laura Meyer da Silva
736.(12).**Para entender o adolescente** – Dr. Ronald Pagnoncelli

737(13). **Desembarcando a tristeza** – Dr. Fernando Lucchese
738. **Poirot e o mistério da arca espanhola & outras histórias** – Agatha Christie
739. **A última legião** – Valerio Massimo Manfredi
741. **Sol nascente** – Michael Crichton
742. **Duzentos ladrões** – Dalton Trevisan
743. **Os devaneios do caminhante solitário** – Rousseau
744. **Garfield, o rei da preguiça (10)** – Jim Davis
745. **Os magnatas** – Charles R. Morris
746. **Pulp** – Charles Bukowski
747. **Enquanto agonizo** – William Faulkner
748. **Aline: viciada em sexo (3)** – Adão Iturrusgarai
749. **A dama do cachorrinho** – Anton Tchékhov
750. **Tito Andrônico** – Shakespeare
751. **Antologia poética** – Anna Akhmátova
752. **O melhor de Hagar 6** – Dik e Chris Browne
753(12). **Michelangelo** – Nadine Sautel
754. **Dilbert (4)** – Scott Adams
755. **O jardim das cerejeiras** *seguido de* **Tio Vânia** – Tchékhov
756. **Geração Beat** – Claudio Willer
757. **Santos Dumont** – Alcy Cheuiche
758. **Budismo** – Claude B. Levenson
759. **Cleópatra** – Christian-Georges Schwentzel
760. **Revolução Francesa** – Frédéric Bluche, Stéphane Rials e Jean Tulard
761. **A crise de 1929** – Bernard Gazier
762. **Sigmund Freud** – Edson Sousa e Paulo Endo
763. **Império Romano** – Patrick Le Roux
764. **Cruzadas** – Cécile Morrisson
765. **O mistério do Trem Azul** – Agatha Christie
768. **Senso comum** – Thomas Paine
769. **O parque dos dinossauros** – Michael Crichton
770. **Trilogia da paixão** – Goethe
773. **Snoopy: No mundo da lua! (8)** – Charles Schulz
774. **Os Quatro Grandes** – Agatha Christie
775. **Um brinde de cianureto** – Agatha Christie
776. **Súplicas atendidas** – Truman Capote
779. **A viúva imortal** – Millôr Fernandes
780. **Cabala** – Roland Goetschel
781. **Capitalismo** – Claude Jessua
782. **Mitologia grega** – Pierre Grimal
783. **Economia: 100 palavras-chave** – Jean-Paul Betbèze
784. **Marxismo** – Henri Lefebvre
785. **Punição para a inocência** – Agatha Christie
786. **A extravagância do morto** – Agatha Christie
787(13). **Cézanne** – Bernard Fauconnier
788. **A identidade Bourne** – Robert Ludlum
789. **Da tranquilidade da alma** – Sêneca
790. **Um artista da fome** *seguido de* **Na colônia penal e outras histórias** – Kafka
791. **Histórias de fantasmas** – Charles Dickens
796. **O Uruguai** – Basílio da Gama
797. **A mão misteriosa** – Agatha Christie
798. **Testemunha ocular do crime** – Agatha Christie
799. **Crepúsculo dos ídolos** – Friedrich Nietzsche
802. **O grande golpe** – Dashiell Hammett
803. **Humor barra pesada** – Nani
804. **Vinho** – Jean-François Gautier
805. **Egito Antigo** – Sophie Desplancques
806(14). **Baudelaire** – Jean-Baptiste Baronian
807. **Caminho da sabedoria, caminho da paz** – Dalai Lama e Felizitas von Schönborn
808. **Senhor e servo e outras histórias** – Tolstói
809. **Os cadernos de Malte Laurids Brigge** – Rilke
810. **Dilbert (5)** – Scott Adams
811. **Big Sur** – Jack Kerouac
812. **Seguindo a correnteza** – Agatha Christie
813. **O álibi** – Sandra Brown
814. **Montanha-russa** – Martha Medeiros
815. **Coisas da vida** – Martha Medeiros
816. **A cantada infalível** *seguido de* **A mulher do centroavante** – David Coimbra
819. **Snoopy: Pausa para a soneca (9)** – Charles Schulz
820. **De pernas pro ar** – Eduardo Galeano
821. **Tragédias gregas** – Pascal Thiercy
822. **Existencialismo** – Jacques Colette
823. **Nietzsche** – Jean Granier
824. **Amar ou depender?** – Walter Riso
825. **Darmapada: A doutrina budista em versos**
826. **J'Accuse...! – a verdade em marcha** – Zola
827. **Os crimes ABC** – Agatha Christie
828. **Um gato entre os pombos** – Agatha Christie
831. **Dicionário de teatro** – Luiz Paulo Vasconcellos
832. **Cartas extraviadas** – Martha Medeiros
833. **A longa viagem de prazer** – J. J. Morosoli
834. **Receitas fáceis** – J. A. Pinheiro Machado
835(14). **Mais fatos & mitos** – Dr. Fernando Lucchese
836(15). **Boa viagem!** – Dr. Fernando Lucchese
837. **Aline: Finalmente nua!!! (4)** – Adão Iturrusgarai
838. **Mônica tem uma novidade!** – Mauricio de Sousa
839. **Cebolinha em apuros!** – Mauricio de Sousa
840. **Sócios no crime** – Agatha Christie
841. **Bocas do tempo** – Eduardo Galeano
842. **Orgulho e preconceito** – Jane Austen
843. **Impressionismo** – Dominique Lobstein
844. **Escrita chinesa** – Viviane Alleton
845. **Paris: uma história** – Yvan Combeau
846(15). **Van Gogh** – David Haziot
848. **Portal do destino** – Agatha Christie
849. **O futuro de uma ilusão** – Freud
850. **O mal-estar na cultura** – Freud
853. **Um crime adormecido** – Agatha Christie
854. **Satori em Paris** – Jack Kerouac
855. **Medo e delírio em Las Vegas** – Hunter Thompson
856. **Um negócio fracassado e outros contos de humor** – Tchékhov
857. **Mônica está de férias!** – Mauricio de Sousa
858. **De quem é esse coelho?** – Mauricio de Sousa
860. **O mistério Sittaford** – Agatha Christie
861. **Manhã transfigurada** – L. A. de Assis Brasil
862. **Alexandre, o Grande** – Pierre Briant
863. **Jesus** – Charles Perrot

864. **Islã** – Paul Balta
865. **Guerra da Secessão** – Farid Ameur
866. **Um rio que vem da Grécia** – Cláudio Moreno
868. **Assassinato na casa do pastor** – Agatha Christie
869. **Manual do líder** – Napoleão Bonaparte
870(16). **Billie Holiday** – Sylvia Fol
871. **Bidu arrasando!** – Mauricio de Sousa
872. **Desventuras em família** – Mauricio de Sousa
874. **E no final a morte** – Agatha Christie
875. **Guia prático do Português correto – vol. 4** – Cláudio Moreno
876. **Dilbert (6)** – Scott Adams
877(17). **Leonardo da Vinci** – Sophie Chauveau
878. **Bella Toscana** – Frances Mayes
879. **A arte da ficção** – David Lodge
880. **Striptiras (4)** – Laerte
881. **Skrotinhos** – Angeli
882. **Depois do funeral** – Agatha Christie
883. **Radicci 7** – Iotti
884. **Walden** – H. D. Thoreau
885. **Lincoln** – Allen C. Guelzo
886. **Primeira Guerra Mundial** – Michael Howard
887. **A linha de sombra** – Joseph Conrad
888. **O amor é um cão dos diabos** – Bukowski
890. **Despertar: uma vida de Buda** – Jack Kerouac
891(18). **Albert Einstein** – Laurent Seksik
892. **Hell's Angels** – Hunter Thompson
893. **Ausência na primavera** – Agatha Christie
894. **Dilbert (7)** – Scott Adams
895. **Ao sul de lugar nenhum** – Bukowski
896. **Maquiavel** – Quentin Skinner
897. **Sócrates** – C.C.W. Taylor
899. **O Natal de Poirot** – Agatha Christie
900. **As veias abertas da América Latina** – Eduardo Galeano
901. **Snoopy: Sempre alerta! (10)** – Charles Schulz
902. **Chico Bento: Plantando confusão** – Mauricio de Sousa
903. **Penadinho: Quem é morto sempre aparece** – Mauricio de Sousa
904. **A vida sexual da mulher feia** – Claudia Tajes
905. **100 segredos de liquidificador** – José Antonio Pinheiro Machado
906. **Sexo muito prazer 2** – Laura Meyer da Silva
907. **Os nascimentos** – Eduardo Galeano
908. **As caras e as máscaras** – Eduardo Galeano
909. **O século do vento** – Eduardo Galeano
910. **Poirot perde uma cliente** – Agatha Christie
911. **Cérebro** – Michael O'Shea
912. **O escaravelho de ouro e outras histórias** – Edgar Allan Poe
913. **Piadas para sempre (4)** – Visconde da Casa Verde
914. **100 receitas de massas light** – Helena Tonetto
915(19). **Oscar Wilde** – Daniel Salvatore Schiffer
916. **Uma breve história do mundo** – H. G. Wells
917. **A Casa do Penhasco** – Agatha Christie
919. **John M. Keynes** – Bernard Gazier
920(20). **Virginia Woolf** – Alexandra Lemasson
921. **Peter e Wendy** *seguido de* **Peter Pan em Kensington Gardens** – J. M. Barrie
922. **Aline: numas de colegial (5)** – Adão Iturrusgarai
923. **Uma dose mortal** – Agatha Christie
924. **Os trabalhos de Hércules** – Agatha Christie
926. **Kant** – Roger Scruton
927. **A inocência do Padre Brown** – G.K. Chesterton
928. **Casa Velha** – Machado de Assis
929. **Marcas de nascença** – Nancy Huston
930. **Aulete de bolso**
931. **Hora Zero** – Agatha Christie
932. **Morte na Mesopotâmia** – Agatha Christie
934. **Nem te conto, João** – Dalton Trevisan
935. **As aventuras de Huckleberry Finn** – Mark Twain
936(21). **Marilyn Monroe** – Anne Plantagenet
937. **China moderna** – Rana Mitter
938. **Dinossauros** – David Norman
939. **Louca por homem** – Claudia Tajes
940. **Amores de alto risco** – Walter Riso
941. **Jogo de damas** – David Coimbra
942. **Filha é filha** – Agatha Christie
943. **M ou N?** – Agatha Christie
945. **Bidu: diversão em dobro!** – Mauricio de Sousa
946. **Fogo** – Anaïs Nin
947. **Rum: diário de um jornalista bêbado** – Hunter Thompson
948. **Persuasão** – Jane Austen
949. **Lágrimas na chuva** – Sergio Faraco
950. **Mulheres** – Bukowski
951. **Um pressentimento funesto** – Agatha Christie
952. **Cartas na mesa** – Agatha Christie
954. **O lobo do mar** – Jack London
955. **Os gatos** – Patricia Highsmith
956(22). **Jesus** – Christiane Rancé
957. **História da medicina** – William Bynum
958. **O Morro dos Ventos Uivantes** – Emily Brontë
959. **A filosofia na era trágica dos gregos** – Nietzsche
960. **Os treze problemas** – Agatha Christie
961. **A massagista japonesa** – Moacyr Scliar
963. **Humor do miserê** – Nani
964. **Todo o mundo tem dúvida, inclusive você** – Édison de Oliveira
965. **A dama de Bar Nevada** – Sergio Faraco
969. **O psicopata americano** – Bret Easton Ellis
970. **Ensaios de amor** – Alain de Botton
971. **O grande Gatsby** – F. Scott Fitzgerald
972. **Por que não sou cristão** – Bertrand Russell
973. **A Casa Torta** – Agatha Christie
974. **Encontro com a morte** – Agatha Christie
975(23). **Rimbaud** – Jean-Baptiste Baronian
976. **Cartas na rua** – Bukowski
977. **Memória** – Jonathan K. Foster
978. **A abadia de Northanger** – Jane Austen
979. **As pernas de Úrsula** – Claudia Tajes
980. **Retrato inacabado** – Agatha Christie
981. **Solanin (1)** – Inio Asano
982. **Solanin (2)** – Inio Asano
983. **Aventuras de menino** – Mitsuru Adachi

984(16).**Fatos & mitos sobre sua alimentação** – Dr. Fernando Lucchese
985.**Teoria quântica** – John Polkinghorne
986.**O eterno marido** – Fiódor Dostoiévski
987.**Um safado em Dublin** – J. P. Donleavy
988.**Mirinha** – Dalton Trevisan
989.**Akhenaton e Nefertiti** – Carmen Seganfredo e A. S. Franchini
990.**On the Road – o manuscrito original** – Jack Kerouac
991.**Relatividade** – Russell Stannard
992.**Abaixo de zero** – Bret Easton Ellis
993(24).**Andy Warhol** – Mériam Korichi
995.**Os últimos casos de Miss Marple** – Agatha Christie
996.**Nico Demo** – Mauricio de Sousa
998.**Rousseau** – Robert Wokler
999.**Noite sem fim** – Agatha Christie
1000.**Diários de Andy Warhol (1)** – Editado por Pat Hackett
1001.**Diários de Andy Warhol (2)** – Editado por Pat Hackett
1002.**Cartier-Bresson: o olhar do século** – Pierre Assouline
1003.**As melhores histórias da mitologia: vol. 1** – A.S. Franchini e Carmen Seganfredo
1004.**As melhores histórias da mitologia: vol. 2** – A.S. Franchini e Carmen Seganfredo
1005.**Assassinato no beco** – Agatha Christie
1006.**Convite para um homicídio** – Agatha Christie
1008.**História da vida** – Michael J. Benton
1009.**Jung** – Anthony Stevens
1010.**Arsène Lupin, ladrão de casaca** – Maurice Leblanc
1011.**Dublinenses** – James Joyce
1012.**120 tirinhas da Turma da Mônica** – Mauricio de Sousa
1013.**Antologia poética** – Fernando Pessoa
1014.**A aventura de um cliente ilustre** *seguido de* **O último adeus de Sherlock Holmes** – Sir Arthur Conan Doyle
1015.**Cenas de Nova York** – Jack Kerouac
1016.**A corista** – Anton Tchékhov
1017.**O diabo** – Leon Tolstói
1018.**Fábulas chinesas** – Sérgio Capparelli e Márcia Schmaltz
1019.**O gato do Brasil** – Sir Arthur Conan Doyle
1020.**Missa do Galo** – Machado de Assis
1021.**O mistério de Marie Rogêt** – Edgar Allan Poe
1022.**A mulher mais linda da cidade** – Bukowski
1023.**O retrato** – Nicolai Gogol
1024.**O conflito** – Agatha Christie
1025.**Os primeiros casos de Poirot** – Agatha Christie
1027(25).**Beethoven** – Bernard Fauconnier
1028.**Platão** – Julia Annas
1029.**Cleo e Daniel** – Roberto Freire
1030.**Til** – José de Alencar
1031.**Viagens na minha terra** – Almeida Garrett
1032.**Profissões para mulheres e outros artigos feministas** – Virginia Woolf
1033.**Mrs. Dalloway** – Virginia Woolf
1034.**O cão da morte** – Agatha Christie
1035.**Tragédia em três atos** – Agatha Christie
1037.**O fantasma da Ópera** – Gaston Leroux
1038.**Evolução** – Brian e Deborah Charlesworth
1039.**Medida por medida** – Shakespeare
1040.**Razão e sentimento** – Jane Austen
1041.**A obra-prima ignorada** *seguido de* **Um episódio durante o Terror** – Balzac
1042.**A fugitiva** – Anaïs Nin
1043.**As grandes histórias da mitologia greco--romana** – A. S. Franchini
1044.**O corno de si mesmo & outras historietas** – Marquês de Sade
1045.**Da felicidade** *seguido de* **Da vida retirada** – Sêneca
1046.**O horror em Red Hook e outras histórias** – H. P. Lovecraft
1047.**Noite em claro** – Martha Medeiros
1048.**Poemas clássicos chineses** – Li Bai, Du Fu e Wang Wei
1049.**A terceira moça** – Agatha Christie
1050.**Um destino ignorado** – Agatha Christie
1051(26).**Buda** – Sophie Royer
1052.**Guerra Fria** – Robert J. McMahon
1053.**Simons's Cat: as aventuras de um gato travesso e comilão – vol. 1** – Simon Tofield
1054.**Simons's Cat: as aventuras de um gato travesso e comilão – vol. 2** – Simon Tofield
1055.**Só as mulheres e as baratas sobreviverão** – Claudia Tajes
1057.**Pré-história** – Chris Gosden
1058.**Pintou sujeira!** – Mauricio de Sousa
1059.**Contos de Mamãe Gansa** – Charles Perrault
1060.**A interpretação dos sonhos: vol. 1** – Freud
1061.**A interpretação dos sonhos: vol. 2** – Freud
1062.**Frufru Rataplã Dolores** – Dalton Trevisan
1063.**As melhores histórias da mitologia egípcia** – Carmem Seganfredo e A.S. Franchini
1064.**Infância. Adolescência. Juventude** – Tolstói
1065.**As consolações da filosofia** – Alain de Botton
1066.**Diários de Jack Kerouac – 1947-1954**
1067.**Revolução Francesa – vol. 1** – Max Gallo
1068.**Revolução Francesa – vol. 2** – Max Gallo
1069.**O detetive Parker Pyne** – Agatha Christie
1070.**Memórias do esquecimento** – Flávio Tavares
1071.**Drogas** – Leslie Iversen
1072.**Manual de ecologia (vol.2)** – J. Lutzenberger
1073.**Como andar no labirinto** – Affonso Romano de Sant'Anna
1074.**A orquídea e o serial killer** – Juremir Machado da Silva
1075.**Amor nos tempos de fúria** – Lawrence Ferlinghetti
1076.**A aventura do pudim de Natal** – Agatha Christie
1078.**Amores que matam** – Patricia Faur

1079. **Histórias de pescador** – Mauricio de Sousa
1080. **Pedaços de um caderno manchado de vinho** – Bukowski
1081. **A ferro e fogo: tempo de solidão (vol.1)** – Josué Guimarães
1082. **A ferro e fogo: tempo de guerra (vol.2)** – Josué Guimarães
1084(17). **Desembarcando o Alzheimer** – Dr. Fernando Lucchese e Dra. Ana Hartmann
1085. **A maldição do espelho** – Agatha Christie
1086. **Uma breve história da filosofia** – Nigel Warburton
1088. **Heróis da História** – Will Durant
1089. **Concerto campestre** – L. A. de Assis Brasil
1090. **Morte nas nuvens** – Agatha Christie
1092. **Aventura em Bagdá** – Agatha Christie
1093. **O cavalo amarelo** – Agatha Christie
1094. **O método de interpretação dos sonhos** – Freud
1095. **Sonetos de amor e desamor** – Vários
1096. **120 tirinhas do Dilbert** – Scott Adams
1097. **200 fábulas de Esopo**
1098. **O curioso caso de Benjamin Button** – F. Scott Fitzgerald
1099. **Piadas para sempre: uma antologia para morrer de rir** – Visconde da Casa Verde
1100. **Hamlet (Mangá)** – Shakespeare
1101. **A arte da guerra (Mangá)** – Sun Tzu
1104. **As melhores histórias da Bíblia (vol.1)** – A. S. Franchini e Carmen Seganfredo
1105. **As melhores histórias da Bíblia (vol.2)** – A. S. Franchini e Carmen Seganfredo
1106. **Psicologia das massas e análise do eu** – Freud
1107. **Guerra Civil Espanhola** – Helen Graham
1108. **A autoestrada do sul e outras histórias** – Julio Cortázar
1109. **O mistério dos sete relógios** – Agatha Christie
1110. **Peanuts: Ninguém gosta de mim... (amor)** – Charles Schulz
1111. **Cadê o bolo?** – Mauricio de Sousa
1112. **O filósofo ignorante** – Voltaire
1113. **Totem e tabu** – Freud
1114. **Filosofia pré-socrática** – Catherine Osborne
1115. **Desejo de status** – Alain de Botton
1118. **Passageiro para Frankfurt** – Agatha Christie
1120. **Kill All Enemies** – Melvin Burgess
1121. **A morte da sra. McGinty** – Agatha Christie
1122. **Revolução Russa** – S. A. Smith
1123. **Até você, Capitu?** – Dalton Trevisan
1124. **O grande Gatsby (Mangá)** – F. S. Fitzgerald
1125. **Assim falou Zaratustra (Mangá)** – Nietzsche
1126. **Peanuts: É para isso que servem os amigos (amizade)** – Charles Schulz
1127(27). **Nietzsche** – Dorian Astor
1128. **Bidu: Hora do banho** – Mauricio de Sousa
1129. **O melhor do Macanudo Taurino** – Santiago
1130. **Radicci 30 anos** – Iotti
1131. **Show de sabores** – J.A. Pinheiro Machado
1132. **O prazer das palavras** – vol. 3 – Cláudio Moreno
1133. **Morte na praia** – Agatha Christie
1134. **O fardo** – Agatha Christie
1135. **Manifesto do Partido Comunista (Mangá)** – Marx & Engels
1136. **A metamorfose (Mangá)** – Franz Kafka
1137. **Por que você não se casou... ainda** – Tracy McMillan
1138. **Textos autobiográficos** – Bukowski
1139. **A importância de ser prudente** – Oscar Wilde
1140. **Sobre a vontade na natureza** – Arthur Schopenhauer
1141. **Dilbert (8)** – Scott Adams
1142. **Entre dois amores** – Agatha Christie
1143. **Cipreste triste** – Agatha Christie
1144. **Alguém viu uma assombração?** – Mauricio de Sousa
1145. **Mandela** – Elleke Boehmer
1146. **Retrato do artista quando jovem** – James Joyce
1147. **Zadig ou o destino** – Voltaire
1148. **O contrato social (Mangá)** – J.-J. Rousseau
1149. **Garfield fenomenal** – Jim Davis
1150. **A queda da América** – Allen Ginsberg
1151. **Música na noite & outros ensaios** – Aldous Huxley
1152. **Poesias inéditas & Poemas dramáticos** – Fernando Pessoa
1153. **Peanuts: Felicidade é...** – Charles M. Schulz
1154. **Mate-me por favor** – Legs McNeil e Gillian McCain
1155. **Assassinato no Expresso Oriente** – Agatha Christie
1156. **Um punhado de centeio** – Agatha Christie
1157. **A interpretação dos sonhos (Mangá)** – Freud
1158. **Peanuts: Você não entende o sentido da vida** – Charles M. Schulz
1159. **A dinastia Rothschild** – Herbert R. Lottman
1160. **A Mansão Hollow** – Agatha Christie
1161. **Nas montanhas da loucura** – H.P. Lovecraft
1162(28). **Napoleão Bonaparte** – Pascale Fautrier
1163. **Um corpo na biblioteca** – Agatha Christie
1164. **Inovação** – Mark Dodgson e David Gann
1165. **O que toda mulher deve saber sobre os homens: a afetividade masculina** – Walter Riso
1166. **O amor está no ar** – Mauricio de Sousa
1167. **Testemunha de acusação & outras histórias** – Agatha Christie
1168. **Etiqueta de bolso** – Celia Ribeiro
1169. **Poesia reunida (volume 3)** – Affonso Romano de Sant'Anna
1170. **Emma** – Jane Austen
1171. **Que seja em segredo** – Ana Miranda
1172. **Garfield sem apetite** – Jim Davis
1173. **Garfield: Foi mal...** – Jim Davis
1174. **Os irmãos Karamázov (Mangá)** – Dostoiévski
1175. **O Pequeno Príncipe** – Antoine de Saint-Exupéry
1176. **Peanuts: Ninguém mais tem o espírito aventureiro** – Charles M. Schulz

1177. **Assim falou Zaratustra** – Nietzsche
1178. **Morte no Nilo** – Agatha Christie
1179. **Ê, soneca boa** – Mauricio de Sousa
1180. **Garfield a todo o vapor** – Jim Davis
1181. **Em busca do tempo perdido (Mangá)** – Proust
1182. **Cai o pano: o último caso de Poirot** – Agatha Christie
1183. **Livro para colorir e relaxar** – Livro 1
1184. **Para colorir sem parar**
1185. **Os elefantes não esquecem** – Agatha Christie
1186. **Teoria da relatividade** – Albert Einstein
1187. **Compêndio de psicanálise** – Freud
1188. **Visões de Gerard** – Jack Kerouac
1189. **Fim de verão** – Mohiro Kitoh
1190. **Procurando diversão** – Mauricio de Sousa
1191. **E não sobrou nenhum e outras peças** – Agatha Christie
1192. **Ansiedade** – Daniel Freeman & Jason Freeman
1193. **Garfield: pausa para o almoço** – Jim Davis
1194. **Contos do dia e da noite** – Guy de Maupassant
1195. **O melhor de Hagar 7** – Dik Browne
1196. (29).**Lou Andreas-Salomé** – Dorian Astor
1197. (30).**Pasolini** – René de Ceccatty
1198. **O caso do Hotel Bertram** – Agatha Christie
1199. **Crônicas de motel** – Sam Shepard
1200. **Pequena filosofia da paz interior** – Catherine Rambert
1201. **Os sertões** – Euclides da Cunha
1202. **Treze à mesa** – Agatha Christie
1203. **Bíblia** – John Riches
1204. **Anjos** – David Albert Jones
1205. **As tirinhas do Guri de Uruguaiana 1** – Jair Kobe
1206. **Entre aspas (vol.1)** – Fernando Eichenberg
1207. **Escrita** – Andrew Robinson
1208. **O spleen de Paris: pequenos poemas em prosa** – Charles Baudelaire
1209. **Satíricon** – Petrônio
1210. **O avarento** – Molière
1211. **Queimando na água, afogando-se na chama** – Bukowski
1212. **Miscelânea septuagenária: contos e poemas** – Bukowski
1213. **Que filosofar é aprender a morrer e outros ensaios** – Montaigne
1214. **Da amizade e outros ensaios** – Montaigne
1215. **O medo à espreita e outras histórias** – H.P. Lovecraft
1216. **A obra de arte na era de sua reprodutibilidade técnica** – Walter Benjamin
1217. **Sobre a liberdade** – John Stuart Mill
1218. **O segredo de Chimneys** – Agatha Christie
1219. **Morte na rua Hickory** – Agatha Christie
1220. **Ulisses (Mangá)** – James Joyce
1221. **Ateísmo** – Julian Baggini
1222. **Os melhores contos de Katherine Mansfield** – Katherine Mansfied
1223. (31).**Martin Luther King** – Alain Foix
1224. **Millôr Definitivo: uma antologia de *A Bíblia do Caos*** – Millôr Fernandes
1225. **O Clube das Terças-Feiras e outras histórias** – Agatha Christie
1226. **Por que sou tão sábio** – Nietzsche
1227. **Sobre a mentira** – Platão
1228. **Sobre a leitura *seguido do* Depoimento de Céleste Albaret** – Proust
1229. **O homem do terno marrom** – Agatha Christie
1230. (32).**Jimi Hendrix** – Franck Médioni
1231. **Amor e amizade e outras histórias** – Jane Austen
1232. **Lady Susan, Os Watson e Sanditon** – Jane Austen
1233. **Uma breve história da ciência** – William Bynum
1234. **Macunaíma: o herói sem nenhum caráter** – Mário de Andrade
1235. **A máquina do tempo** – H.G. Wells
1236. **O homem invisível** – H.G. Wells
1237. **Os 36 estratagemas: manual secreto da arte da guerra** – Anônimo
1238. **A mina de ouro e outras histórias** – Agatha Christie
1239. **Pic** – Jack Kerouac
1240. **O habitante da escuridão e outros contos** – H.P. Lovecraft
1241. **O chamado de Cthulhu e outros contos** – H.P. Lovecraft
1242. **O melhor de Meu reino por um cavalo!** – Edição de Ivan Pinheiro Machado
1243. **A guerra dos mundos** – H.G. Wells
1244. **O caso da criada perfeita e outras histórias** – Agatha Christie
1245. **Morte por afogamento e outras histórias** – Agatha Christie
1246. **Assassinato no Comitê Central** – Manuel Vázquez Montalbán
1247. **O papai é pop** – Marcos Piangers
1248. **O papai é pop 2** – Marcos Piangers
1249. **A mamãe é rock** – Ana Cardoso
1250. **Paris boêmia** – Dan Franck
1251. **Paris libertária** – Dan Franck
1252. **Paris ocupada** – Dan Franck
1253. **Uma anedota infame** – Dostoiévski
1254. **O último dia de um condenado** – Victor Hugo
1255. **Nem só de caviar vive o homem** – J.M. Simmel
1256. **Amanhã é outro dia** – J.M. Simmel
1257. **Mulherzinhas** – Louisa May Alcott
1258. **Reforma Protestante** – Peter Marshall
1259. **História econômica global** – Robert C. Allen
1260. (33).**Che Guevara** – Alain Foix
1261. **Câncer** – Nicholas James

IMPRESSO NA GRÁFICA COAN
TUBARÃO – SC – BRASIL
2017